ESG경영
사례연구

ESG경영 사례연구

초판 1쇄 발행 2024년 02월 28일

지은이 김영기, 구현화, 박옥희, 김형준, 박용기, 김현희, 박희영,
최송희, 강미영, 김재혁, 김주성, 진미경, 박종현, 김민규
펴낸이 김영기

제작 도서출판 렛츠북

펴낸곳 브레인플랫폼(주)
주소 서울특별시 서초구 법원로3길 19. 2층 (서초동)
등록 2019년 01월 15일 제2019-000020호
이메일 iprcom@naver.com

ISBN 979-11-91436-30-3 13320

*이 책은 저작권법에 따라 보호를 받는 저작물이므로 무단전재 및 복제를 금지하며, 이 책 내용의 전부 및 일부를 이용하려면 반드시 저작권자와 브레인플랫폼(주)의 서면동의를 받아야 합니다.

*잘못된 책은 구입하신 서점에서 바꾸어 드립니다.

김영기 구현화
박옥희 김형준
박용기 김현희
박희영 최송희
강미영 김재혁
김주성 진미경
박종현 김민규

ESG경영 사례연구

지속가능경영을 위해 ESG경영은 선택이 아니라 필수다!
"국내 및 해외 ESG경영 우수사례 연구서"

기업경영인 강력 추천

ESG경영 노하우 수록

ESG 패러다임 최신 업데이트

BRAIN PLATFORM

서 문

최근 ESG가 기업경영의 최대 화두로 부상했다.

기업의 단기적인 재무구조를 중심으로 가치평가가 이루어지던 패러다임에서 장기적·비재무적 요소인 ESG경영 중심으로 패러다임이 빠르게 변화되고 있다.

기후위기 및 환경재앙이 지구촌의 지속가능성을 위협하여 이를 해결하기 위한 노력이 더 이상 미룰 수 없는 시급한 과제로 부각되었다. 또한 더불어 잘사는 사회를 유지하고 미래 후손들에게 건강한 지구촌을 물려주기 위해서 ESG와 ESG경영은 선택이 아니라 필수인 시대가 도래한 것이다.

이에 KCA집단지성인들은 2021년 《ESG경영》 출간을 시작으로, 2022년 《AI 메타버스시대 ESG 경영전략》, 2023년 《AI시대 ESG 경영전략》에 이어 2024년 집필한 《ESG경영 사례연구》까지 ESG경영에 대한 연구를 활발히 이어가고 있다.

특히 이번 책에는 다음과 같은 특징적인 ESG경영에 대한 내용을 담았다.

제1장은 김영기 대표저자가 〈ESG경영의 유래와 패러다임 변화〉라는 주

제로 ESG의 시작부터 현재 그리고 미래 방향성을 제시하였다.

제2장은 구현화 저자가 〈DEI와 ESG경영〉이라는 주제로 ESG경영 중 사회(S: DE&I)경영 중심의 공정성과 신뢰자본에 대하여 기술하였다.

제3장은 박옥희 저자가 〈ESG가 지켜야 하는 것은?〉이라는 주제로 가족친화 ESG경영을 중심으로 한 인간중심 ESG경영의 중요성을 강조하였다.

제4장은 김형준 저자가 〈ESG 평가 컨설팅〉이라는 주제로 ESG를 평가하고 컨설팅하는 실무를 기술하였다.

제5장은 박용기 저자가 〈ESG 대응에 성공한 해외 우수 사례〉라는 주제로 해외 기업들의 ESG경영 성공 전략을 제시하였다.

제6장은 김현희 저자가 〈정부의 선택: ESG 원칙과 지속가능한 미래를 위한 정책〉이라는 주제로 정부의 ESG 정책추진에 대하여 기술하였다.

제7장은 박희영 저자가 〈철강산업의 지속가능경영 사례〉라는 주제로 철강 3사(포스코, 세아제강, 동국제강)의 ESG경영 사례를 자세히 소개하였다.

제8장은 최송희 저자가 〈ESG경영 스타트업 투자 성공 사례〉라는 주제

로 해외 및 국내 ESG 창업기업의 투자 유치 사례를 기술하였다.

제9장은 강미영 저자가 〈DEI를 실천하는 ESG 글로벌 기업 사례〉라는 주제로 글로벌 기업의 DEI 사례를 소개하였다.

제10장은 김재혁 저자가 〈관광 ESG경영 우수 사례〉라는 주제로 국내외 관광기업의 ESG경영 사례를 제시하였다.

제11장은 김주성 저자가 〈이커머스 시장의 ESG 대응 성공 사례〉라는 주제로 쿠팡 등 이커머스 유통기업의 ESG경영 사례를 소개하였다.

제12장은 진미경 저자가 〈ESG경영과 기업 위험 관리〉라는 주제로 ESG와 ESG경영의 리스크 관리 사례와 대응방안에 대하여 상세하게 제시하였다.

제13장은 박종현 저자가 〈대형마트의 ESG경영 활동 사례와 시사점〉이라는 주제로 이마트, 홈플러스, 롯데마트 등 국내 대형마트의 ESG경영 도입 사례를 심도 있게 기술하였다.

제14장은 김민규 저자가 〈공공기관 및 금융기관 ESG경영 사례〉라는 주제로 국내의 대표적인 공공기관과 금융기관의 ESG경영 도입 사례를 소개하였다.

기업의 참다운 사회적 기능은 기업 윤리를 통해서 사회적 책임을 다하는 데 있다고 볼 수 있다. 앞으로의 시장에서 기업이 살아남기 위해서는 단순히 영리 집단으로서의 역할뿐 아니라 그 이상의 것, 즉 사회의 환경 변화에 적절히 대응할 능력과 행동력을 갖추어야 할 것이다.

기업의 지속가능하고 안정적인 발전은 일시적 이윤 창출에 있는 것이 아니라 장기적으로 기업이 이윤을 끊임없이 추구할 수 있는 건전한 사회를 육성하는 것에 있다는 사실을 알고 있는 주요 선진국들은 이미 ESG와 관련된 법규를 제정, 강화하고 있으며 국제적 표준화 작업을 서두르고 있다. 우리나라도 기업의 신뢰도를 제고하고 사회적 책임을 강화하기 위해 기업, 정부, 이해관계자가 모두 하나 되어 사회적 책임을 다하는 모습을 보여주었으면 좋겠다.

작금의 지구촌은 기후위기와 환경재앙으로 더 이상 지속가능할 수 없는 상황에 봉착했다. 지구촌 모두가 공존·공생하기 위해서라도 ESG경영은 이제 선택이 아니라 필수가 되었다. 우리보다 한발 앞서 ESG경영을 실천하고 있는 선진국의 사례를 연구하고 벤치마킹하여 한국적 ESG경영을 안착시키는 노력이 필요하다.

2024. 2. 10.
대표 저자 김영기 외 13명 dream

목 차

서문　004

제1장 김영기

ESG경영의 유래와 패러다임 변화

1. ESG와 ESG경영의 유래와 진화　　　　　　014
2. ESG경영 도입이 긴박한 배경　　　　　　　021
3. ESG경영에 대한 기업 이해관계자의
   패러다임 변화　　　　　　　　　　　　　025
4. ESG경영의 필요성과 중요성　　　　　　　027
5. 기업자산 가치를 향상시키는 ESG경영　　　030

제2장 구현화

DEI와 ESG경영

1. 들어가며　　　　　　　　　　　　　　　044
2. 달라진 기업의 목적　　　　　　　　　　　046
3. DEI의 등장　　　　　　　　　　　　　　047
4. 뛰어난 개인을 이기는 집단의 파워　　　　051
5. 공정하게 대우받음의 중요성　　　　　　　053
6. 다양성 관리 리더십이 중요한 이유　　　　056

제3장 박옥희	**ESG가 지켜야 하는 것은?**	
	1. 들어가며: ESG경영을 왜 주목해야 하는가?	062
	2. 가족친화형 ESG 소개	065
	3. 가족친화형 ESG가 주목하는 것은?	070
	4. 가족친화형 ESG의 시사점	076

제4장 김형준	**ESG 평가 컨설팅**	
	1. ESG 평가 컨설팅	084
	2. 안전보건수준평가 컨설팅	091
	3. 환경표지인증 컨설팅	097
	4. 중대재해처벌법 컨설팅(안전보건관리체계 구축)	104

제5장 박용기	**ESG 대응에 성공한 해외 우수 사례**	
	1. ESG경영의 핵심 트렌드	114
	2. 해외 기업 ESG경영 우수 사례	116
	3. ESG경영 우수 사례의 시사점	132

제6장 김현희
정부의 선택: ESG 원칙과 지속가능한 미래를 위한 정책

1. 지속가능한 미래: ESG 원칙을
   정부 정책에 통합 …………………………………… 140
2. 미래 형성: 도시 지속가능성 및
   기업 ESG 발전을 위한 정부 정책 ………………… 144
3. 농촌 회복력 활성화: 기후변화 시대에
   지속가능한 영농형 태양광 …………………………… 147
4. 녹색미래: 정부 탄소중립 및
   ESG 기업 지원 ……………………………………… 150
5. 정부 기후테크 산업 육성:
   ESG 혁신 및 일자리 창출 ………………………… 156

제7장 박희영
철강산업의 지속가능경영 사례

1. 들어가며 ……………………………………………… 168
2. 철강 3사 ESG 평가등급 …………………………… 171
3. 철강 3사 지속가능경영보고서 분석 ……………… 174
4. 마무리하며 …………………………………………… 186

제8장 최송희
ESG경영 스타트업 투자 성공 사례

1. ESG 창업은
   미래의 새로운 경영 트렌드이다 …………………… 192

2. 해외 기업 ESG경영 투자 유치를 통해
      성공한 스타트업 사례　　　　　　　　　201
   3. 국내 기업 ESG경영 투자 유치를 통해
      성공한 스타트업 사례　　　　　　　　　215

제9장 강미영

DEI를 실천하는 ESG 글로벌 기업 사례
   1. ESG경영과 DEI의 상관관계　　　　　　234
   2. DEI 관련 ESG 글로벌 기업 사례　　　　244
   3. 다양성 보고서를 중요시하는 글로벌 기업　248
   4. 직장 유토피아를 꿈꾸며　　　　　　　　250

제10장 김재혁

관광 ESG경영 우수 사례
   1. 관광 ESG경영 핵심 트렌드 '지속가능한 여행'　256
   2. 관광 ESG경영 실천 사례　　　　　　　　259
   3. 관광 ESG '지속가능한 여행' 트렌드의 시사점　272

제11장 김주성

이커머스 시장의 ESG 대응 성공 사례
   1. 이커머스 시장에서의
      ESG경영 핵심 트렌드　　　　　　　　　278
   2. 국내외 유통기업의 ESG경영 대응 사례　　280
   3. 이커머스 ESG경영 우수 사례의 시사점　　296

제12장 진미경 — ESG경영과 기업 위험 관리

1. 들어가며 　302
2. 지속가능경영의 새로운 맞춤복, ESG경영 　304
3. 기업 위험 관리 　308
4. 나가며 　313

제13장 박종현 — 대형마트의 ESG경영 활동 사례와 시사점

1. 대형마트의 정의 　320
2. 이마트 　321
3. 홈플러스 　327
4. 롯데마트 　331
5. 시사점 　338

제14장 김민규 — 공공기관 및 금융기관 ESG경영 사례

1. 공공기관의 ESG경영 사례 　346
2. 금융기관의 ESG경영 사례 　355

제1장

ESG경영의 유래와 패러다임 변화

김영기

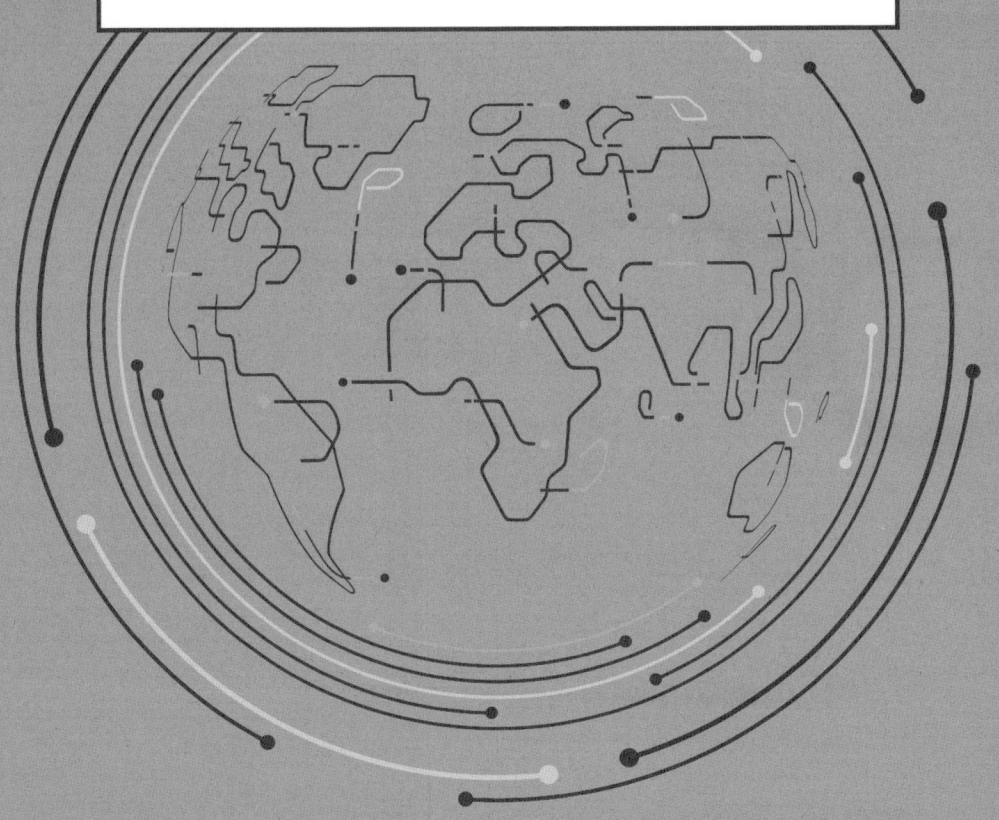

1. ESG와 ESG경영의 유래와 진화

최근 기업경영 최대의 화두로 떠오른 ESG와 ESG경영은 언제부터 시작되었을까? 최근 ESG가 곳곳에서 화두가 되면서 새롭게 등장한 개념처럼 느껴질 수 있다. 하지만 ESG는 낯선 개념이 아니다. 우리에게 친숙한 '지속가능한 발전'에서부터 시작된 개념이다.

[그림 1] 우리강산 푸르게 푸르게 캠페인

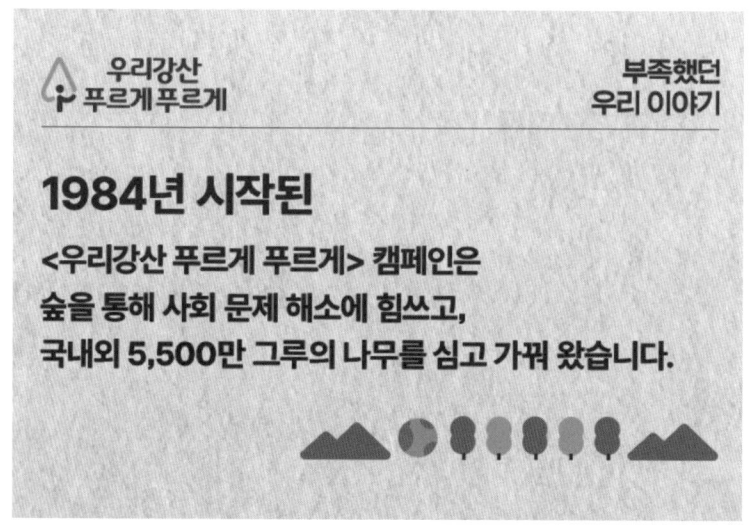

출처: 유한킴벌리 홈페이지

2021년 3월 30일자 《한경비즈니스》에 의하면, 사실 ESG는 완전히 생소한 개념은 아니다. ESG는 거슬러 올라가면 산업혁명 시대에서 뿌리를 찾아볼 수 있다. 일산화탄소와 아동 노동이 이슈가 되면서 기업경영이 환경과 사회에 해를 끼치지 말아야 한다는 공감대가 형성되었다. 이후 글로벌 규약들이 만들어졌고 환경경영, 윤리경영, 지속가능경영 등이 강조되었다. 특히 지속가능경영은 ESG의 보다 근원적인 개념으로. 오늘날 ESG는 지속가능경영과 사회적 책임(CSR)이 진화하고 규범화·제도화된 것으로 이해할 수 있다.

유한킴벌리는 1984년부터 40년 동안 '우리강산 푸르게 푸르게' 환경캠페인을 통해 5,500만 그루 이상의 나무를 심어 지구와 사람이 공존하기 위한 많은 환경보호 활동을 해오면서 환경경영 활동에 앞장섰는데, 이는 ESG와 ESG경영을 실천한 좋은 사례로 볼 수 있다.

지속가능성(Sustainability)은 현세대의 필요를 충족시키기 위해 '미래세대'가 사용할 경제·사회·환경 자원을 낭비하거나 여건을 저하시키지 않고 서로 '조화와 균형'을 이루는 것을 의미한다. 경제·사회·환경의 트리플 바텀 라인(Triple Bottom Line)으로 세 요소가 균형을 이루며 발전하는 지속가능한 발전 개념이 부상했다.

1972년 로마클럽에서는 〈성장의 한계〉 보고서를 발표하면서 자원·인구·식량·환경오염 등의 문제를 지적했고, 인류가 지속하기 위해서는 성장보다 발전에 방점을 찍어야 한다고 강조했다. 경제적 성장에 더해 환경과 사회와 더불어 잘 사는 조화와 균형이 지속가능한 발전의 핵심이며 지속가능한 발전을 위한 기업의 3대 책임이 CSR에 해당한다.

'지속가능성'이라는 용어는 1713년 처음으로 사용되었으며, 현재 가장 널리 통용되고 있는 지속가능성의 개념은 1987년 〈유엔환경계획(UNEP)과 세계환경개발위원회(WCED)가 공동으로 채택한 〈우리 공동의 미래(Our Common Future)〉라는 보고서를 근간으로 한다.

일명 〈브룬트란트 보고서〉라고도 불리는 이 보고서에서는 지속가능발전을 "미래세대에게 필요한 자원과 잠재력을 훼손하지 않으면서, 현세대의 수요를 충족하기 위해 지속적으로 유지될 수 있는 발전"으로 정의하고 있다. 그리고 인류가 빈곤과 인구증가, 지구 온난화와 기후변화, 환경파괴 등의 위기에 직면해 앞으로 대재앙이나 파국을 맞이하지 않고도 경제를 발전시키기 위해서는 지속가능발전으로의 패러다임 전환이 필요하다고 주장했다.

1992년 유엔환경개발회의(UNCED)와 리우회의에서 지속가능발전이 글로벌 차원으로 논의되었고, 178개국 정상들이 참여한 환경과 개발에 관한 리우선언에는 '세계 3대 환경협약'이 포함되었다. 기후변화협약(CO_2 등 온실가스 감축), 생물다양성협약(생태계 보존), 사막화방지협약(사막화 방지, 물 문제 해결) 등 3대 환경협약은 현재 ESG의 E 영역의 글로벌 가이드라인 평가 축이다. 또한 기후변화협약(UNFCCC)은 교토의정서(1997년)를 지나 파리기후변화협약(2015년)으로 기후변화와 환경 어젠다를 이어왔다.

노동 문제와 관련해서는 1998년 국제노동기구(ILO)에서 강제 노동의 철폐, 아동 노동의 폐지를 비롯한 4대 원칙을 발표했다. 앞서 나이키 협력사의 아동 노동 사태가 불매 운동으로 이어지자 백악관에서 태스크포스(TF)를 설치해 세계적인 인권·노동 원칙을 마련했다. 이 또한 ESG의 S는 노동 부문에서 글로벌 가이드라인으로 작용하고 있다. 지속가능발전 개념은 2002년 지속가능발전세계정상회의(WSSD)에서 21세기 인류의 보편적인 발전 전략을 함축하는 개념으로 정착되었다.

GRI(Global Reporting Initiative)는 기업의 지속가능경영 보고서에 대한 가이드라인을 제시하는 비영리 기구다. 발데즈 원칙을 만든 미국의 환경 단체 세레스(CERES)와 UNEP 등을 주축으로 1997년에 설립되었다. GRI의 핵심은 지속가능성 보고 표준으로, 지난 20년 동안 지속적으로 개발되어 오고 있다. 2000년에 첫째 가이드라인을 발표한 데 이어 2016년 최초의 글로벌 지속가능성 보고 표준인 GRI 스탠다드(Standards)를 정립했다. GRI 표준은 경제·환경·사회 부문으로 나눠 기업이나 기관의 지속가능성을 평가하기 위한 지표를 설정하고 있다. 전 세계 1만 5,402개 조직이 GRI 가이드라인에 따라 지속가능경영 보고서(ESG 보고서)를 발간하고 있다.

한국거래소 'ESG포털'에 의하면, ESG라는 용어는 2004년 UN 글로벌 콤팩트(UNGC)가 발표한 〈Who Cares Win〉이라는 보고서에서 공식적으로 처음 사용되었다. 이후, 2006년 국제 투자기관 연합인 UN PRI가 금융 투자 원칙으로 ESG를 강조하면서 오늘날 기업경영에서 강조되는 ESG 프레임워크의 초석을 제시하였다. 이에 더하여 자본주의 4.0

및 이해관계인 자본주의 담론이 등장하였으며, 코로나19 사태를 겪으면서 기후변화, 공중보건, 환경보호 등 ESG 이슈에 대한 관심이 증가하였다. 이러한 흐름에 따라 장기 투자 측면에서 ESG 정보를 적극적으로 활용하는 ESG 투자가 주류로 편입되었다.

한편 ESG의 실질적인 시초는 2006년 코피 아난 당시 UN 사무총장이 금융업계에 제안한 이니셔티브인 책임투자원칙(PRI, Principles for Responsible Investment)에서 시작되었다고 주장하는 견해도 있다. PRI 이전에는 경제의 발전에 따라 환경은 파괴되고 사회 질서가 교란되고, 빈부 격차가 확대되는 문제들이 나타났고 이런 위기에 대응하기 위해 국제적인 금융기관 등이 모여 논의를 시작한 것에서 ESG가 시작되었다고 보는 것이다.

[그림 2] **ESG의 역사**

출처: KRX한국거래소 ESG포털 홈페이지

이런 가운데 2009년 글로벌 금융위기 이후 자본주의 4.0 논의가 본격화되었으며, 2019년 이해관계자 자본주의 논의가 본격화되고 코로나19 사태를 겪으면서 일부 전문가는 코로나도 환경과 기후위기의 산물이라고 주장하는 등 기후변화, 공중보건, 환경보호 등 ESG 이슈의 관심이 증가되었다.

또한 2015년 파리협정은 지구 온난화를 2도 이내로 제한하고, 나아가 1.5도 이내로 제한하기 위한 국제협약을 하여 모든 국가가 온실가스 배출량을 줄이기 위한 노력을 요구하고 있다. 이에 전 세계 195개국이 참여 중인 환경보존 운동인 파리협정을 달성하기 위해 정부, 기업, 개인 모두가 적극적으로 참여해야 한다.

특히 2020년 자산운영사 블랙록(BlackRock)이 투자의사를 결정하는 데 있어 ESG의 중요성을 강조하면서 전 세계 주요 기업들이 ESG경영을 하지 않으면 생존하기 어렵다는 것을 깨닫게 되었고 글로벌 리딩 기업들이 ESG경영을 본격적으로 시작하면서 전 세계가 ESG경영 패러다임으로 전환하는 계기가 되었다.

대한상공회의소와 삼정KPMG가 발간한 〈중소·중견기업 CEO를 위한 알기 쉬운 ESG〉에서는 ESG의 역사에 대해 다음과 같이 설명하고 있다.

ESG 관련 또 다른 중요 이벤트는 2017년 기후변화 관련 재무정보공개 태스크포스(TCFD, Task Force on Climate-related Financial Disclosures)에서 발표한 재무정보공개 권고안입니다. TCFD는 세계 금융시장을 모니터링하는 국제기구인 금융안정위원회가 설립한 협의체입니다. TCFD는 기후변화와 관련된 리스크와 기회요인을 분석하고, 거버넌스, 전략, 리스크 관리, 지표 및 목표의 4가지 측면에서 재무정보공개 권고안을 제시했습니다.

그리고 최근 기업의 ESG경영 논의에 불을 지피게 된 본격적인 계기로 볼 수 있는 이벤트는 바로 2019년에 있었던 BRT(Business Roundtable) 선언입니다. BRT는 애플, 아마존, 월마트, 블랙록과 같이 미국에서 가장 영향력이 있는 기업 CEO가 참여하는 연례회의입니다. 2019년 진행된 연례회의에서 글로벌 비즈니스 리더들은 기업의 전통적 목적인 주주 이익 극대화 원칙을 폐지하고 모든 이해관계자의 가치가 통합된 새로운 기업의 목적(Purpose of a Corporation)을 선언하게 됩니다. 181명의 글로벌 기업 CEO가 서명한 이 선언에는 과거에 주주(Shareholder)를 최우선시했던 기업들이 이제는 주주를 포함해서 고객, 직원, 협력사, 지역사회 등 모든 이해관계자(Stakeholder)의 가치를 고려해야 한다는 내용이 담겨 있습니다.

실제 BRT 선언에 참여하기도 했던 세계 최대 자산운용사 블랙록의 래리 핑크 CEO는 2020년 1월 전 세계 최고경영자들에게 보내는 연례서한을 통해 기후변화 리스크와 ESG를 투자 결정에서 핵심 요소로 반영할 것임을 밝혔습니다.

2020년 1월 스위스 다보스에서 개최된 세계경제포럼(WEF)에서는 지속가능성과 이해관계자가 핵심 주제로 다뤄졌으며, 이어 9월에는 '이해관계자 자본주의 측정(Measuring Stakeholder Capitalism)'이라는 제목의 지속가능한 가치 측정 가이드라인 백서가 발간되었습니다. 이 보고서는 KPMG 등 글로

> 벌 빅4 회계법인이 참여해 작성되었으며, 거버넌스, 지구, 사람, 번영을 4대 축으로 하여 지속가능성을 측정하기 위한 지표가 제시되었습니다.

2. ESG경영 도입이 긴박한 배경

최근 지구촌의 기후위기, 사회적 약자층의 고질적인 증가, 기업의 지배구조의 불투명성과 도덕적 해이 등이 심각한 문제로 떠오르고 있는 가운데, 미국과 EU 등 선진국들은 이미 ESG경영을 생활화하고 있고 전 세계적으로 확산 추세에 있어 지구촌의 거의 모든 기업들에게는 거스를 수 없는 요구사항으로 강요되고 있다.

물론 장기불황이나 기업경영의 실패로 인해 일부 이기적이고 탐욕적인 국수주의 혹은 자기중심적인 기업경영의 행태들이 다소 남아있기는 하지만 ESG경영은 앞으로 수십 년 이상 장기적인 트렌드로 자리 잡을 것으로 예상된다.

이와 같은 흐름에 부응하여 기업의 ESG경영 도입이 점점 더 시급해지고 있다. 날이 갈수록 기후나 환경의 지속가능성, 사회적 책임 및 지배구조의 윤리적 비즈니스 관행에 대한 인식과 관심이 높아지면서 기업은 ESG경영을 우선시하게 되었다.

ESG경영을 이끄는 첫 번째 이슈는 환경경영으로, 환경보호와 기후위기에 지구촌 기업들이 함께 대처해야 한다는 의무감의 증가다. 대부분의 기업들은 선진 글로벌 기업들의 수출규제나 요구 때문에 금융기관, 투자자 및 소비자로부터 탄소 배출량과 폐기물을 줄여야 한다는 압력을 받고 있다.

최근 지구 온난화를 넘어 지구 열대화로 심각한 기후위기가 지구촌을 위협하고 있다. 이와 관련된 2023년 7월 29일자 동아일보 기사를 살펴보자.

'유엔 "지구 온난화 넘어 열대화"… 올 7월 역사상 가장 더웠다'

안토니우 구테흐스 유엔 사무총장은 2023년 7월 27일(현지 시간) "올해 7월이 역사상 가장 더운 달"이라는 세계기상기구(WMO)의 분석을 토대로 이같이 경고했다. 구테흐스 사무총장은 이어 "현재 기후변화는 공포스러운 상황이지만 시작에 불과하다"고 덧붙였다. WMO는 이날 유럽연합(EU)이 지원하는 기후변화 감시기구 코페르니쿠스 기후변화서비스(C3S)의 관측 데이터를 바탕으로 "올해 7월 1~23일 지구 평균 지표면 기온은 16.95도로, 이달 첫 3주가 지구가 가장 더웠던 3주로 확인됐다"고 밝혔다. 이는 역대 가장 더운 달로 기록된 2019년 7월 16.63도를 뛰어넘는 수치다. WMO는 현재 추세를 고려하면 올 7월은 역대 가장 더운 달이 될 것이라고 전망했다. WMO는 98% 확률로 향후 5년 내 올 7월보다 더운 달이 될 것이라고 전망했다.

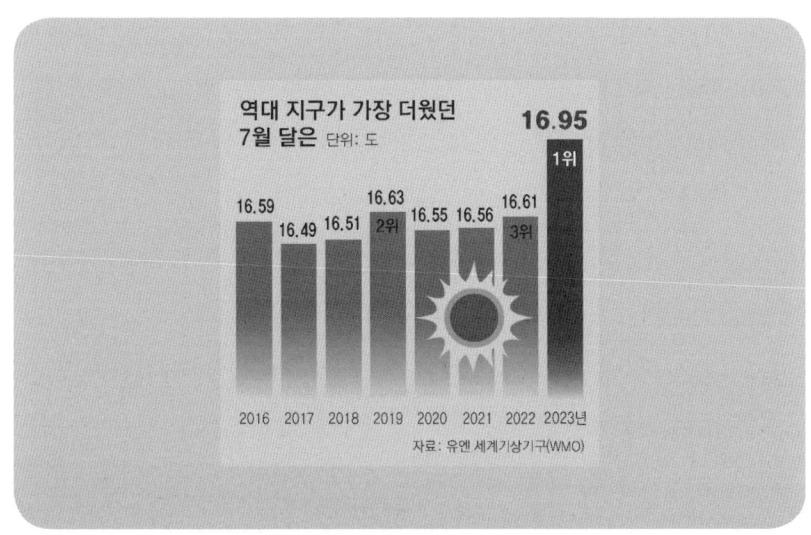

출처: 동아일보, 윤다빈·이기욱 기자

　ESG경영을 추진하는 두 번째 이슈는 기업의 사회적 책임경영으로, 기업들은 투자자, 내부직원, 소비자, 공급업체, 지역사회 등 모든 공중(public, 公衆)의 니즈를 우선시하는 사회적 책임경영을 요구받고 있다. 기업은 사회에 긍정적으로 기여할 책임이 있으며 이것이 기업경영에 장기적으로 도움이 될 수 있음을 깨닫고 있는 것이다.

　소비자와 투자자의 기업 투명성과 사회적 책임에 대한 요구 또한 증가하고 있다. 소비자들은 기업의 윤리적 관행에 점점 더 많은 관심을 가지며 자신의 가치와 일치하는 제품과 서비스에 많은 비용을 지불하고자 한다. 또한 투자자들은 투명성과 책임성을 우선시하는 회사를 찾고 있다. 이는 더 나은 장기 성과로 이어질 수 있기 때문이다.

ESG경영을 이끄는 세 번째 이슈는 기업의 투명경영이다. 기업의 변칙적인 상속이나 세습경영 등 전근대적인 관행을 지양하고 지속가능한 투명경영을 통한 비용절감 및 효율적인 경영을 추구하는 것이다. 아직도 관행적으로 이루어지고 있는 불투명한 지배구조로 대주주의 횡포나 거대자본을 이용한 편법 지배구조 관행 등은 빠른 시일 내에 청산되어야 할 요소이다.

이처럼 ESG경영은 기업이 지속가능한 기후위기 대처, 에너지 및 물 소비 감소, 탄소배출 감소, 폐기물 감소 등 효율성 개선으로 이어질 수 있음을 깨닫고 있다. 더 나아가 ESG경영 활동은 기업의 브랜드 인지도 향상과 기업의 브랜드 신뢰도 제고를 통하여 기업의 명성과 브랜드를 향상시킬 수 있다. 지속가능성과 사회적 책임을 우선시하는 기업은 소비자, 내부 직원 및 투자자를 유치하고 유지할 수 있다.

마지막으로 법적 책임 및 공급망 중단과 같은 ESG경영 요소와 관련된 재정적 위험이 있다. ESG경영을 우선시하지 않는 기업은 법적 조치, 평판 실추 및 공급망 차질에 직면할 수 있다.

3. ESG경영에 대한 기업 이해관계자의 패러다임 변화

기업을 둘러싼 다양한 이해관계자들의 ESG경영 요구가 잘 받아들여지지 않으면 어떻게 될까? 대한상공회의소와 삼정KPMG가 발간한 〈중소·중견기업 CEO를 위한 알기 쉬운 ESG〉를 살펴보자.

> 이는 기업의 기업가치 유지와 비즈니스의 지속성에 상당한 리스크로 작용할 것이다. 이와 반대로 ESG에 대한 이해관계자들의 요구가 잘 반영된 기업의 경우 제품과 서비스에 고객들의 관심이 커질 뿐만 아니라, 투자가 확대되고, 자본조달 비용 감소로 이어져 기업가치의 상승으로 이어질 것이다. 이것이 바로 현재 진행되고 있는 새로운 경영 패러다임이다. 이제는 기업이 재무성과뿐만 아니라 ESG와 같은 비재무적 성과를 함께 달성해야만 기업의 가치가 극대화되는 방향으로 나아갈 수 있다.

데일리포스트 송협 기자는 2021년 5월 6일자 기사를 통해, "ESG를 갖추지 않은 기업은 더 이상 생존하기 어려운 기류로 흐르고 있다. ESG는 단순히 사회공헌 활동이나 사회적 기업만을 강조하지 않고 국가와 인간, 더 넓은 의미로는 인류와 미래를 담보하기 위한 키워드라고 할 수 있다. 때문에 ESG는 장기적으로 기업 가치와 지속가능성에 영향을 주는 기업의 핵심 기준으로 반영되고 있다"고 한 전문가의 의견을 전한 바 있다.

지난 2000년 영국은 연기금을 대상으로 ESG 공시 의무화 제도를 신설했다. 이는 ESG경영의 신호탄으로 작용했고, 이후 스웨덴과 독일, 벨기에 그리고 프랑스가 뒤따르면서 ESG경영이 유럽 전역으로 빠르게 번져나갔다.

사실 ESG경영은 지난 2006년 UN PRI(책임투자원칙)에서 언급된 것을 그 시작점으로 꼽을 수 있지만, 어느 정도 궤도에 오르기까지 무려 10년 넘도록 유명무실한 상태였다. 영국의 연기금을 대상으로 시작해 점차 수많은 기업에 스며들게 된 ESG경영, 그렇다면 전 세계 기업들은 왜 ESG경영 강화를 위해 가속도를 붙이고 있을까?

사실 알고 보면 이유는 아주 간단하다. 그동안 기업이 자신들의 이익을 사회에 일정 부분 환원하는 이른바 '기업 나눔 활동'이 1차원적 사회공헌 방식이었다면 ESG는 사회적 기업의 한계를 뛰어넘는 입체적인 사회공헌 방식이기 때문이다.

2021년 4월 22일, 지구의 날을 기념하여 전 세계 40개국의 정상이 화상으로 '기후정상회의'를 가졌다. 미국의 바이든 대통령은 2030년까지 온실가스 배출량을 절반으로 감축시키겠다는 목표를 다시 한번 확인했고, 각국의 정상들 또한 환경보호를 위한 정책들을 발표하였다. 그동안 전 세계적으로 여러 차례의 기후협약과 논의가 있었지만, 이제 더 이상 뒤로 미룰 수 없다는 사실에 모든 국가가 동의했다.

전 세계적인 정책 기조에 덧붙여 환경에 대한 일반 시민들의 관심 또한 높아지면서 기업들도 더는 환경 문제를 외면할 수 없게 되었으며, 이제 기업들은 단순 이윤 창출 이외에도 사회적인 책임과 환경보호를 위한 적극적인 행동을 요구받게 되었다.

정리해 보면, 기업을 둘러싼 이해관계자(소비자, 투자자, 정부, 금융기관, 협력업체 등)의 지구촌 기후위기와 사회적 불평등 문제, 윤리경영 등에 대한 요구사항이 높아지면서 기업의 평가방식에 있어 재무적 요소보다 비재무적 요소를 중요하게 생각하는 패러다임의 변화가 진행되고 있다는 것이다.

4. ESG경영의 필요성과 중요성

그동안 기업은 이윤 창출을 위한 집단으로, 빠른 경제적 성장을 최우선 과제로 생각해 왔다. 그로 인해 환경오염, 사회적 불평등, 경영상의 위법행위, 정경유착 등 부작용이 심화되었다.

과거 기업들은 거대자본으로 이러한 문제점이 드러나지 않도록 숨겨왔으나, 인터넷이 발전하고 개인들이 집단 활동을 시작하면서 기업의 경영상 문제점을 지적하는 목소리를 덮는 것이 어려워졌다. 게다가 이들이 단순 비판에 그치지 않고 집단 불매 운동이나 주식 투자를 통해 직접적으로 기업에 압박을 가하면서 기업도 더는 외면할 수 없는 상황이 되었다.

ESG경영을 요구하는 개인들의 목소리가 커졌다고 해도 국가의 정책적인 압력이 없다면 아무런 효과가 없었을 것이다. 다행스럽게도 전 세계적인 규모로 기업에 ESG경영을 요구하는 정책적인 압박이 강해지고 있다.

유럽의 경우, 지속가능성을 원칙으로 하는 기업의 의무를 법제화하여 ESG 정보를 공시하도록 의무화하고 있으며, 우리나라에서도 2030년까지 모든 코스피 상장 기업에 대해 ESG 관련 공시를 의무화하는 정책이 도입될 예정이다.

또한, 각국의 주요 투자자들은 향후 ESG를 주요 투자 정보로 활용할 것을 예고했으며, ESG 평가 기준에 적합하지 않은 기업에 대해서는 아예 투자 대상에서 제외하겠다고 선언하기도 했다. 당장 우리나라 국민연금공단도 2022년까지 운용자산의 50%를 ESG 기업에 투자할 계획이라고 밝혔으니 기업들이 ESG경영에 주목하는 것은 당연하다고 볼 수 있겠다.

2021년 7월 21일 대한상공회의소와 삼정KPMG가 발간한 〈중소·중

건기업 CEO를 위한 알기 쉬운 ESG〉를 살펴보면, ESG가 기업에게 중요한 이유를 다음 4가지로 설명하고 있다.

투자자의 ESG 요구 증대

기업의 ESG 활동은 기업뿐만 아니라 기업을 둘러싼 다양한 이해관계자가 얽혀 있는 이슈이다. 기후변화 위기와 코로나19 팬데믹을 거치면서 기업의 핵심 이해관계자인 투자자, 고객, 신용평가사, 정부는 기업에게 높은 수준의 ESG경영 체계를 갖추도록 강력하게 요구하고 있다.

고객의 ESG 요구 증대

글로벌 기업들은 ESG경영이 미흡한 공급사와는 거래를 하지 않겠다는 움직임을 보이고 있다. 분업화된 공급망 구조에서 자칫 ESG에 소극적인 기업은 향후 고객 기반을 상실할 수도 있다. ESG에 반하는 공급망 관리가 사회적인 논쟁으로 부상하기도 했다.

신용평가에 ESG 반영

글로벌 신용평가기관인 피치(Fitch Ratings), S&P(Standard & Poor's), 무디스(Moody's) 등에서는 ESG 평가 결과를 신용 등급에 반영하고 있다.

ESG 정부 규제 강화

유럽의 경우 2006년 UN PRI가 ESG 투자 원칙을 발표하면서 본격적으로 기업의 비재무적 요소에 대한 공시 강화가 추진되었다. 유럽은 2021년 3월부터 연기금을 시작으로 은행과 보험사, 자산운용사로 ESG 관련 공시 의무를 확대했고, 영국은 모든 상장기업들에게 2025년까지 ESG 정보공시를 의무화할 예정이다.

우리나라의 경우, 2019년부터 자산총액 2조 원 이상의 코스피 상장사를 중심으로 기업지배구조 핵심정보를 투자자에게 의무적으로 공시하도록 규정했다. 그리고 2021년 1월 금융위원회가 ESG 공시의 단계적 의무화를 추진하겠다고 발표했다. 현재 자율적으로 작성하고 공시하는 지속가능경영보고서 공시를 단계적으로 의무화하겠다는 것이 핵심으로, 2025년부터 2030년까지는 자산 2조 원 이상, 2030년 이후에는 전 코스피 상장사를 대상으로 확대할 예정에 있다.

5. 기업자산 가치를 향상시키는 ESG경영

기업의 자산은 유형자산과 무형자산으로 나뉜다. 유형자산은 현금, 주식, 사옥, 사무실이나 공장 같은 부동산을 말하고, 무형자산은 특허나 브랜드자산 등을 말한다. 그렇다면 비재무적인 ESG 평가 기준에 부합하는 브랜드자산은 구체적으로 어떤 것을 의미할까?

1) 브랜드자산

브랜드자산(Brand Equity)이란 브랜드의 이름 및 상징과 관련하여 형성된 자산의 총액에서 부채를 뺀 것이다.

"브랜드자산이란 어떤 제품이나 서비스가 브랜드를 가졌기 때문에 발생한 바람직한 마케팅 효과(높은 브랜드 충성도, 시장점유율 또는 수익)를 말한다." — 케빈 레인 켈러

브랜드의 거장이자 대가인 데이비드 아커에 의하면, 브랜드자산이란 브랜드 인지도, 지각된 품질, 브랜드 충성도, 브랜드 연상이미지 등을 말하며, 소비자에게는 구매결정에 대한 확신과 사용 만족감을 제공하고 기업에게는 브랜드 로열티와 경쟁적 우위 등의 가치를 제공한다고 한다.

[그림 3] The value of Brand Equity

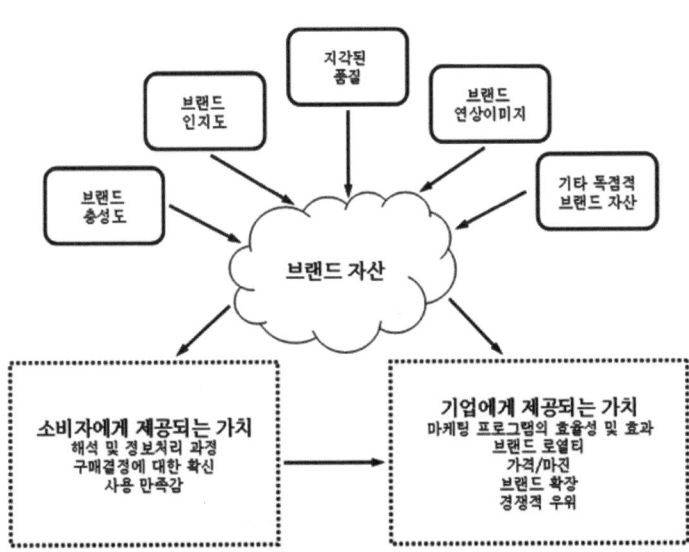

출처: David A. Aaker(1992), Journal of Business Strategy, pp.29-32

또한 브랜드마케팅 학문의 거장으로 손꼽히는 케빈 레인 켈러는 브랜드자산을 브랜드지식과 동일시하면서 브랜드자산을 브랜드 인지도와 브랜드 이미지로 구분하였다.

필자는 2009년도 박사학위 논문(마케팅커뮤니케이션이 아파트 브랜드 프리미엄에 미치는 영향에 관한 연구)에서 브랜드자산을 브랜드 인지도와 브랜드 신뢰도로 대별하고 기업의 무형자산인 브랜드자산이 제품이나 서비스의 프리미엄에 영향을 미치는 것을 실증적으로 밝혀내기도 하였다.

[그림 4] Conceptualizing, measuring, and managing customer-based brand equity

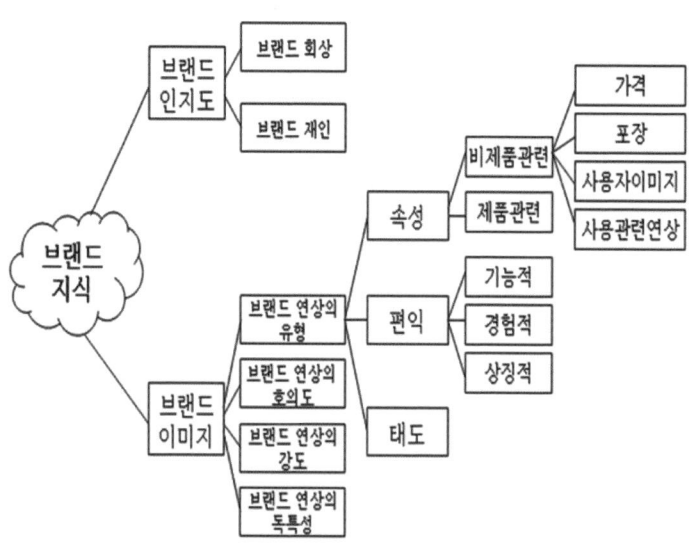

출처: Kevin Lane Keller(1993), Journal of Marketing, vol 57, p7

이처럼 기업의 ESG경영 활동들 즉 기업이 환경보호 활동(E)에 적극적으로 참여하거나 기업적 사회적 책임을 다하는 경영 활동(S)을 하거나 기업의 지배구조를 투명하게 하는 활동(G)을 하는 것은 기업의 브랜드 인지도를 향상시키고 신뢰도를 제고함으로써 궁극적으로는 브랜드 자산 가치를 높이게 된다. ESG경영은 비재무적인 특성 때문에 단기적으로 비용 부담이 될지도 모르지만 장기적인 전략에 있어서는 마케팅적으로 큰 도움이 될 것이다.

2) 환경경영과 브랜드자산

환경경영이란 기업의 고유한 생산 활동 때문에 필연적으로 파생되는 환경적 훼손을 최소화하면서 환경적으로 건전하고 지속적인 발전을 도모하는 경영 방식을 말한다. 환경경영은 인간이라는 자원과 자연환경의 변화과정 및 잠재적인 가치에 초점을 두면서, 고객은 단지 제품이나 서비스의 질만이 아니라 환경 책임, 지역사회에 대한 공헌 그리고 윤리적 책임까지도 기업의 질로써 평가한다는 것을 전제로 한 적극적인 경영 태도이다.

환경경영의 성공 여부는 최고경영자에서 일반 종업원까지 조직구성원 전체의 환경에 대한 인식과 가치관에 의해 결정된다고 해도 과언이 아니다. 최고경영자가 환경 예산을 비용으로 인식하지 않고 투자 내지는 경쟁력 확보 차원으로 인식할 때, 그리고 종업원들이 제품 생산과 사무용품 사용에 있어 환경을 고려할 때, 이미 그 회사의 환경경영은 그 인식 수준만큼 높아져 있다고 할 수 있다.

기업이 탄소중립이나 탄소절감 같은 기후변화에 막대한 영향을 미치는 환경경영을 지속한다면 그 기업을 둘러싸고 있는 이해관계자들은 해당 기업을 잘 인지하고 신뢰함으로써 브랜드자산을 축적하여 무형자산으로서 그 가치를 발휘할 것으로 보인다.

3) 사회적 책임과 브랜드자산

기업의 사회적 책임이란 "기업이 사회 제도로서 수행하여야 할 비경제적 기업 목적"을 의미한다. 쉽게 말해서 법에 의한 의무나 회사가 직접 얻을 수 있는 경제적인 손익 계산을 넘어서 지속가능한 경제 개발을 위해 기업 스스로가 사회의 한 구성원임을 자각하고 사회와 다른 구성원들을 위해서 책임을 다하는 것이라고 볼 수 있다.

사회적 책임은 크게 자선적 책임, 윤리적 책임, 법적 책임, 경제적 책임의 4가지로 분류할 수 있다. 첫째 자선적 책임은 불우이웃돕기, 장학사업, 사회봉사 등 사회적 약자를 돕자는 취지로 반드시 지켜야 하는 것은 아니지만, 일반적인 가치관에 따라 기업이 그런 활동을 해주기를 바라는 것들을 말한다. 둘째 윤리적 책임은 환경보호, 인권존중, 신뢰, 투명한 거래, 정직한 판매 등 기업윤리에서 취급하는 문제를 말한다.

이 또한 의무적인 사항은 아니지만 지키지 않으면 기업 이미지의 해가 될 수 있다. 셋째 법적 책임은 뇌물, 폐수 방류 등 사회적 가치관의 최저수준을 말하며 이를 지키지 않으면 처벌을 받는 강제적인 종류의 책임이다. 넷째 경제적 책임은 기업 활동을 위한 각종 경영전략, 기술혁신, 인사정책, 이익 최적화를 위한 활동들을 말하며 주주와 이해관계자가 기업경영자에게 요구하는 책임이다.

기업의 SCR 활동 같은 사회적 책임경영은 소비자들과 공중(public)들로 하여금 존경을 받고 인식을 하여 궁극적으로 기업의 매출이나 이익에도 좋은 효과로 나타나는 브랜드자산 역할을 할 것이다.

4) 투명한 지배구조와 브랜드자산

기업의 지배구조는 기업경영의 통제에 관한 시스템을 말하며 기업경영에 직접 또는 간접적으로 참여하는 주주, 경영진, 근로자 등의 이해관계를 조정하고 규율하는 제도적 장치와 운영 기구를 말한다. 즉, 기업의 소유구조뿐만 아니라 주주의 권리, 주주의 동등 대우, 기업 지배구조에서 이해관계자의 역할, 공시 및 투명성, 이사회의 책임 등을 포괄하고 있는 개념이다.

투명하고 효율적인 지배구조는 기업 경쟁력의 원천이 되어 장기적인 경제성장으로 이끌어 주지만, 그렇지 못한다면 지속가능한 발전은커

닝, 오너 리스크로 인해 단기적으로 기업경영에 큰 타격을 입을 수 있다. 이처럼 투명한 지배구조는 주주나 투자자들에게 기업의 투명성과 공정성과 관련하여 좋은 이미지를 형성하여 브랜드자산이 될 수 있다.

이상과 같이 ESG경영은 비재무적인 요소이지만 기업의 무형자산인 브랜드 인지도나 브랜드 신뢰도를 향상시켜 궁극적으로는 기업경영에 크게 도움이 되는 요인으로 작용할 것으로 보인다.

【 참 고 문 헌 】

- 대한상공회의소·삼정KPMG, 〈중소·중견기업 CEO를 위한 알기 쉬운 ESG〉, 2021.7.21.
- 국가기술표준원·한국표준협회, 〈ESG경영·평가 대응을 위한 ISO·IEC 국제표준 100선 가이드〉, 2021.6.23.
- 홍종성, "지속가능경영, ESG경영으로의 전환을 위한 기업들의 전략적 접근 방안", Deloitte Insights, 2020.11.26.
- 김형규 기자, "LG, ESG 브랜드 2년 연속 1위 올랐다", 한국경제신문, 2023.8.7.
- 윤다빈·이기욱 기자, "유엔 '지구 온난화 넘어 열대화'… 올 7월 역사상 가장 더웠다", 동아일보, 2023.7.29.
- 이현주 기자, "ESG경영의 짧지만 긴 역사… 브룬트란트 보고서에서 지속 가능 경영까지", 한경비즈니스, 2021.3.30.
- 정승환 기자, "2002년 유엔환경계획 F1서 첫 등장… ESG, CSR과 개념 달라", 매일경제, 2021.4.21.
- 송협 기자, "전 세계 기업들이 주목하는 ESG경영은?", 데일리포스트, 2021.5.6.
- 조근석 기자, "그래서 ESG경영이 뭔가요", 아이뉴스24, 2021.4.28.
- 대신증권, "ESG가 뭐길래, 요즘 기업들 사이에서 난리일까", 2021.5.10.
- 불꽃소년, ESG경영의 시급성: 국내 기업이 나서는 이유,
  네이버 블로그(https://blog.naver.com/ftdx2665/223104361095), 2023.5.17.
- 한국거래소 ESG포털 홈페이지(https://esg.krx.co.kr)

【 저 자 소 개 】

김영기 KIM YOUNG GI

학력
- 영어영문학 학사·사회복지학 학사·교육학 학사
- 신문방송학 석사·고령친화산업학 석사 수료
- 부동산경영학 박사·사회복지상담학 박사 수료·경영학 박사 수료

경력
- 현) 미국 캐롤라인대학교 경영학과 교수('ESG경영 사례연구' 강의중)
- 공공기관면접관전문 KCA한국컨설턴트사관학교 교장/총괄교수
- KBS공공기관면접관과정 총괄교수(KBS스포츠예술과학원)
- 한국생산성본부_한국사회능력개발원 SIA면접관과정 교수
- 정보통신산업진흥원 등 10여 개 기관 심사평가위원
- 중소기업중앙회 소기업·소상공인 경영지원단 자문위원
- 중앙대·경기대·세종대·강남대·한국산업기술대 강사 역임

자격
- ESG전문가·경영지도사·국제공인경영컨설턴트(ICMCI CMC)

- 채용면접관 1급 자격증·HR전문면접관(1급)자격증
- 창업지도사 1급·창직컨설턴트 1급·브레인컨설턴트
- ISO국제선임심사원(ISO9001, ISO14001, ISO27001)
- 평생교육사·사회복지사·요양보호사

저서

- 《부동산경매사전》, 일신출판사, 2009. (김형선 외 4인 공저)
- 《부동산용어사전》, 일신출판사, 2009. (김형선 외 4인 공저)
- 《부동산경영론연구》, 아이피알커뮤니케이션, 2010. (김영기)
- 《성공을 위한 리허설》, 행복에너지, 2012. (김영기 외 20인 공저)
- 《억대 연봉 컨설턴트 프로젝트》, 시니어파트너즈, 2013. (김영기)
- 《경영지도사 로드맵》, 시니어파트너즈, 2014. (김영기)
- 《메타 인지 학습: 브레인 컨설턴트》, e경영연구원, 2015. (김영기)
- 《메타 인지 학습: 진짜 공부 혁명》, e경영연구원, 2015. (양영종 외 2인 공저)
- 《창업과 경영의 이해》, 도서출판 범한, 2015. (김영기 외 1인 공저)
- 《NEW 마케팅》, 도서출판 범한, 2015. (변명식 외 3인 공저)
- 《브레인 경영》, 도서출판 범한, 2016. (김영기 외 7인 공저)
- 《저작권 진단 및 사업화 컨설팅(서진씨엔에스, 쿠프, 아이스페이스)》, 충청북도지식산업진흥원, 2017. (김영기)
- 《저작권 진단 및 사업화 컨설팅(와바다다)》, 강릉과학산업진흥원, 2018. (김영기)
- 《공공기관 합격 로드맵》, 브레인플랫폼, 2019. (김영기 외 20인 공저)
- 《브레인경영 비즈니스모델》, 렛츠북, 2019. (김영기 외 6인 공저)
- 《저작권 진단 및 사업화 컨설팅(파도스튜디오)》, 강릉과학산업진흥원, 2019. (김영기)
- 《2020 소상공인 컨설팅》, 렛츠북, 2020. (김영기 외 9인 공저)
- 《공공기관·대기업 면접의 정석》, 브레인플랫폼, 2020. (김영기 외 20인 공저)
- 《인생 2막 멘토들》, 렛츠북, 2020. (김영기 외 17인 공저)
- 《4차 산업혁명 시대 AI 블록체인과 브레인경영》, 브레인플랫폼, 2020. (김영기 외 21인 공저)

- 《재취업전직지원서비스 효과적 모델》, 렛츠북, 2020. (김영기 외 20인 공저)
- 《미래 유망 자격증》, 렛츠북, 2020. (김영기 외 19인 공저)
- 《창업과 창직》, 브레인플랫폼, 2020. (김영기 외 17인 공저)
- 《경영기술컨설팅의 미래》, 브레인플랫폼, 2020. (김영기 외 18인 공저)
- 《공공기관 합격 노하우》, 브레인플랫폼, 2020. (김영기 외 20인 공저)
- 《신중년 도전과 열정》, 브레인플랫폼, 2020. (김영기 외 18인 공저)
- 《저작권 진단 및 사업화 컨설팅(더웨이브컴퍼니)》, 강릉과학산업진흥원, 2020. (김영기)
- 《4차 산업혁명 시대 및 포스트 코로나 시대 미래비전》, 브레인플랫폼, 2020. (김영기 외 14인 공저)
- 《소상공인&중소기업컨설팅》, 브레인플랫폼, 2020. (김영기 외 15인 공저)
- 《미래 유망 기술과 경영》, 브레인플랫폼, 2021. (김영기 외 21인 공저)
- 《공공기관 채용의 모든 것》, 브레인플랫폼, 2021. (김영기 외 20인 공저)
- 《신중년 N잡러가 경쟁력이다》, 브레인플랫폼, 2021. (김영기 외 22인 공저)
- 《안전기술과 미래경영》, 브레인플랫폼, 2021. (김영기 외 21인 공저)
- 《퇴직전문인력 일자리 활성화를 위한 '경영지도 및 진단전문가' 모델 사례연구》, 한국연구재단, 2021. (김영기)
- 《창직형 창업》, 브레인플랫폼, 2021. (김영기 외 17인 공저)
- 《신중년 도전과 열정 2021》, 브레인플랫폼, 2021. (김영기 외 17인 공저)
- 《기업가정신과 창업가정신 그리고 창직가정신》, 브레인플랫폼, 2021. (김영기 외 12인 공저)
- 《4차 산업혁명 시대 AI 블록체인과 브레인경영 2021》, 브레인플랫폼, 2021. (김영기 외 8인 공저)
- 《ESG경영》, 브레인플랫폼, 2021. (김영기 외 23인 공저)
- 《메타버스를 타다》, 브레인플랫폼, 2021. (김영기 외 21인 공저)
- 《N잡러 시대, N잡러 무작정 따라하기》, 브레인플랫폼, 2021. (김영기 외 15인 공저)
- 《10년 후의 내 모습을 상상하라》, 브레인플랫폼, 2022. (김영기 외 10인 공저)
- 《공공기관 채용과 면접의 기술》, 브레인플랫폼, 2022. (김영기 외 19인 공저)
- 《N잡러 컨설턴트 교과서》, 브레인플랫폼, 2022. (김영기 외 25인 공저)
- 《프롭테크와 메타버스 NFT》, 브레인플랫폼, 2022. (김영기 외 11인 공저)

- 《팔도강산 팔고사고》, 브레인플랫폼, 2022. (김영기 외 7인 공저)
- 《정부·지자체의 창업지원금 및 지원제도의 모든 것》, 브레인플랫폼, 2022. (김영기 외 10인 공저)
- 《미래를 위한 도전과 열정》, 브레인플랫폼, 2022. (김영기 외 7인 공저)
- 《AI 메타버스시대 ESG 경영전략》, 브레인플랫폼, 2022. (김영기 외 24인 공저)
- 《퇴직전문인력 일자리 활성화를 위한 경영지도 및 진단전문가 모델 사례연구》, 유페이퍼, 2022. (김영기)
- 《창업경영컨설팅 현장사례》, 브레인플랫폼, 2022. (김영기 외 7인 공저)
- 《채용과 면접 교과서》, 브레인플랫폼, 2023. (김영기 외 15인 공저)
- 《100세 시대 평생교육 평생현역》, 브레인플랫폼, 2023. (김영기 외 20인 공저)
- 《모빌리티 혁명》, 브레인플랫폼, 2023. (김영기,이상헌 외 9인 공저)
- 《평생현역 N잡러 도전기》, 브레인플랫폼, 2023. (김영기 외 15인 공저)
- 《미래 유망 일자리 전망》, 브레인플랫폼, 2023. (김영기 외 19인 공저)
- 《창업경영컨설팅 방법론 및 사례》, 브레인플랫폼, 2023. (김영기 외 13인 공저)
- 《AI시대 ESG 경영전략》, 브레인플랫폼, 2023. (김영기 외 12인 공저)
- 《평생현역을 위한 도전과 열정》, 브레인플랫폼, 2023. (김영기 외 9인 공저)
- 《멘토들과 함께하는 인생 여정》, 브레인플랫폼, 2024. (김영기 외 8인 공저)
- 《ESG경영 사례연구》, 브레인플랫폼, 2024. (김영기 외 13인 공저)

수상
- 문화관광부장관표창(2012)
- 대한민국청소년문화대상(2015)
- 대한민국교육문화대상(2016)
- 제35회 대한민국신지식인(교육분야)인증(2020)

제2장

DEI와 ESG경영

구현화

1. 들어가며

ESG(환경, 사회, 지배구조) 시대에 기업을 효율적으로 운영하는 데 인적자본의 역할이 지대하다는 인식이 퍼지고 있다. 그동안 직원은 기업이 가용할 수 있는 여러 자원 중 하나라는 인식으로 인적자원(Human Resource)이라고 불렸지만, 이제는 생산 과정 중에서 교육과 훈련을 통해 그 가능성을 얼마든지 높일 수 있으며, 나아가 기업의 제품 생산에 있어 핵심적인 역할을 한다는 의미에서 인적자본(Human Capital)이라고 불리고 있다. 다양한 이해관계자를 고려하는 새로운 자본주의 흐름을 의미하는 ESG경영에서 직원은 기업의 가장 가까운 이해관계자이기도 하다. 이 인적자본의 중요성이 날로 커지고 있다. 기업의 경쟁력이 기술 발달에 달려 있고 그 기술을 개발하고 확산하는 직원들이 기업의 경쟁력을 좌지우지한다는 것이다.

인적자본이란 인간의 지식, 기술, 경험, 창의성 등의 능력을 경제적으로 가치 있는 자본으로 본 개념으로, 천연자원이나 기계와 같은 물적자본에 대비되는 의미로 쓰인다(두산백과, 2010). 인적자본 관점에서는 근로자의 능력이 기업의 이윤으로 이어지므로 교육과 같은 인적자본에 투자해야 한다고 본다. 조직의 인적자본이 풍부하다는 것은 그 조직의 효능감이 높음을 의미한다. 기업이 인재를 불러모으고 또 해당 기업에 오래 근무하도록 하려면 조직이 높은 보수와 함께 적절한 보상 체계를 갖추고 있음은 물론 그 인재가 조직에서 활약하기에 좋도록 존중받게 하여야 한다. 즉 해당 인재의 의견이 잘 받아들여질 수 있도록 개방적이고 자유로우며 공정하고 위아래 간 소통이 원활하여야 한다. 이 같은 기업의 문화가 인재를 끌어들일 수 있을지를 판가름하기 때문이다. 좋은 조직문화가 좋은 인재를 끌어들이고, 이 인재들이 조직에서 높은 성과를 창출하는 것이다.

ESG 흐름과 함께 디지털화도 인적자본에 대한 관심을 불러일으키는 계기가 됐다. 2020년 전 세계를 덮친 코로나 팬데믹과 인터넷 및 SNS의 발달로 디지털 사회에서 기업에 대한 정보가 공개되고 직원들 간 서로 공유되면서 기업이 지닌 조직의 고유한 특성과 보상이 상당 부분 알려지게 되었다. 이 와중에 ESG 물결이 전 세계를 강타하면서 특히 S(사회) 분야에서 그 조직이 어떤 조직문화를 가지고 있는지가 ESG경영의 평가 지표 중 하나가 되었다. 조직의 일원으로서 직원의 인권을 조직에서 얼마나 존중하고, 바람직한 노동 관습을 갖고 있는지에 대해 관심을 가지게 된 것이다.

이미 기업의 HR에서는 직원 경험(Ex, Employee Experience)을 관리하고 있다. 좋은 조직문화를 갖고 있다고 평가받는 대부분의 선진 기업은 사람에 대한 존중 정신과 윤리성, 그리고 조직성과를 갖추고 있다고 한다(TheHR, 2023).

이와 함께 직장 내에서 자아실현을 추구하는 MZ세대의 등장은 기업들이 스스로 변화하고자 하는 속도를 높였다. 2019년 컨설팅 기업 맥킨지는 전 세계 1,000명 이상의 근로자를 대상으로 한 설문조사에서 근로자들이 스스로 중요하게 여기는 가치로 '사회에 대한 기여'와 '의미 있는 일을 창조하는 것'이라고 답했다고 밝혔다. MZ세대는 투명한 사회적 사명 그리고 진정성과 개인의 성장을 강조하는 문화의 기업에서 일하기를 희망한다는 점에서 이전 근로자와 다르다. 전 세계 2만여 명의 MZ세대를 대상으로 한 딜로이트의 조사에서도 Z세대는 이직할 직장이 없어도 2년 이내에 기업을 떠나겠다고 답한 비율이 전체의 40%에 달했다.

2. 달라진 기업의 목적

2019년 기업의 목적을 정의한 비즈니스 라운드테이블 선언문은 수년 동안 비즈니스 생태계에서 광범위하게 만들어져 온 변화의 양상을 담은 것이다. 이 선언문은 고객에 대한 가치 제공, 직원에 대한 투자, 협력업체와 공정하고 윤리적인 거래, 지역사회에 대한 공헌, 장기적인 주주 가치 창출 모두가 기업의 필수적인 목적이라고 보았다. 기업의 목적을 이윤 추구에서 이해관계자와 사회에 대한 긍정적인 영향력으로 재정의하면서 그중 하나로 직원에 대한 투자를 중시하고 있음을 보여준다. 직원이 기업에 이윤을 가져다주는 도구라는 인식에서 벗어나 기업을 함께 경영하는 이해관계자로 인식이 변화한 것도 최근의 일이다.

각국 정부에서는 인권과 노동 등 기업 조직 내 인적자본에 대한 공시를 요구하고 있다. UN 책임투자원칙(PRI)은 사회 영역을 건강과 안전, 인권, 다양성과 포용성, 근로표준과 업무환경 등으로 구체화했다. 미국 증권거래위원회(SEC)는 2020년 8월 인적자원 공시를 의무화하면서 상장된 모든 회사가 인력 유치, 인력 개발, 인력 유지의 3가지 항목을 공시하도록 했다. 여기에는 인재 개발 및 훈련 비용, 준법 및 윤리사항 이수 직원 비율, 내부 충원 비율, 자발적 이직률 등이 포함된다. 유럽은 지난 6월 확정한 지속가능성 보고 기준(ESRS)에서 인적자본 항목을 2개 분야 22개 지표로 구성했다.

일본도 지난 3월 이후 결산하는 상장사에 3개월 내 인적자본을 공시하도록 했다. 공시 권고 항목은 7개 분야 19개 지표로 인재 육성, 채용과 유지, 다양성, 건강과 안전, 노동 관행 등으로 구성됐다. 우리나라도 자산총액 2조 원 이상 코스피 상장사에 대해 2025년부터 지속가능경영 공시를 의무화한다. 한국거래소가 ESG 정보공개 가이던스에서 밝힌 내용에 따르면, 사회 부문 9개 권고 항목 중 5개 항목이 평등, 다양성, 신규 고용 및 이직, 청년 인턴 채용, 육아휴직, 산업재해 등이다.

3. DEI의 등장

앞서 각국 정부의 인적자본 공시에서 살펴볼 수 있듯이 인권과 노동은 물론 조직 내 다양성이 주목받고 있는 것을 알 수 있다. ESG경영이 본격화되면서 사회 부문에서 조직 내 다양성(Diversity), 형평성(Equity), 포용성(Inclusion)의 앞 자를 딴 DEI가 대두되었다. 다양성이란 조직 내의 성, 인종, 출신 등 인구통계학적 다양성을 의미한다. 형평성이란 동일한 경력 개발과 승진 기회를 얻도록 하는 기회의 장을 의미하며, 포용성은 구성원들이 소속감을 느낄 수 있도록 직장 내에서 존중받고 지지받으며 성취감을 경험할 수 있음을 말한다.

DEI가 대두된 것은 기업이 장기적 경쟁 우위를 위해 인적자본의 가치를 최대한 실현하기 위해서다. DEI가 높은 기업은 생산성 향상 및 혁신이라는 성과를 창출한다. 인력과 리더십의 DEI가 높아야 조직이 더 혁신적이고, 생산적이며, 경기 침체 등 어려운 일이 닥쳤을 때 성공할 확률이 높다. 딜로이트 연구에 따르면, 사고의 다양성을 갖춘 조직은 위험에 대해 빨리 감지해 조직의 위기를 30%까지 줄일 수 있는 것으로 나타났다. 또 DEI가 높아야 기업의 회복탄력성이 높아진다. 인재가 어떤 역할도 수행할 수 있도록 교육 기회와 프로그램을 제공하고, 자기 일뿐 아니라 다른 일에 도전할 수 있도록 할 수 있다. 인적자원에 대한 투자와 기업문화 개선을 위해 제도와 정책 구축이 중요하다.

맥킨지 연구에 따르면 성별 다양성이 상위 4분위에 속하는 기업이 평균 이상의 수익성을 기록할 가능성이 하위 4분위 기업보다 21% 더 높았다. 인종, 문화적 다양성의 경우 영업이익 마진이 평균보다 높을 가능성이 33%였다. 보스턴컨설팅그룹도 경영진 다양성이 평균 이상인 기업의 혁신 수익이 평균 이하 기업보다 19% 높았다. 혁신 수익은 3년 내 개발한 신제품이나 서비스에서 거둔 수익이다. 액센츄어의 조사에 따르면, DEI 실천이 높은 기업은 그렇지 않은 기업에 비해 제품이나 서비스 매출이 29% 높으며, 고객 충성도가 39% 더 높은 것으로 조사됐다. 글로벌 500대 기업의 80% 이상이 '다양성과 포용'을 기치로 내걸고 인력다양성을 의도적으로 확대하고 일하기 좋은 직장을 만들기 위해 노력하고 있다.

여성이 일하기 좋은 직장은 남성도 일하기 좋은 직장이 되고, 장애인이나 외국인, 유색인종이 많은 직장 역시 마찬가지다. 2010년대 중반부터 AT&T, 월마트, 이베이, 우버, 구글 등 글로벌 기업은 〈다양성 연례 보고서(Diversity Annual Report)〉, 〈다양성, 형평성 및 포용성 보고서(DE&I Report)〉 등의 이름으로 별도 보고서를 발간하고 있다. AT&T는 직장 내 성비 및 인종별 불균형과 세대 격차, 다양성 문화 등을 주요 이슈로 선정하는 최고다양성책임자(Chief Diversity Officer, CDO)를 두고 있다. PwC 역시 워킹맘과 파트타임 직원, 동성 동거 커플에게 가족 혜택을 주고 있으며 2000년에는 회사 최초로 CDO를 임명했고 2003년에는 최고경영자급으로 승진시키기도 했다. CDO는 PwC가 전 세계적으로 일관되게 DEI에 접근하고 DEI 전략을 추진하게끔 하고 있다.

DEI 전문 컨설턴트인 엘라 F. 워싱턴은 'DEI 성숙 모델'을 제시하며 인식, 순응, 전술, 통합, 지속의 5단계를 제시했다. 기업이 DEI가 무엇이고 왜 중요한지 알게 되는 것이 1단계인 '인식'이라면, 업계와 정부의 여러 요구를 충족하고자 하는 2단계 '순응'으로 나아간다. 3단계 전술에서 기업의 관심은 DEI 규범을 준수하는 데서 한 발짝 더 나아가 DEI가 우리 목표에 얼마나 들어맞는지를 고려하기 시작한다. 전체 비즈니스를 염두에 두고 전략적으로 DEI 정책을 수립하는 것이다.

4단계 통합 국면에서는 기업 내부와 외부의 DEI 노력이 통합되고 위와 아래에서 변화가 이루어진다. 기업은 영향력이 미치는 모든 범위에 DEI를 포함시키고 DEI 전략을 명확히 규정하며 직원, 고객, 파트너, 공급업자, 주주, 경쟁자 등 내외부의 모든 관련자에게 DEI가 어떻게 영향을 미치는지 살핀다. 통합 단계의 DEI 기업은 아직 완벽한 DEI를 이루지 못한 상태이지만 자신의 DEI 노력에 대해 계속 고민하고 진보하고자 한다. 5단계인 지속 국면에서 기업은 경기 순환, 전략, 리더십 측면에서 DEI를 내재화시킨다. 2015년 인텔의 최고경영자였던 브라이언 크르자니크는 5년 동안 3억 달러를 투입해 2020년까지 기업 인력을 '인구대표성에 걸맞게' 구성하겠다고 발표했다. 인텔은 이 같은 노력으로 불과 6개월 만에 여성 및 소수자 연간 고용 수치가 애초 목표치의 40%를 넘어섰다고 발표했다. 인텔은 지속가능한 DEI를 위한 노력을 보여준 하나의 사례다. 이들 기업은 비즈니스가 어려운 시기에도 DEI 노력을 계속 이어나간다는 특징이 있다.

4. 뛰어난 개인을 이기는 집단의 파워

오늘날 대부분의 도전적인 과제는 그룹이 수행한다. 혼자 다루기에는 문제가 너무 복잡하기 때문이다. 단독 저자들이 작성한 논문의 수가 줄고, 복수 저자들의 논문이 늘어나고 있다. 비즈니스 분야에서도 비슷한 트렌드를 볼 수 있다. 노스웨스턴대학교 켈로그경영대학원의 심리학자 브라이언 우지 교수가 이끄는 연구팀은 1975년 이후 미국에서 발급된 200만 건 이상의 특허를 조사한 결과 팀 단위로 출원한 특허가 36개 분야 모두에서 압도적으로 많았다는 사실을 알아냈다. 시장에서도 이런 트렌드가 보인다. 25년 전만 해도 주식형 펀드 대부분은 개인이 운용했지만 지금은 대부분이 팀에 의해 운용된다.

매슈 사이드의 〈다이버시티 파워〉에 따르면, 집단의 생산성을 높이는 다양한 형태의 다양성이 존재한다. 젠더, 인종, 나이, 종교, 성 정체성, 결혼 여부, 국적 등의 차이는 인구통계적 다양성으로 분류되기도 한다. 중요한 것은 이런 인구통계적 다양성 외에도 인지다양성, 관점과 통찰, 경험, 사고방식의 다양성이 조직에 필요하다는 것이다. 배경과 경험이 서로 다른 사람들은 대개 같은 문제를 다른 방식으로 생각한다. 인구통계적 다양성이 특정 상황에서 집단 지혜를 향상시키는 이유는 관점의 폭이 넓고 사각지대가 많지 않기 때문이다. 비슷한 사람들끼리 모여 있으면 각자의 사각지대를 공유할 뿐만 아니라 사각지대를 더욱 강화한다.

미국의 경제학자 채드 스파버 교수는 인종다양성이 한 단위의 표준편차만큼 증가하면 법률 서비스업과 의료 서비스업, 금융업의 생산성이 25퍼센트 이상 높아진다는 사실을 발견했다. 글로벌 컨설팅 기업 맥킨지가 독일과 영국의 기업을 분석한 보고서는 경영진의 젠더 및 인종다양성이 상위 25%에 속하는 기업들의 자기자본수익률이 하위 25%에 속한 기업들보다 66% 높았다는 사실을 밝혀냈다. 미국의 경우 100% 높았다. 컬럼비아대학교 경영대학원 캐서린 필립스 교수가 이끈 한 연구에서 팀들에게 살인 미스터리를 풀어보라는 과제를 주었다. 그들에게는 복잡한 자료와 사건에 관련된 알리바이들, 목격자 증언, 용의자 명단 등이 제공됐다. 미스터리 해결에 참가한 팀들 중 절반은 친구 네 명이 한 팀을 이뤘다. 나머지 절반은 친구 세 명과 사회적 배경과 관점이 다른 낯선 사람(아웃사이더)으로 구성되었다.

결과는 아웃사이더가 포함된 팀의 정답률은 75%인 반면, 동질 그룹은 54%였고, 개인이 혼자 문제를 푼 경우에는 정답률이 44%에 불과했다. 아웃사이더 그룹에 속한 이들은 과제를 해결하는 과정에서 서로 다른 관점이 드러났기 때문에 논쟁과 의견 충돌이 많이 일어났다. 과제를 놓고 밀도 있고 솔직한 토론을 했다는 것 자체가 과제 속에 내재된 복합성을 드러냈다. 동질 그룹은 서로 동의하는 분위기에서 과제를 풀어나갔으며 자신들의 답이 옳다는 확신은 더 강했다. 그들은 자기 자신의 사각지대에 대한 도전을 받지 않았기 때문에 사각지대를 인식할 기회가 없었던 것이다. 여기에서 동질 그룹의 위험성을 알 수 있다. 그들은 과도한 자신감과 중대한 오류가 결합된 판단을 내릴 가능성이 높다.

국내에서도 기업의 실제 팀 58곳을 대상으로 조사한 결과, 다양성은 팀 성과에 부분적으로 유의한 영향을 미쳤다. 특히 연령다양성은 팀의 창의적 행동에 대해 유의한 영향이 있었고, 팀 목표의 상호의존은 다양성-팀 성과 간 관계를 부분적으로 조절한 것으로 나타났다. 팀 구성의 다양성이 갖는 인구통계학적 차이, 정보지식 차이, 가치관 차이가 미치는 영향을 국내에서 분석하고자 한 연구로서 주목된다.

5. 공정하게 대우받음의 중요성

형평성에서 중요한 부분을 차지하는 공정성 개념은 용어의 사용에 있어 Justice와 Fairness가 상호교환적으로 사용되었다. 그린버그(1987)에 의해 조직공정성(Organization Justice)이라는 용어가 정립되었고 분배적 공정성, 절차적 공정성, 상호작용 공정성을 의미하는 것으로 사용되기 시작했다. 조직공정성이란 조직 내에서 구성원이 지각하는 공정성을 의미한다. 조직의 목표를 효율적으로 달성하고 구성원의 직무 만족을 증진하기 위해 조직공정성의 개념을 고용, 임금, 고충 처리 그리고 직장에서의 민주적 의사결정과 같은 다양한 조직상황에 적용해왔다.

콜킷, 그린버그 외(2008)에 따르면, 조직공정성 분야에서 첫 번째 범주는 절차적 공정성(Procedural Fairness)이다. 이는 의사결정 과정에서의 공정성을 말한다. 즉 일관성과 정확성 그리고 의사결정에서 영향을 받는 이들을 위한 발언권을 의미한다. 두 번째는 정보적 공정성(Informational Fairness)이다. 이는 리더가 얼마나 분명하게 행동의 근거를 설명하고 신뢰 있게 의사소통을 했는지를 말한다. 세 번째는 분배적 공정성(Disributive Fairness)이다. 이는 의사결정과 행동의 결과가 얼마나 공정한지에 대한 평가를 말한다.

이는 결국 직원들이 힘들게 일해야 할 모든 동기를 앗아간다. 네 번째는 관계적 공정성(Interpersonal Fairness)이다. 이는 개인이나 집단이 그 구성원과 개인적인 교류에서 어떤 대우를 받느냐에 관한 것이다. 이는 상호작용 공정성이라고 한다.

2017년 유럽의 과학자들은 콜센터를 차려놓고 195명을 고용한 뒤에 그중 20%를 임의로 해고했다. 이후 해고 생존자의 생산성이 즉각적으로 12%나 떨어졌다. 기업은 조직 내에서 오랫동안 이어져 온 신뢰 위반이 있는지 확인해야 한다. 부당한 일이 계속된다면, 기업은 그들의 행동을 바꾸기 위해 큰 변화 대신 적당한 개선만으로 만족한다는 부주의한 사고방식을 갖고 있는 것이다. 조직 내 형평성과 포용성을 고려한다는 것은 이 같은 결정이 일방적으로 내려지지 않도록 직원들과 상황을 공유하고 더 나은 선택이 될 수 있도록 함께 숙고하여 결정을 내리는 것을 의미한다.

해고 실험에 참가한 참가자들은 이런 측면에서 분노를 느꼈다. 만약 기업이 유능한 직원과 무능한 직원을 똑같이 대한다면, 혹은 경력이 많은 직원과 갓 입사한 신입을 똑같이 대한다면 노력과 성취가 보상받지 못하는 환경을 만드는 것이다.

포용하는 것은 집단이나 조직의 생존과 발전에도 유리하다. 2009년의 조사에 따르면, 세계 주요 도시 중 사회문화적 다양성 1위인 샌프란시스코가 가장 창의성이 높은 것으로 나타났다. 샌프란시스코는 2017년 조사에서도 뉴욕에 이어 미국에서 가장 창의성이 높은 도시로 꼽혔다. IT기업의 산실인 실리콘밸리가 샌프란시스코에 있는 것도 우연은 아니다. 개방적 제도를 근간으로 하는 로마제국의 팍스로마나(Pax Romana) 정책은 로마제국의 확장에 핵심적 역할을 했다. 몽골제국이 200년 가까운 세월 동안 세계 인구의 절반을 지배할 수 있었던 것도 인재, 문화, 언어, 종교 등에 대한 포용 정책 때문이었다. 현대에 가장 혁신적이고 경쟁력 있는 집단은 다양한 세계관과 가치관과 문화적 이해력과 사고방식을 가진 인재들로 채워진 조직이다. 조직에서 구성원의 성별 균형을 갖추는 것도 과제 중 하나다.

현명한 그룹은 반항적인 그룹이다. 반대를 위한 반대는 하지 않지만, 문제 공간의 다른 영역에서 나온 통찰을 제시한다. 어려운 문제를 다루려는 그룹이 가장 먼저 해야 할 일은 문제 자체를 더 많이 알거나 문제의 여러 측면을 더 깊이 파고드는 것이 아니다. 한 발 뒤로 물러서 우리의 집단적 이해의 어느 부분에 틈이 있는지, 개념상 사각지대에 빠지지는 않았는지를 질문해야 한다. 다만 이 다양성은 임의적인 다양성이 아니라, 밀접한 관련성이 있고 시너지 효과를 내는 다양성이어야 한다.

캐럴라인 크리아도 페레스는 《보이지 않는 여자들》에서 의사 결정을 내리는 자리에 여성이 더 많이 영입될수록 집단지성이 놀랄 만한 전환을 이루기 시작했다는 사실을 강조했다. 스웨덴의 지방의회 공무원들은 사람들의 통근을 위해 자동차만 고려했었지만, 여성은 주로 대중교통이나 걸어서 간다는 것을 포착했다. 또 부상으로 인한 병원 입원자는 자동차 운전자보다 보행자가 세 배 많았다. 미끄러운 빙판길에서 부상을 당하기 때문이다. 제설 작업을 함에 있어 관점의 틈이 생겼기 때문에 그동안 여성을 고려하지 못했던 것이다. 이처럼 다양한 관점을 고려하면 직원 경험을 높이는 것은 물론 제품 개발 등에도 더 혁신적으로 적용될 수 있다.

6. 다양성 관리 리더십이 중요한 이유

특히 중요한 결정을 내리는 리더십 분야에서 이 같은 부분은 매우 중요하다. 네덜란드 에라스무스대학교 로테르담경영대학원이 실행한 연구에서 1972년 이후에 진행된 300개 이상의 실제 프로젝트를 분석한 결과, 하위 관리자가 이끄는 프로젝트가 상위 관리자가 담당하는 프로젝트보다 성공할 가능성이 높았다. 그 이유는 리더십이 지배 역학 관계에 연결되면 사회적 대가를 치르게 되기 때문이라는 것이다. 다양성을 갖춘 조직이라도 지배적인 리더에 종속되면 하위 구성원들은 자신이 정말로 생각한 것이 아니라 리더가 듣고 싶어 한다고 생각하는 것을 말한다. 그렇게 되면 반항적인 아이디어는 사라진다. 최상위 리더의 관점을 따라 하고 그 과정에서 자신만이 할 수 있는 영역을 축소하며 최상위 리더와 같은 모습으로 변화한다. 대부분의 팀들 각자는 보탬이 될 만한 유용한 생각을 지니고 있지만 이것이 집단 의사 결정의 한 부분으로 활용되지 않고, 그 대신 제한적인 정보에 따라 행동하는 한 멤버가 자신의 선호를 표현하며 팀 전체의 역학 관계를 왜곡한다.

사람들은 그 관점을 확증하는 정보를 공유하기 시작하며 문제가 될지도 모르는 정보는 무의식중에 숨긴다. 결국 사고의 다양성이 사라진다. 이를 정보 폭포(Information Cascade, 폭포처럼 쏟아지는 정보 속에서 스스로가 수집한 정보보다 타인의 결정에 편승해 자신의 의사를 결정하는 현상)라고 부른다. 심리학자 솔로몬 애쉬의 연구는 사람들이 종종 다른 사람들의 답 쪽으로 기울어지는 경향이 있다는 것을 보여주면서, 이는 다른 사람들이 옳다고 믿어서가 아니라 동의하지 않는 행동으로 무례하거나 분열을 일으키는 사람으로 보이고 싶지 않기 때문이라는 사실을 증명했다. 집단은 일반적으로 리더가 필요하며, 리더가 없으면 갈등과 망설임이 생길 위험에 처한다. 그런데도 리더는 집단의 다양한 관점에 접근할 때에만 현명한 선택을 할 수 있다.

다양성 관리를 위해서는 새로운 다양성 리더십이 필요하다. 일사불란하게 지휘하는 지휘관이 아니라 개성을 존중해 주면서 자신의 직무를 탁월하게 수행할 수 있도록 도움을 주는 조력자로서의 리더십이다. 구체적으로 다양성을 확보하고 관리하는 목표가 무엇인지, 왜 해야 하는지에 대한 명확한 관점을 가져야 한다. 실무적으로는 각 항목을 평가해 다양성 관리 수준을 측정하는 다양성 스코어카드(Diversity Scorecard)를 도입해 운영해 볼 수 있다. 또 지속적인 성과관리를 위해서는 분기, 반기별로 목표를 측정가능한 지표로 설정하고 수시로 피드백을 주고받는 시스템이 구축되어야 한다. 딜로이트에 따르면 DEI에 지속적인 성과관리를 도입한 기업의 91%는 승진 결정에서 편향을 제거하는 데 진전을 이뤄냈다. 국내 기업도 이 같은 지속적인 다양성 성과관리를 고려할 필요가 있다.

【 참 고 문 헌 】

- 두산대백과사전, 《두피디아》, 네이버, 2010.
- 리베카 헨더슨, 《자본주의 대전환》, 임상훈 옮김, 어크로스, 2021.
- 알렉스 에드먼스, 《ESG 파이코노믹스》, 송정화 옮김, 매일경제신문사, 2021.
- 매슈 사이드, 《다이버시티 파워》, 문직섭 옮김, 위즈덤하우스, 2022.
- 신지현, 《한 권으로 끝내는 ESG 수업》, 중앙북스, 2022.
- 웰라 F. 워싱턴, 《다정한 조직이 살아남는다》, 이상원 옮김, 갈매나무, 2023.
- 변인배, 《The HR(더에이치알)》, 클라우드나인, 2023.
- 캐럴라인 크리아도 페레스, 《보이지 않는 여자들》, 황가한 옮김, 웅진지식하우스, 2020.
- 《월간 한경ESG》 2023년 7월호, '인적자본 업그레이드'
- 《월간 매경이코노미》 2023년 7월호, '사람이 곧 기업 경쟁력'
- 《월간 인재경영》 2022년 9월호, 'DEI에 주목해야 하는 이유' 칼럼
- 성상현, 이종건, 박현준, 〈다양성이 프로젝트 팀의 성과에 미치는 영향〉, 《인사조직연구》, 15(2) 2007.
- 성상현, 〈한국 기업의 다양성관리 현황과 발전 방향〉, 《인사조직연구》, 2022.
- 이종건, 김명희, 성상현, 〈다양성과 팀 성과: 팀 목표의존의 조절 효과〉, 《인사조직연구》, 20(2), 2012.
- 임희정, 〈다양성관리의 실태 및 다양성관리가 조직의 성과에 미치는 영향〉, 《생산성논집》, 24(3), 2010.
- 최도림, 〈다양성에 대한 이론 및 연구 동향과 한국에의 적용 가능성〉, 《한국인사학회보》, 2012.

【 저 자 소 개 】

구현화 KU HYUN HWA

학력
- 서울대학교 역사교육과 졸업
- 서울대학교 교육학과 석사 졸업

경력
- 한경ESG 근무
- 중앙대학교 ESG 전문인력 교육과정 수료(2기)

제3장

ESG가
지켜야 하는 것은?

박옥희

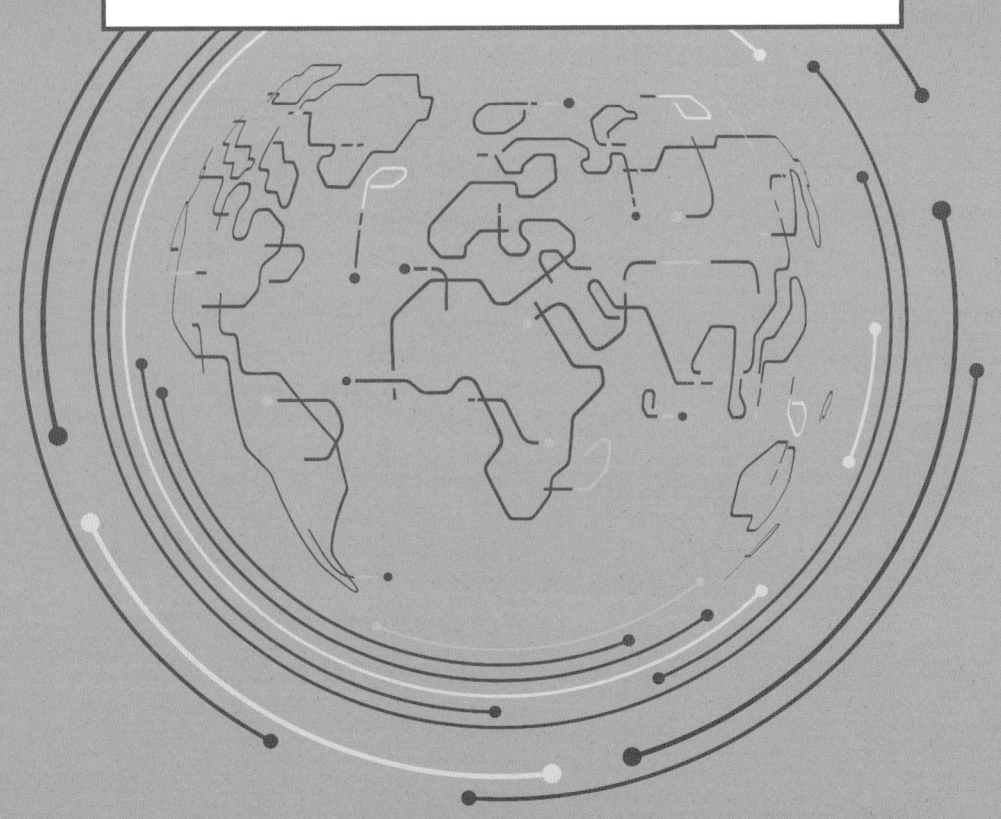

1. 들어가며:
ESG경영을 왜 주목해야 하는가?

　지구상에 태어난 우리는 한평생 지구에서 살다가 지구 한구석 어디쯤 한 줌의 흙으로 돌아간다. 내가 사는 지구, 지금 그 지구는 안전한가?

　최근 지구 온난화로 인한 자연재해가 속출하고 있다. 북극의 빙산과 남극의 빙하를 녹이며 인도양의 섬인 몰디브와 오세아니아의 섬나라 투발루의 국토가 물에 잠기고 있고, 태평양의 작은 섬들과 인도네시아 자카르타 등에서도 그 피해가 늘고 있다.

　지구 온도가 3도 오르면 7년 뒤 두바이가 물에 잠길 것이라는 비관적인 뉴스가 들리는 등 전 지구적으로 발생하는 환경 재앙에 대한 경각심은 날로 높아지고 있다.

　우리는 부모님에게서 태어나 가족의 품에서, 사회 속에서 어우러져 살아가고 있다. 그럼, 우리가 사는 사회는 평안한가?

　현대 사회에서 끊임없이 벌어지는 기업의 회계 부정 사건, 아직도 만연한 모럴 해저드(Moral Hazard)와 부정부패로 이어지는 경제위기를 자초하고, 직장 내 성희롱, 괴롭힘, 갑질 사건 등으로 인한 불평등과 차별의 직장환경은 서로를 신뢰할 수 없게 만들며, 이는 우울증과 자살로 확대되고 있다. 또한 안전하지 않은 사업장 환경은 근로자의 질병 및 사망사건으로 이어지고 있다.

더욱 심각한 우리나라 저출산 문제는 어떠한가? 우리나라의 합계출산율은 2018년에 최초로 1명 이하인 0.98명으로 떨어진 이후 2022년에는 0.78명으로 도무지 반등의 희망을 보이지 못하고 있다.

이러한 저출산 문제는 ▲생산인구 감소로 인한 노동력 감소 ▲고령인구 증가로 인한 사회 비용 증가 ▲지방 소멸로 인한 농업 위기와 지역경제 쇠퇴 ▲가족 구조의 변화로 인한 가족 간 지원 체계 약화 ▲미래 세대 인력 양성의 어려움 등의 문제를 불러일으켜 우리 사회를 아노미 상태로 빠뜨리고 있다. 이러한 환경과 사회 속에서 우리는 무엇을 어떻게 해야 하고, 또 무엇을 지켜야 하는 것일까?

기업경영의 패러다임으로 등장했던 ESG를 기억하고 있는가? 우리가 지켜야 할 것들에 대해 ESG경영 사례를 살펴보며 논의를 시작하고자 한다.

다음 [그림 1]에서 보는 ESG경영의 토픽 중 어떤 이슈를 먼저 다뤄야 할까?

[그림 1] ESG경영의 Topics

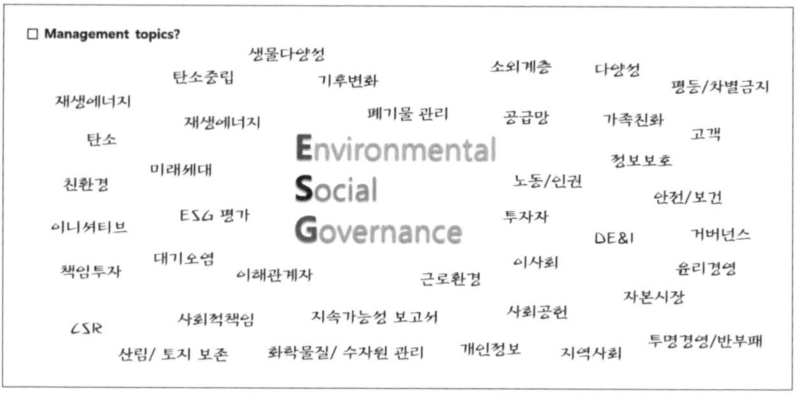

```
□ Management topics?
                   생물다양성
           탄소중립          기후변화      소외계층    다양성
   재생에너지                                          평등/차별금지
           재생에너지        폐기물 관리    공급망   가족친화
      탄소                                              고객
                           Environmental      정보보호
   친환경    미래세대
                           Social           노동/인권     안전/보건
    이니셔티브    ESG 평가   Governance    투자자    DE&I   거버넌스
     책임투자   대기오염                          이사회       윤리경영
                      이해관계자     근로환경              자본시장
           CSR    사회적책임    지속가능성 보고서    사회공헌   투명경영/반부패
              산림/ 토지 보존   화학물질/ 수자원 관리  개인정보   지역사회
```

중요하지 않은 토픽이 없지만, 필자는 한 사회를 이루는 가장 기본적인 단위인 '인간(Human)'과 그를 둘러싼 '가족'에 초점을 두고자 한다. 인간의 궁극적인 목표인 행복한 삶을 위해 우리는 어떤 노력이 필요한가? 인생의 3분의 1을 사용하는 조직 안에서 우리는 무엇을 지키고 어떤 노력을 해야 할까?

ESG경영 노력을 통해 우리가 잊지 말아야 할 것들과 국가와 기업, 그리고 제도권 안에서 살아가는 우리가 함께 상생하며 살아가는 길을 찾아보고자 한다.

2. 가족친화형 ESG 소개

1) 가족친화형 ESG란?

가족친화형 ESG는 직장에서 일·생활 균형 문화조성의 의미를 포괄하는 가족친화(Family Friendly)와 새로 부각되고 있는 경영 패러다임인 ESG 지표를 함께 관리해야 한다는 개념이다.

즉, 가족친화경영*과 ESG를 합친 개념으로, 가족친화경영을 고도화하기 위해 가족친화와 관련된 ESG 관리지표를 찾아 함께 관리하고 실천할 수 있도록 지원하여 직원 만족감 향상과 함께 기업의 경쟁력을 확보하고자 하는 것이다.

현재 한국건강가정진흥원에서 가족친화인증** 기업을 대상으로 지원하는 가족친화형 ESG경영 컨설팅은 가족친화인증 기업이 가족친화제도를 우수하게 운영함과 더불어 직원과 관련된 ESG 지표를 추가적으로 관리할 수 있도록 지원하고 있다.

---

* 　가족친화경영: 근로자들이 일과 가정/개인 생활을 조화롭게 병행할 수 있는 직장환경을 조성하여 직원 만족도와 기업의 경쟁력을 동시에 향상하는 경영전략이며, 가족친화제도 운영을 통해 저출산 문제를 극복할 수 있도록 기업 환경을 조성하는 경영 활동임

** 　가족친화인증: 가족친화제도(자녀출산 및 양육/교육지원, 탄력적근무제, 근로자 및 가족 지원, 가족친화 문화조성을 위한 제도)를 모범적으로 운영하는 기업과 기관에 대해 심사를 통해 인증을 부여하는 제도(법적근거: 가족친화 사회환경의 조성 촉진에 관한 법률 제15조, 출처: 가족친화지원사업(ffsb.kr)

이제는 더 이상 ESG경영을 하지 않을 수 없는 기업경영 환경에서 가족친화형 ESG경영은 무엇보다 중요한 이해관계자 중 하나인 직원 즉 인간(Human)에 초점을 맞추고 있다.

가족친화형 ESG경영은 직원들의 행복하고 안전한 직장생활을 위한 ▲인권 관리 ▲고충 처리 시스템 ▲다양성 문제 ▲근로 환경 ▲교육/복리후생비 관리 ▲경력단절예방 지원 ▲사회공헌 및 봉사 활동 ▲차별 방지 등이 핵심 지표이다. 이러한 지표를 중점적으로 모니터링하고 관리 방안을 제안하는 것이 '가족친화형 ESG경영' 컨설팅이며, ESG경영에 매우 중요한 한 축임에 틀림없다.

2) 가족친화형 ESG 관리지표

가족친화형 ESG경영은 직장에서 인생의 3분의 1 이상을 보내는 근로자의 인권을 보장하고, 차별이 없는 문화 속에서 일과 생활, 자녀 출산·양육·돌봄 제도 등을 눈치 보지 않고 사용할 수 있는 가족친화 직장문화 조성을 위한 관리지표로 구성되어 있다[표 1].

[표 1] 가족친화형 ESG 관리지표

NO.	강조점	관리지표	자가 진단
1	경영진의 의지와 관심도	이사회(최고경영자)가 가족친화경영 및 ESG 안건 관리 여부	
2	인권 보장 정책	인권을 보장하는 회사 차원의 정책 유무	
3	인권 리스크 관리 활동	기업 내 인권 리스크에 대하여 평가 점검 활동 여부	
4	고충 처리 채널	임직원들이 인권 관련 고충을 전달할 채널 운영 여부	
5	다양성 고려정책	성별/종교/국적/장애 유무 관점에서 다양성을 고려한 고용정책 시행 여부	
6	사회법 규제/위반 관리	사회법에 대한 규제 및 위반 사건이 없도록 지속적으로 관리 유무	
7	건강하고 안전한 근무 환경	임직원들의 안전하고 건강한 근무 환경조성을 위한 체계적인 관리 여부	
8	교육훈련비 관리	임직원 성장 발전을 위한 교육훈련비 지속적 향상 여부	
9	경력 단절 예방 및 복귀 지원	경력 단절 보유 근로자들의 경력 관리 지원 여부	
10	복리후생비 관리	임직원 삶의 질 제고를 위한 복리후생비 지속적 향상 여부	
11	회사 차원 사회공헌	회사의 특성과 장점을 활용한 전략적 사회공헌 활동 여부	
12	임직원 주도 봉사 활동	사회 환경 문제 해결에 기여를 위한 임직원들의 자유로운 봉사 활동 확대 여부	
13	여성 구성원 비율 확대 노력	기업 내 여성 구성원의 비율 확대를 위한 지속적 노력 여부	
14	급여 형평성 관리	동일 직무, 동일 직급 내 여성 근로자들의 급여 형평성 관리 여부	
15	차별사건 방지 및 조치 체계	기업 내 전반적인 차별사건을 방지 및 조치의 적절성 여부	

출처: www.ffsb.kr

가족친화형 ESG 관리지표를 자가 진단하여 기업에서 미처 관리하지 못한 항목을 발견하고, 협의를 통해 실행할 수 있도록 지원하여 직원이

다니기 좋은 회사, 만족감이 높은 회사 문화를 조성함으로써 기업 경쟁력을 향상할 수 있도록 하고 있다.

3) 조직변화를 위한 체크포인트

끊임없이 변화하는 경영환경에서 경쟁력을 유지하고, 지속가능한 경영을 위한 조직의 노력은 계속되어야 한다. 존 코터(John Kotter)의 조직변화 8단계를 활용한 진단과 변화 활동으로 왜 변화해야 하고, 어떻게 변화해야 할지 살펴보는 것은 매우 중요하다.

[표 2] 조직변화 관리를 위한 체크포인트

단계	관리 모델 유형	세부 내용	체크
1단계	조직의 위기감 조성	전사적으로 변화의 필요성 인식 강화 활동	
2단계	강력한 변화 세력 구성	효과적인 팀 빌딩 구축 활동	
3단계	비전과 전략 수립	구체적인 비전과 전략 수립 활동	
4단계	새로운 비전 공유	수립된 비전을 전사적으로 공유하는 활동 전개	
5단계	권한 위임	추진팀에 권한 위임으로 문제 해결 지원	
6단계	단기간 성과 달성	단기적 성과를 창출해 할 수 있다는 분위기 조성 전개	
7단계	변화 과정 모니터링	변화관리를 위한 사례 만들고, 다양한 이해관계자 참여 활동	
8단계	새로운 제도 정착	경영전략과 연계하고, 각 조직의 KPI에 반영하여 시스템적인 운영 활동	

출처: 가족친화형 ESG경영 컨설팅 매뉴얼, 한국건강가정진흥원

변화는 매우 어렵다. 변화에는 필연적으로 저항이 따르기 때문이다.

'지금도 괜찮지 않아?', '잘되고 있는데?', '편한데?' 등 변화하기 싫은 핑계는 대도 대도 끝이 없다.

조직은 수명주기(도입기 → 성장기 → 성숙기 → 쇠퇴기)가 존재한다. 조직이 성장하면서 각 단계에서 예기치 못한 위기를 맞게 되는데, 그 위기를 극복하기 위해 각 단계에서 끊임없는 경영혁신이 필요하다.

[그림 2] 조직변화를 위한 계단

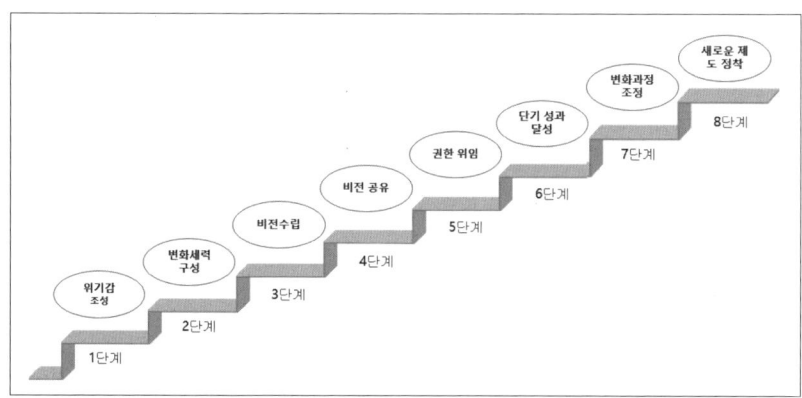

가족친화형 ESG경영을 위해 각 단계에서의 변화관리를 통해 조직에서 위기감을 조성하고, 효과적인 팀 구성으로 비전을 수립하여 공유하고, 권한 위임을 통해 문제 해결을 할 수 있도록 하고, 동기부여를 통해 단기 성과를 창출할 수 있도록 해야 한다. 그리고 이러한 변화 단계에서의 변화 과정을 모니터링하여 조정하는 단계를 거쳐 새로운 제도를 정착할 수 있도록 조직의 경영전략과 팀의 KPI를 얼라인먼트(Alignment)하는 것은 조직변화를 위해 필연적이다.

3. 가족친화형 ESG가 주목하는 것은?

1) 인권경영

우선 '인권'의 사전적 의미를 살펴보자. 인권이란 "보편적이고 절대적인 인간의 권리 및 지위와 자격을 의미하는 개념으로 사람은 사람답게 살 수 있는 권리가 있으며, 법의 관할지역이나 민족, 국적 등 지역적인 변수나 나이와 관계없이 적용되는 보편성을 지닌다(위키백과, 2023.12.22.)"고 정의되어 있다. 또한 대한민국 헌법 제10조에는 "모든 국민은 인간으로서의 존엄과 가치를 가지며, 행복을 추구할 권리를 가진다. 국가는 개인이 가지는 불가침의 기본적 인권을 확인하고 이를 보장할 의무를 진다"고 규정하고 있다.

이렇듯 인권은 사람이라면 누구나 누릴 권리와 자격을 가지고 있는 것임에도 불구하고 이를 침해하는 사례가 일상에서 매우 다양하게 일어나고 있는 것이 현실이다.

인권 침해를 방지하고 예방하는 활동을 하는 것은 어쩌면 당연한 경영 활동이다. 가족친화형 ESG경영에서도 첫 번째로 중요한 이슈가 바로 '인권경영'이라고 할 수 있다.

가족친화형 ESG경영을 위해 기업 및 기관은 인권경영 체계를 구축하고, 인권영향평가를 통해 리스크를 관리하고, 인권경영을 대내외에 공표 및 확산하며, 인권 구제기구를 설치·운영을 통해 조직 내 인권 침해 사례가 없도록 예방 및 관리하고, 재발이 없도록 철저히 모니터링해야 한다.

경기도 소재 ○○기관에서는 가족친화형 ESG경영 컨설팅을 통해 개선점을 발견하고, 그 실천 방안으로 '상호존중의 날(매월 11일)'을 제정하고 '인권 공모전'을 실시하여 사내 인권 문화 확산을 위한 실천 계획을 수립하였다.

충북 소재 ○○기업에서는 가족친화형 ESG경영 컨설팅을 통해 '인권경영 헌장'을 선포하고, '인권영향평가'를 통한 리스크 점검으로 사내 인권 교육과 문화 확산을 위한 실천 계획을 마련한 바 있다.

<인권경영 헌장 사례>

✓ 하나, 우리는 인권, 노동, 환경, 반부패 등의 가치를 지지하는 국제 및 국내 규범을 존중하고 지지한다.
✓ 하나, 우리는 임직원을 포함한 모든 이해관계자에 대하여 인종, 종교, 장애, 성별, 출생지, 정치적 견해 등을 이유로 차별하지 않는다.
✓ 하나, 우리는 직원의 인권 보호와 증진을 위해 결사 및 단체교섭의 자유를 보장한다.
✓ 하나, 우리는 어떠한 형태의 강제노동과 아동노동을 허용하지 않는다.

> ✓ 하나, 우리는 안전하고 위생적인 작업환경을 조성하여 산업안전 및 건강권을 보장한다.
> ✓ 하나, 우리는 협력사와의 상생발전을 위해 노력하며, 인권경영을 실천하도록 지원하고 협력한다.
> ✓ 하나, 우리는 사업 활동 영위 지역에서 현지 주민의 인권을 존중하고 보호한다.
> ✓ 하나, 우리는 국내외 환경 관련 법규를 준수하고, 환경보호와 환경 재해 예방을 위해 노력한다.
> ✓ 하나, 우리는 사업 활동에 있어서 국민의 안전에 위해가 되지 않도록 노력하고, 업무상 수집한 개인정보를 보호하며 소비자의 정보 접근권을 보장한다.
> ✓ 하나, 우리는 사업 활동에서 발생하는 인권침해에 대해 신속하고 적절한 구제 조치를 제공한다.

출처: 공공기관 인권경영 매뉴얼, 한국도시공사 인권경영 헌장

2) 가족친화경영

우리나라 합계출산율은 OECD 국가 중 최하위이며, 2022년 0.78명에서 2023년에는 0.6명대로 떨어질 수 있다는 비관적인 전망이다. 이와 함께 우리나라 자살률은 OECD 국가에서 가장 높은 1위(10만 명 당 24.1명)로 OECD 평균 자살률 11.1명의 2배를 넘는 부끄러운 수치를 기록하고 있다.

이뿐만 아니다. 〈2023년 세계행복보고서〉에 따르면, 우리나라의 행복지수는 세계 137개국 중 57위로 OECD 국가 중 최하위 수준이라고 한다. 그렇다면 행복의 상위 5요소는 무엇일까? ▲자신의 삶에 의미가 있다고 느끼는 것 ▲삶을 통제하고 있다는 느낌 ▲정신 건강과 웰빙 ▲사회생활 만족 ▲생활 조건 만족으로 나타났다.

우리나라는 왜 '합계출산율', '행복지수'는 OECD 최하위권이고, '자살률'은 최고 수준일까? 이를 극복하려면 어떤 노력이 필요한 것일까? 기업과 직원이 함께 노력하면 가능한 '가족친화경영'을 통해 해결책을 찾아보자.

행복의 5요소에서 보듯이 내 삶의 의미, 통제력, 정신 건강·웰빙, 조직문화, 생활 만족 등은 모두 '워라밸' 즉, '가족친화'와 연관되어 있다. 근로자가 통제 가능한 근무시간(탄력적 근무제 등), 상호 존중하는 인권 조직문화, 일과 생활을 조화롭게 할 수 있도록 다양한 가족친화제도를 활용할 수 있는 문화를 정착하는 것이 지금 우리가 해야 하는 가장 중요한 ESG경영의 한 축이다.

기업과 기관은 이러한 시대적 흐름과 우리 모두의 삶에 대한 만족도를 높여 사회문제를 해결하고 함께 공존·공생할 수 있는 사회를 만들어가는 의무를 지닌다고 볼 수 있다. 이를 위해 2007년 「가족친화 사회환경의 조성 촉진에 관한 법률」을 제정하고 같은 법 15조에 의해 기업과 기관에 심사를 통해 가족친화 인증을 부여하고 있다.

[그림 3] 가족친화 인증

해당 인증은 기업을 경영하는데 도움(출입국 우대카드 발급, 정부사업 가점 등의 인센티브 혜택 등)이 되고 있고, 직원의 만족도와 대외적인 신인도에 영향을 미쳐 가족친화 문화 조성을 위한 계기가 되고 있다. 2023년 현재 가족친화 인증 기업 및 기관은 5,991개이다. 앞으로 훨씬 더 많은 기업이 가족친화 문화 조성을 위해 관심을 가졌으면 한다.

3) 고충 처리 시스템

"기업에 고충 처리 시스템이 있는가?"

기업에 방문해서 경영진을 만나 질문해 보면, "우리 회사 직원들은 불만이나 고충이 없어요", "얼마나 일하기 편한 회사인데요"라고 한다. 그런데 똑같은 질문을 직원에게 하면, "고충을 토로할 수 있는 채널이 없어요", "유연근무제가 있었으면 좋겠어요", "소통창구가 있었으면 좋겠어요"라고 한다. 경영진과 직원들의 생각은 언제까지 평행선을 달려야 하는가?

무기명으로 고충을 토로할 수 있는 고충 처리함 또는 홈페이지 마음 소리함, 헬프데스크 등의 시스템과 상담 교육을 이수한 고충 처리 위원, 처리·조치 기한 준수, 재발 방지 대책 수립이 필요하다.

4) 안전한 근로 환경

우리 기업은 안전한가? 최근 중대재해처벌법을 위반한 경영 책임자에게 첫 실형이 확정되었다. 법을 지켜야 한다는 문제가 아니라도, 근로자 인생의 3분의 1을 보내는 사업장이 안전하지 않다면 매일 목숨 걸고 회사에 출근해야 하는 건지 묻지 않을 수 없다.

철저한 예방과 관리 제도운영을 통해 안전한 근로 환경을 만들어 근로자가 질병으로부터 안전하고, 사업장의 위험 요인으로부터 안전하고, 건강한 마음을 지닐 수 있도록 지원하고, 우리 가족을 돌보는 제도를 눈치 안 보고 활용할 수 있는 문화를 조성하는 것이 필요하다.

<안전한 사업장을 위한 체크리스트>

✓ 마음 건강을 돌볼 수 있는 제도가 있는가?
✓ 정부에서 운영하는 무료 지원 정책을 알고 있는가?
✓ 직원의 질병 예방을 위한 건강검진 지원 제도가 있는가?
✓ 건강검진 할인 혜택을 위해 협약을 맺은 병원이 있는가?

> ✓ 의료비 지원 제도가 있는가?
> ✓ 유행하는 질병을 예방하기 위한 예방주사 지원은 있는가?
> ✓ 사내 근골격계 질환 예방을 위한 프로그램이 있는가?
> ✓ 위해·위험요인 파악을 위한 위험성 평가를 하고 있는가?
> ✓ 사내 안전/보건관리 담당자는 있는가?
> ✓ 안전관리 교육은 정기적으로 실시하고 있는가?
> ✓ 가족을 돌보기 위한 가족돌봄휴가·가족돌봄휴직 제도를 활용할 수 있도록 알리고 있는가?
> ✓ 가족돌봄 등을 위한 근로시간 단축 제도는 있는가?

기업의 자그마한 실천이 나와 가족, 우리 사회를 안전한 환경으로 만들 수 있다. 지금 위 체크리스트를 통해 우리 기업을 진단해 보자!

4. 가족친화형 ESG의 시사점

기업은 사업을 잘해내서 이윤을 남겨야 직원에게 인건비를 줄 수 있고, 기업이 존속할 수 있다. 그래서 과거에는 재무적 실적만을 가지고 재무 공시를 하고, 이를 통해 금융기관에서 자본 조달로 사업에 투자할 수 있었다. 하지만 현재의 경영 패러다임은 비재무적인 지표도 함께 관리하는 기업을 요구하는 시대이다.

고객은 친환경제품, 윤리경영, 인권경영을 하는 기업의 제품을 선호하고, 직원은 일·생활 균형이 가능한 기업을 취업 1순위로 꼽는다. 투자자도 비재무적인 ESG 지표를 잘 관리하고, 실천하는 기업에 많이 투자하겠다고 한다.

이렇듯 ESG경영은 거스를 수 없는 폭포수와 같이 기업경영의 패러다임을 바꿔놓고 있다.

✓ 지구 온난화를 막기 위한 환경(Environmental)보호 운동
✓ 이해관계자들과 소통하고, 사회적 책임(Social)을 다하기 위한 조직문화
✓ 법을 준수하고, 윤리적 경영을 위한 투명경영(Governance)

ESG 평가 항목의 개수는 60개에서 많게는 100개가 넘기도 한다. 어떤 항목이 제일 중요하냐를 따지는 것은 무의미하다. 다만, 가족친화형 ESG는 나와 우리 가족의 행복과 사회의 미래 가치를 향상하기 위해 지금 우리가 해야 하는 기업의 미션(Mission)이고, 가치(Value)이다.

<부록>

인권이 없으면 우리도 없습니다.
방지승 (초등부)

평등해야 안전합니다
조민주 (일반부)

인권존중 모두가 웃을 수 있습니다.
이다인 (청소년부)

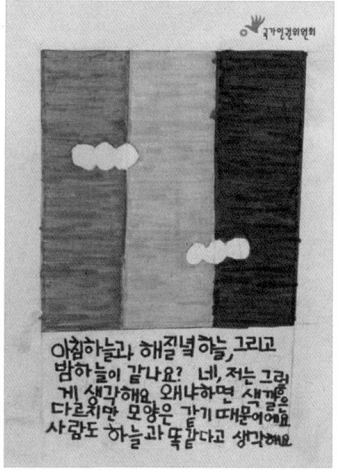

하늘
황서정 (초등부)

국가인권위원회, 세계인권선언 75주년 공모전 수상작 中

【 참 고 문 헌 】

- 가족친화지원사업(https://www.ffsb.kr)
- 대한민국 헌법(https://www.law.go.kr)
- 세계행복보고서 10년의 결과: 친사회적 사회가 행복한 국민을 만든다. 국회미래연구원: Futures Brief : 23-06호, 2023.05.08.
- 공공기관 인권 매뉴얼, 국가인권위원회, 2018.8.
- 위키백과(https://ko.wikipedia.org/wiki)
- 가족친화형 ESG 컨설팅 매뉴얼, 한국건강가정진흥원, 2022.11.

【 저 자 소 개 】

박옥희 PARK OK HEE

학력
- 컨설팅학 박사
- 경영학 학사, 석사

경력
- 엔씨스마트경영컨설팅 대표
- ㈜경영지도법인성장 경영연구소 소장
- 한국건강가정진흥원 가족친화 컨설턴트
- 한국경영인증원 가족친화인증 심사위원
- 서울시여성가족재단 일·생활균형 컨설턴트
- 한국생산성본부 CSR 코치
- ESG 진단평가사(한국사회공헌연구원)
- ESG 심사원(한국준법진흥원)
- 중소벤처기업부 비즈니스지원단 전문위원
- 소상공인시장진흥공단 역량 강화 컨설턴트
- 여성기업종합지원센터 여성기업 대사단

- 경기 스타트업 플랫폼 전문위원
- 한국생산성본부 유연근무제 컨설턴트
- NCS 블라인드 채용 면접관 1급
- 한국데이터산업진흥원 평가위원
- 한국인터넷진흥원 평가위원

자격
- 경영지도사
- 기업·기술가치평가사

저서
- 《정부·지자체의 창업지원금 및 지원제도의 모든 것》, 브레인플랫폼(주), 2022.7. (공저)
- 《N잡러 컨설턴트 교과서》, 브레인플랫폼(주), 2022.3. (공저)
- 《ESG경영》, 브레인플랫폼(주), 2021.9. (공저)
- 《기업가정신과 창업가정신 그리고 창직가정신》, 브레인플랫폼(주), 2021.8. (공저)
- 《안전기술과 미래경영》, 브레인플랫폼(주), 2021.4. (공저)
- 《공공기관 채용의 모든 것》, 브레인플랫폼(주), 2021.2. (공저)
- 《ESG경영시대, 대한민국 정부 일·생활균형 인증제도 비교》, 한국신용카드학회, Vol 15-4, 2021.12.

제4장

ESG 평가 컨설팅

김형준

1. ESG 평가 컨설팅

1) ESG 평가 서비스 (출처: 나이스디앤비 홈페이지)

- ESG 평가는 기업 활동에 있어 환경(E), 사회(S), 지배구조(G)와 같은 비재무적인 요소를 고려하여 기업의 지속가능성을 평가하고 진단하는 서비스이다.
- 기업이 환경보호와 기후변화에 대한 책임을 가지고 직원, 소비자, 협력업체 등의 이해관계자 모두에게 공정하며 선한 영향력을 끼치는 경영 방향성을 말한다.
- 최근 민간 대기업에서 협력업체 모집 시 이크레더블 또는 나이스디앤비 ESG 평가결과를 심사에 반영하는 경우가 증가하고 있다.

2) 이크레더블 ESG 평가 (출처: 이크레더블 홈페이지)

■ 이크레더블 ESG 평가의 특징 및 장점

- 업계 최초 협력사 ESG 평가모형 개발
- 중소/중견기업에 최적화된 ESG 평가모형 개발
- ESG 평가를 위한 제출서류 최소화
- 합리적인 ESG 평가 수수료

■ 이크레더블 ESG 평가 제출서류 목록

구분		No.	제출서류	세부내용
기본서류	공통	1	기업실태표	• 기업정보, 경영진, 기술 및 품질 등에 대한 내용 작성
		2	ESG 실태표	• 안전보건에 대한 내용 작성 • ESG 실태표 선택항목에 대한 근거자료 보완 제출 요

		3	사업자등록증명
			표준재무제표
			부가세 신고자료
			국세 완납증명서
			지방세 완납증명서
			산업재해율 확인서(최근 1년)
			산재요양승인/반려여부확인서(최근 3년)
			법인등기부등본(법인만 해당)
			부동산등기부등본(자가사업장만 해당)
				• 공동인증 자료전송 절차 (최근날짜 기준으로 갱신)
				: SRMS 홈페이지 로그인 → 나의현황 → B. ESG/SH 평가자료 제출
				: 홈택스(hometax.go.kr)와 정부24(www.gov.kr)에 등록된 공동인증서
				※ 공동인증 자료전송 완료된 서류는 우편제출 불필요
				※ 공동인증 자료전송 실패 및 불가한 경우, 해당서류 파일업로드 제출
				• 산업재해율 확인서: 한국산업안전보건공단(certi.kosha.or.kr/Minwon/Main)
				  (산업재해율의 경우 접수시점이 상,하반기 시작이할 시 공동인증 재전송 요)
				• 산재요양승인/반려여부확인서: 근로복지공단 고용산재보험 토탈서비스
				  (total.kcomwel.or.kr)
				◉ ※ 제출불필요(이크레더블 발급)

		4	[개인] 세액공제액 조정명세서	• 최근 3개년 자료 제출, 소득세법 시행규칙 별지 제 71호 서식
		5	4대보험(건강,연금,고용,산재) 완납증명서	• 국민건강보험 사회보험통합징수포털(http://si4n.nhis.or.kr)에서 발급
		6	신용정보제공활용동의서 (필수) * 금년도에 제출완료 업체는 불필요	• 법인: 홈페이지양식 다운로드 후 법인사용인감과 대표자(개인) 각각 날인 • 개인: 온라인 신용동의 완료시 서면제출 불필요
	해당기업	7	인증서/산업재산권/중소기업 증견기업확인서	• 품질(또는) 환경 인증서, 기업부설연구소 등 해당서류 제출 • 중소기업 증견기업에서는 유효기간 내 서류 제출
		8	시공능력순위확인원(보유건설면허)	• 대한전문건설, 대한기계설비건설, 대한시설물유지관리, 한국소방시설, 한국전기공사, 한국정보통신공사, 대한건설협회의 최근 기준년도 발급분

	No.	제출서류	세부내용
환경(E)	E01	회사조직도	자체양식 (환경 전담조직 및 담당자 확인용)
	E02	환경교육 결과보고서(최근 1년)	환경교육결과보고서(자체양식) 또는 외부기관 교육수료증 * 자체교육만 인정(원도급사 주관교육 제외)
	E03	환경시설투자 증빙서류(세금계산서, 내부기안 등)	자체양식
	E04	환경경영시스템(ISO14001) 인증서	인증서 사본
	E05	에너지경영시스템(ISO50001) 인증서	인증서 사본
	E06	환경마크 인증서	인증서 사본
	E07	저탄소제품인증 인증서	인증서 사본
	E08	GR마크(우수재활용) 인증서	인증서 사본
	E09	환경성적표지 인증서	인증서 사본
	E10	녹색기술제품 인증서	인증서 사본
	E11	녹색기술인증 인증서	인증서 사본
	E12	HB마크 인증서	인증서 사본
	E13	에너지절약마크 인증서	인증서 사본
	E14	고효율에너지기자재 인증서	인증서 사본
	E15	에너지소비효율 1등급 인증서	인증서 사본
	E16	에너지소비효율 2등급 인증서	인증서 사본
	E17	저탄소농축산물인증 인증서	인증서 사본
	E18	친환경사업 증빙서류(사업계획서, 브로셔)	자체양식
	E19	친환경공사 증빙서류(공사계약서)	자체양식
	E20	친환경제품 판매내역(세금계산서)	세금계산서
	E21	친환경자재/원재료 구매내역(세금계산서)	세금계산서
	E22	각 에너지원 별 사용명세서/지로영수증	자체양식
	E23	폐기물 재활용 또는 감축에 대한 이행결과보고서	자체양식
	E24	최근 2개년 폐기물 배출 및 처리실적보고서	폐기물관리법 시행규칙 별지 제49호 서식

구분	No.	제출서류	세부내용
환경(E)	E25	수도요금 고지서 또는 관리비 내역서(수도요금 포함)	자체양식
	E26	대기배출시설 설치 허가증/신고증명서 사본	대기환경보전법 시행규칙 별지 제3호 서식
		폐수배출시설 설치 허가증/신고증명서 사본	물환경보전법 시행규칙 별지 제14호 서식
		악취배출시설 설치 운영신고 확인증 사본	악취방지법 시행규칙 별지 제3호 서식
		폐기물 허가증 사본	폐기물관리법 시행규칙 별지 제20호
		소음진동배출시설 설치허가증 사본	소음진동관리법 시행규칙 별지 제4호 서식
		유해화학물질 허가증 사본	화학물질관리법 시행규칙 별지 제45호 서식
		비산먼지 발생사업 등 신고증명서 사본	대기환경보전법 시행규칙 별지 제26호 서식
		기타 해당 환경오염 관련 인허가증 사본	
		※ 통합환경허가 업체의 경우 해당자료로 대체 가능	
	E27	유해화학물질취급시설 정기검사결과서	한국환경공단 발급분
	E28	사업장폐기물배출자 신고증명서	폐기물관리법 시행규칙 별지 제9호, 제10호
	E29	대기 자가측정기록부	자체양식
	E30	수질 자가측정기록부	자체양식
	E31	공사현장 환경관리계획서(샘플 1개 현장)	자체양식

구분	No.	제출서류	세부내용
사회(S)	S01	표준근로계약서	자체양식
	S02	급여명세서	일용직을 고용하고 있을 경우, 정규직/일용직 급여명세서 각각 1부씩 제출
	S03	취업규칙	자체양식
	S04	가족친화인증서	인증서 사본
	S05	육아휴직 및 복지 기안서 등	자체양식
	S06	최근 1년내 작성된 노사협의회 회의록(최근 1회분)	자체양식
	S07	최근 2년내 노동조합과 체결한 노사합의서(최근 1회분)	자체양식
	S08	4대보험 가입자명부	4대보험 가입자명부
	S09	장애여부 확인 서류	장애인증명서, 장애진단서, 복지카드 중 택1
	S10	봉사활동 증빙자료	봉사활동증명서, 내부기안, 신문기사, 사진 중 택1 (기부금 명세서 제외)
	S11	성희롱교육 결과보고서	교육결과보고서(자체양식) 또는 외부기관 교육수료증
	S12	장애인 인식 개선교육 결과보고서	교육결과보고서(자체양식) 또는 외부기관 교육수료증
	S13	개인정보보호교육 결과보고서	교육결과보고서(자체양식) 또는 외부기관 교육수료증
	S14	직장 내 괴롭힘 예방교육 결과보고서	교육결과보고서(자체양식) 또는 외부기관 교육수료증
	S15	품질경영시스템(ISO9001) 인증서	인증서 사본
	S16	KS인증서	인증서 사본
	S17	SQ인증 인증서	인증서 사본
		HACCP 인증서	인증서 사본
		ISO22000 인증서	인증서 사본
		SQF2000 인증서	인증서 사본
		BRC 인증서	인증서 사본
		IFS 인증서	인증서 사본
		GS인증 인증서	인증서 사본
		ISO27001 인증서	인증서 사본
		ISO13485 인증서	인증서 사본
		CFDA인증 인증서	인증서 사본
		ISO22716 인증서	인증서 사본
		TL9000 인증서	인증서 사본
		ISO20000 인증서	인증서 사본
		ASME 인증서	인증서 사본
		GD인증 인증서	인증서 사본
		UL인증 인증서	인증서 사본
		IATF16949 인증서	인증서 사본
		FSSC22000 인증서	인증서 사본
	S18	신기술(NET) 인증서	인증서 사본
	S19	신제품(NEP) 인증서	인증서 사본
	S20	분쟁광물 관리 정책(내규)	자체양식

구분	No.	제출서류	세부내용
지배구조(G)	S01	모범납세자 표창장	표창장 사본
	S02	윤리경영 교육 결과보고서	교육결과보고서(자체양식) 또는 외부기관 교육수료증
	S03	기업의 부패방지를 위한 내부지침 (윤리강령 등)	자체양식
	S04	내부감사 실시통보서 등	자체양식
	S05	개인정보 보호를 위한 내부규정	자체양식
	S06	회사조직도	자체양식 (ESG 전담조직 및 담당자 확인용)

구분	No.	제출서류	세부내용
SH 일반	SH01	안전관리자 재직증명서	자체양식
		안전관리자 자격증빙	안전관련 자격증 또는 산업안전 학위취득자 졸업증명서 * 산업안전산업기사, 건설안전산업기사 <u>이상</u>의 자격증에 한해 인정
	SH02	안전보건경영방침(문서)	자체양식
		안전보건경영방침 게시사진(사무실, 현장, 홈페이지 등)	자체양식
	SH03	안전보건경영목표	자체양식
	SH04	본사 및 현장/사업장단위 안전보건경영 세부계획	자체양식
	SH05	안전보건경영 성과평가자료 및 회의록(최근 1회분)	자체양식
	SH06	현장소장/사업장관리자의 안전보건 업무성과 평가지표	자체양식
	SH07	회사조직도	자체양식 (본사 안전보건 전담조직 및 담당자 확인용)
	SH08	본사 안전보건 전담조직 구성원의 업무분장표	자체양식
	SH09	안전보건관리규정 또는 안전보건경영매뉴얼	자체양식
	SH10	유해·위험물질 관리 절차서	자체양식
	SH11	기계설비 유지보수 관리 절차서	자체양식
	SH12	대표이사 안전보건교육 이수 증빙	안전보건교육결과보고서 또는 외부기관 안전보건교육수료증
	SH13	본사 안전보건교육 결과보고서(최근 3회분)	안전보건교육결과보고서 또는 외부기관 안전보건교육수료증 * 본사직원 대상 <u>자체교육</u>만 인정(원도급사 주관교육 제외)
	SH14	안전보건경영시스템 인증서 사본	자체양식
	SH15	본사 안전보건예산 수립 내역	자체양식 (단, 현장별 산업안전보건관리비는 불인정)
	SH16	산업재해조사표	산업안전보건법 시행규칙 별지 제30호 서식 고용노동부 및 지방청 등에 제출된 산업재해조사표 사본
	SH17	안전관리 우수업체 상장 및 상패 사본	자체양식
SH 현장 특화	SH18	현장/사업장 안전보건조직도	자체양식
	SH19	현장/사업장 안전보건조직의 업무분장표	자체양식
	SH20	최근 위험성평가(최근 1회분)	자체양식
	SH21	대표이사 안전보건활동 실적 자료	자체양식 (현장/사업장 방문 후, 안전점검·지도조언·교육·회의를 진행한 이력 등)
	SH22	현장 안전보건점검결과(최근 3회분)	자체양식 (현장/사업장 안전보건점검 체크리스트 또는 안전관련 지도조언 이력)
	SH23	현장 안전보건교육 결과보고서(최근 3회분)	안전보건교육결과보고서 또는 외부기관 안전보건교육수료증 * 현장직원 대상 <u>자체교육</u>만 인정(원도급사 주관교육 제외)
	SH24	비상사태대비계획서	전사 차원의 비상사태대비계획서 또는 현장/사업장별 비상사태대비계획서
	SH25	비상연락체계	자체양식 (비상연락망)
	SH26	비상사태대비 교육/모의훈련 결과보고서(최근 1회분)	자체양식
	SH27	근로자 의견수렴채널 증빙	자체양식 (건의함/제안함 또는 SNS 등)
	SH28	개인보호구 지급대장	자체양식
서류접수		평가자료 접수요청 (필수)	평가진행 상품 [ESG] 선택 후 [접수완료] 해주세요. ※ 미접수시 평가진행이 불가합니다.

3) 나이스디앤비 ESG 평가 (출처: 나이스디앤비 홈페이지)

■ 나이스디앤비 ESG 평가 특징

- 중견·중소기업에 적합한 평가
- 산업별로 특화된 평가
- 검증 가능한 평가 항목

- 서류 제출 부담의 완화

■ 나이스디앤비 ESG 평가 활용

- 공급망 관리 요구에 대한 대응
- 국가 조달 및 상거래 경쟁력의 강화
- 동반 성장지수 평가에 대한 대응

■ 나이스디앤비 ESG 평가 활용 사례

업체	ESG 평가 활용 사례
NH농협은행	'22년 중소기업 고객사의 ESG경영 확산을 위한 업무협약 체결
신한은행	'22년 ESG 컨설팅 셀 신설
롯데건설	• '22년 협력업체에 대한 ESG 평가 진행 • ESG 평가중 안전역량평가 결과를 계약 및 입찰 심사에 반영
한국무역협회	• '21년 ESG 수출역량 자가진단 서비스 공동개발 • 수출기업으로 전환을 모색하는 업체에 ESG 평가 진행
경남도청	• '21년, '22년 도내 수출중심 기업의 ESG경영 지원을 위한 업무협약 체결 • 자동차 부품 제조업체 등에 ESG 현장 실사 진행
SK에코플랜트	• '21년 ESG 평가모형 개발을 위한 업무협약 체결 • 신규 및 우수 협력업체에 시범 1차 2차 ESG 평가 진행

■ 나이스디앤비 ESG 평가 제출서류 목록

▣ 사전준비서류(표준진단, 실사진단, 컨설팅 공통)

NO	서류명	제출방법	유의사항
1	기업실태표	온라인작성	[필수제출서류 1번 "일반 실태표" 또는 "건설 실태표" 클릭하여 엑셀 파일 다운로드 후 해당 문항 답변 기재하여 업로드] • 기업실태표의 각 문항에 근거자료로 요구하는 사전준비서류 기재되어 있으니 확인할 것을 권고 • 건설사 제출용 신청 기업의 경우 필히 "건설 실태표" 작성하여 업로드
2	온라인동의서	본인인증 / 서류제출	[필수제출서류 2번 클릭하여 본인인증 또는 서류제출 택1] • 본인인증 : 대표자 명의 핸드폰으로 진행 (별도 서류제출 생략) • 서류제출 : 도장/서명날인 후 스캔하여 파일업로드 또는 팩스발송
3	사업자등록증	자료전송 (인증서) 바로가기	[필수제출서류 3~6번 "자료전송(인증서)" 클릭하여 일괄전송] • 최근 3개년 표준재무제표 증명원 전송 (갱신의 경우 최근 1년) - 법인 / 개인사업자 : 2020년 ~ 2022년 전송

4	표준재무제표		• 부가세자료 전송
			  (부가가치세과세표준 증명원 + 부가세매입매출처 합계표)
			  - 법인사업자 : 2022년 1월 ~ 2023년 9월 전송
			  - 개인사업자 : 2022년 1월 ~ 2023년 6월 전송

5	부가세자료		

6	국세납세증명		• 국세납세증명
			  - 법인사업자 : 자료전송(인증서)
			  - 개인사업자 : 자료전송(인증서) 또는 발급 후 스캔하여 파일업로드
			  ※ 개인사업자는 목록 하단의 유의사항 참고

아래 목록의 7번 ~ 36번 해당 서류는 모두 "파일업로드"로 제출하여 주시기 바랍니다.

NO	서류명	유의사항
7	중소기업확인서/ 중견기업확인서	[중소기업은 "중소기업확인서", 중견기업은 "중견기업확인서" 1부 스캔 후 업로드] • 중소기업현황정보시스템 https://sminfo.mss.go.kr/cm/sv/CSV001R0.do • 중견기업정보마당 https://www.mme.or.kr/PGIC0010.do
8	세무조정계산서 (해당 부분)	[기업실태표 상 세무조정계산서를 근거자료로 요청하는 문항에 대하여 아래 부분 스캔 후 업로드] • 공제감면세액, 추가납부세액합계표, 주주명부
9	회사 조직도	• 세부 조직에 관한 내용을 포함할 것을 권고
10	각종 인증 및 상훈	[기업실태표 상 해당 문항에서 근거자료로 요청하는 자료 스캔 후 업로드] • 예 ISO, 환경 인증, 경영시스템 인증
11	지적재산권	• 예. 특허, 실용신안, 디자인 등록
12	4대보험 완납증명서	[아래 사이트에서 발급 후 업로드] •국민건강보험 사회보험통합징수포털: https://si4n.nhis.or.kr/
13	주주총회 및 이사회 관련자료	• 예. 정관, 이사회 명단, 최근 3년 이사회 회의록, 서면 결의서 (이사회 실시 안할 시)
14	표준 구매계약서	[아래 정보 확인 가능해야 함] •결제기일, 결제방법 등
15	표준 근로계약서	• 특정인의 사본을 제출할 시에는 인적사항 블라인드 처리해야 함
16	산업재해율 확인서	[아래 사이트에서 발급 후 업로드] •온라인산업재해율확인서발급시스템: https://certi.kosha.or.kr/Minwon/Login/form/
17	산재요양승인/반려여부 확인서	[아래 사이트에서 발급 후 업로드] • 근로복지공단 고용.산재보험 토탈서비스: https://total.kcomwel.or.kr/

18	취업규칙	[갑지 및 기업실태표 상 해당 문항에서 근거 자료로 요청하는 부분 스캔 후 업로드] * 공개가 어려울 경우, 현장에서 확인
19	내부 규정, 지침, 매뉴얼	* 기업실태표 상 해당 문항에서 근거 자료로 요청하는 부분 스캔 후 업로드
20	외부공개자료	[홈페이지, 사업보고서 등에 공개된 자료 업로드] * 예: 인권헌장, 환경지침, 지속가능경영보고서
21	사업계획서	[기업실태표 상 해당 문항에서 근거자료로 요청하는 부분 스캔 후 업로드] * 예: 사업계획 및 결과보고가 포함된 내부 문서
22	교육참가 연명부	[기업실태표 상 해당 문항에서 근거자료로 요청하는 교육자료 스캔 후 업로드] * 예: 각종 교육의 참가 연명부, 자료, 사진, 커리큘럼
23	계획자료	[기업실태표 상 해당 문항에서 근거자료로 요청하는 계획자료 스캔 후 업로드] * 예: 인증, 장비 구매, 인력 채용, 지침 마련 등에 관한 회의록, 기안문, 사업계획서, 예산안
24	실적자료	[기업실태표 상 해당 문항에서 근거자료로 요청하는 실적자료 스캔 후 업로드] * 예: 계획(오염물질 배출 절감 계획, 친환경 설비 도입 계획, 안전 관련 인증 취득 계획 등)에 따른 결과 분석 자료
25	설비자료	[기업실태표 상 해당 문항에서 근거자료로 요청하는 설비자료 스캔 후 업로드] * 예: 각종 친환경 설비 및 장비의 사진
26	사회활동 자료	* 예: 사진, 단체 등록증, 뉴스기사
27	에너지 등의 사용량	[기업실태표 상 해당 문항에서 근거자료로 요청하는 내부 자원 사용량 자료 스캔 후 업로드] * 예: 온실가스, 에너지, 용수, 폐기물, 유해화학물질, 대기오염물질 등의 사용량 및 배출량 자료
28	에너지 등의 사용비용	[기업실태표 상 해당 문항에서 근거자료로 요청하는 내부 자원 비용 자료 스캔 후 업로드] * 예: 온실가스, 에너지, 용수, 폐기물, 유해화학물질, 대기오염물질 등의 요금 명세서를 비롯한 각종 비용 자료
29	관리 및 점검자료	[기업실태표 상 해당 문항에서 근거자료로 요청하는 내부 관리 및 점검 자료 스캔 후 업로드] * 예: 온실가스, 에너지, 용수, 폐기물, 유해화학물질, 대기오염물질 등과 관련한 설비 및 기구의 관리 목록, 각종 안전점검표, 유해화학물질 점검표, 물질안전보건문서
30	제3자 검증서	[기업실태표 상 해당 문항에서 근거 자료로 요청하는 제3기관의 검증 자료 스캔 후 업로드] * 예: 온실가스 검증의견서, 전력/스팀 계측기 검교정 문서, 용수 계측기 검교정 문서, 유해화학물질 시험성적서
31	노사관계 자료	* 예: 노조등록증, 노사협의회 회의록, 노사협의회 규정 갑지
32	대금지급시스템 확인자료	* 예: 노무비닷컴, 대금e바로, 하도급지킴이, 클린페이
33	가입증	* 고객 및 근로자 보호를 위한 보험 가입증 - 예: PL, 단체보험
34	근로자 연명부	[아래 정보 확인 가능해야 함] * 직위, 성별, 근로형태, 근속년수 (취업일) 등
35	임금지급 현황	[아래 정보 확인 가능해야 함] * 성별 최고 및 최저 및 평균 임금, 근로형태별 최고 및 최저 및 평균 임금 등
36	명함	* 환경/안전/품질/고충처리 관련 업무를 담당하고 있는 직원의 명함

※ 재무제표 제출 유의사항
- 자료전송(공인인증) 바로가기: http://hicetaunicednb.com (신청 기업 직접 전송, 세무대리인 대리 전송 모두 가능)
- 개인사업자의 법인전환 시 포괄양도양수계약서 1부, 개인사업자 재무자료를 추가로 제출하시기 바랍니다.
- 신설 업체의 경우 설립일 이후 확정재무제표와 부가세과세표준증명원(최근 신고분 포함하여 최대 3년까지) 제출하시기 바랍니다.
- 외감/상장 등 금융감독원 DART 공시기업은 재무제표 제출 생략 가능합니다. (*공시 전인 경우 "감사보고서" 별도 제출)
- 비영리법인의 경우 수익사업 외 공익사업을 포함한 "통합재무제표" 보유 여부 확인 후 추가 제출하시기 바랍니다.
- 면세사업자의 경우 "면세사업자 수입금액증명원" 최근 3개년(갱신 최근 1년)으로 자료 전송 또는 서류 제출하여 주시기 바랍니다.
- 자료전송(공인인증)으로 제출이 불가능한 경우 "90일이내발급분 표준재무제표"로 준비하여 제출하시기 바랍니다.

※ 부가세자료 제출 유의사항
> 본/지점별 부가신고를 각각 진행하시는 경우 사업자번호별로 전송 해주시면 법인번호 기준 합산하여 거래처분석에 반영됩니다.

※ 국세납세증명(개인사업자) 제출 유의사항
> 자료전송(인증서)로 전송 가능: 개인사업자의 경우 "대표자개인 인증서" 또는 "세무대리인 로그인" 후 전송
홈택스 https://www.hometax.go.kr > 민원증명 > 국세증명신청 > 납세증명서 다운로드 하여 서류제출(파일업로드)

대표번호 : 02-2122-2550 / 02-2122-2308   대표팩스 : 02-2122-2303 / 02-2122-2300
나이스디앤비 평가지원센터   www.nicers.co.kr   (통합신청 / 서류제출 / 결과조회 / 전송)

2. 안전보건수준평가 컨설팅

1) 안전보건수준평가

■ SH(Safety & Health) 평가란? (출처: 이크레더블 홈페이지)

해당 기업의 안전보건경영, 안전보건관리, 안전투자, 안전성과 등을 종합적으로 분석하여 안전보건관리체계 수준을 평가하는 보고서이다. 대기업은 중대재해처벌법 시행령에 근거하여 중대산업재해 예방을 위해 도급, 용역, 위탁 등을 수행하는 협력사를 안전보건관리체계가 수립되어 있는지 평가, 관리해야 한다. (적격수급업체 평가)

최근 민간 대기업에서 협력업체 모집 시 이크레더블 SH 평가 또는 나이스디앤비 건설안전관리보고서(건설업), 안전보건관리평가(건설업 제외) 결과를 필수로 심사에 반영하는 경우가 증가하는 추세이다.

2) 이크레더블 안전보건(SH) 평가 (출처: 이크레더블 홈페이지)

■ 이크레더블 SH 평가의 특징

- 쉽고 간편하게 원청사에 제출 가능
- 호환성(SH 보고서는 1회 평가로 유효기간 내 800여 대기업에 전송 가능)

■ 이크레더블 SH 평가 제출서류 목록

구분		No.	제출서류	세부내용
기본서류	공통	1	기업실태표	• 기업정보, 경영진, 기술 및 품질 등에 대한 내용 작성
		2	SH 실태표	• 안전보건에 대한 내용 작성 • SH 실태표 선택항목에 대한 근거자료 보완 제출 ✎
		3	사업자등록증명 표준재무제표 부가세 신고자료 국세 완납증명서 지방세 완납증명서 산업재해율 확인서(최근 1년) 산재요양승인/반려여부확인서(최근 3년) 법인등기부등본(법인만 해당) 부동산등기부등본(자가사업장만 해당)	• 공동인증 자료전송 절차 (최근날짜 기준으로 갱신) : SRMS 홈페이지 로그인 → 나의현황 → B. ESG/SH 평가자료 제출 : 홈택스(hometax.go.kr)와 정부24(www.gov.kr)에 등록된 공동인증서 ※ 공동인증 자료전송 완료된 서류는 우편제출 불필요 ※ 공동인증 자료전송 실패 및 불가한 경우, 해당서류 파일업로드 제출 • 산업재해율 확인서: 한국산업안전보건공단(certi.kosha.or.kr/Minwon/Main) (산업재해율의 경우 접수시점이 상,하반기 상이할 시 공동인증 재전송 ✎) • 산재요양승인/반려여부확인서: 근로복지공단 고용산재보험 토탈서비스 (total.kcomwel.or.kr) ✎ ※ 제출불필요(이크레더블 발급)
		4	[개인] 세액공제액 조정명세서	• 최근 3개년 자료 제출, 소득세법 시행규칙 별지 제 71호 서식
		5	4대보험(건강,연금,고용,산재) 완납증명서	• 국민건강보험 사회보험통합징수포털(http://si4n.nhis.or.kr)에서 발급
		6	신용정보제공활용동의서 (필수) * 금년도에 제출완료 업체는 불필요	• 법인: 홈페이지양식 다운로드 후 법인사용연감과 대표자(개인) 각각 날인 • 개인: 온라인 신용동의 완료시 서면제출 불필요
해당기업		7	인증서/산업재산권/중소기업 중견기업확인서	• 품질(또는) 환경 인증서, 기업부설연구소 등 해당서류 제출 • 중소기업 중견기업확인서는 유효기간 내 서류 제출
		8	시공능력순위확인원(보유건설면허)	• 대한전문건설, 대한기계설비건설, 대한시설물유지관리, 한국소방시설, 한국전기공사, 한국정보통신공사, 대한건설협회의 최근 기준년도 발급분
		✎	SH실태표 작성완료 후 선택항목에 대한 근거자료 파일업로드 제출	
		SH01	안전관리자 재직증명서 안전관리자 자격증빙	자체양식 안전관련 자격증 또는 산업안전 학위취득자 졸업증명서 * 산업안전산업기사, 건설안전산업기사 이상의 자격증에 한해 인정
		SH02	안전보건경영방침(문서) 안전보건경영방침 게시사진(사무실, 현장, 홈페이지 등)	자체양식 자체양식
		SH03	안전보건경영목표	자체양식
		SH04	본사 및 현장/사업장단위 안전보건경영 세부계획	자체양식

구분	No.	제출서류	세부내용
SH 일반	SH05	안전보건경영 성과평가자료 및 회의록(최근 1회분)	자체양식
	SH06	현장소장/사업장관리자의 안전보건 업무수행 평가자료	자체양식
	SH07	회사조직도	자체양식 (본사 안전보건 전담조직 및 담당자 확인용)
	SH08	본사 안전보건 전담조직 구성원의 업무분장표	자체양식
	SH09	안전보건관리규정 또는 안전보건경영매뉴얼	자체양식
	SH10	유해·위험물질 관리 절차서	자체양식
	SH11	기계설비 유지보수 관리 절차서	자체양식
	SH12	대표이사 안전보건교육 이수 증빙	안전보건교육결과보고서 또는 외부기관 안전보건교육수료증
	SH13	본사 안전보건교육 결과보고서(최근 3회분)	안전보건교육결과보고서 또는 외부기관 안전보건교육수료증 ※ 본사직원 대상 자체교육만 인정(원도급사 주관교육 제외)
	SH14	안전보건경영시스템 인증서 사본	자체양식
	SH15	본사 안전보건예산 수립 내역	자체양식
	SH16	산업재해조사표	산업안전보건법 시행규칙 별지 제30호 서식 고용노동부 및 지방청 등에 제출된 산업재해조사표 사본
	SH17	안전관리 우수업체 상장 및 상패 사본	자체양식

구분	No.	제출서류	세부내용
SH 현장 특화	SH18	현장/사업장 안전보건조직도	자체양식
	SH19	현장/사업장 안전보건조직의 업무분장표	자체양식
	SH20	최근 위험성평가서(최근 1회분)	자체양식
	SH21	대표이사 안전보건활동 실적 자료	자체양식 (현장/사업장 방문 후, 안전점검·지도조언·교육·회의를 진행한 이력 등)
	SH22	현장 안전보건점검결과(최근 3회분)	자체양식 (현장/사업장 안전보건점검 체크리스트 또는 안전관련 지도조언 이력)
	SH23	현장 안전보건교육 결과보고서(최근 3회분)	안전보건교육결과보고서 또는 외부기관 안전보건교육수료증 ※ 현장직원 자체교육만 인정(원도급사 주관교육 제외)
	SH24	비상사태대비계획서	전사 차원의 비상사태대비계획서 또는 현장/사업장별 비상사태대비계획서
	SH25	비상연락체계	자체양식 (비상연락망)
	SH26	비상사태대비 교육/모의훈련 결과보고서(최근 1회분)	자체양식
	SH27	근로자 의견수렴채널 증빙	자체양식 (건의함/제안함 또는 SNS 등)
	SH28	개인보호구 지급대장	자체양식
서류접수		평가자료 접수요청 (필수)	평가진행 상품 [SH] 선택 후 [접수완료] 해주세요. ※ 미접수시 평가진행이 불가합니다.

3) 나이스디앤비 건설안전관리보고서/안전보건관리평가보고서(건설업 제외) (출처: 나이스디앤비 홈페이지)

■ 나이스디앤비 건설안전관리보고서란?

나이스디앤비 건설안전관리보고서(실사)는 건설 협력사의 안전관리 역량을 공사현장에 직접 방문 및 인터뷰를 통하여 안전관리 등을 정밀하게 분석 및 등급 산출하는 보고서이다.

중대재해처벌법 시행령, 산업안전보건법을 반영하여 중소 건설 협력사가 안전관리 체계를 갖추기 위해 해야 할 내용을 공유하고 대응할 수 있도록 한다.

■ 나이스디앤비 건설안전관리보고서 특징 및 활용

(1) 중대재해처벌법 대응 안전관리 체계 구축

- 공사금액 50억 원 미만의 공사는 중대재해처벌법 공포 후 3년 경과한 2024년 1월 27일에 적용되며 모든 중소 건설 협력사에 해당함.
- 대다수 중소 건설 협력사는 이를 대비하기 위해 무엇을 해야 하는지도 모르는 실정이다. 관련 법령을 분석해 설계된 건설안전관리보고서 준비를 통해 안전관리 체계 구축에 필요한 서류를 준비할 수 있다.

(2) 민간·공공공사 등록서류 준비

- 2022년 3월 신용평가사 중 유일하게 안전관리보고서 출시 후 다수 종합건설사 협력사 등록서류로 빠르게 확대되고 있다. 건설안전관리보고서 발급 후 협력사 등록서류로 활용할 수 있다.
- 민간공사뿐만 아니라 공공공사에서 요구하는 안전관리 서류 대부분이 건설안전관리보고서 준비서류에 포함되어 보고서 발급 시 준비한 서류가 많은 도움이 된다.

■ 나이스디앤비 안전보건관리평가보고서(건설업 제외)

- 활용 및 특징: 안전보건관리평가보고서는 기업 활동 전반에 있어서 안전보건경영 체계 운영 및 활동에 대한 분석 및 진단을 바탕으로 등급을 산출한 보고서이다. 원청사(구매 대기업)에서 협력기업을 평가하는 지표로 활용될 수 있으며 자사의 안전역량을 진단하고 관리하는 자료 또는 기업 홍보자료로 활용할 수 있다.
- 안전보건경영 및 활동의 주요 평가항목: 안전보건관리체계, 실행수준, 운영관리, 재해발생수준, 전문인력 배치수준

■ 나이스디앤비 건설안전관리보고서 제출서류 목록

<필수서류>

순번	항목 분류	상세서류
1	안전보건 목표 및 추진계획	안전목표(or 경영방침) 및 추진계획이 포함된 서류 (KPI 등)
2	조직도	회사 전체 조직도
3	위험성평가	1) 위험성평가 규정 및 절차서 [예시1] 2) 위험성평가 평가표
4	안전보건을 위한 예산편성 및 집행	산업안전보건관리비 사용내역서(갑지) [예시2]
5	안전보건을 위한 투자	안전보건경영인증서(ISO45001, KOSHA-MS, OHSAS 등)
6	산업안전보건위원회, 노사협의체, 기타 안전협의체	1) 산업안전보건위원회 or 노사협의체 or 기타 안전협의체의 운영규정 및 명단 [예시3,4] (안전관리자/보건관리자 구분 명시, 명단의 경우 운영규정 내 포함되어 있을 수 있음) 2) 최근 1개년 기준 회의록(위원회 및 협의체 부재시, 이사회 회의록으로 대체하여 제출 가능)
7	산업재해 확인	산업재해 확인서(산업재해예방 안전보건공단 발급), 산재요양승인/반려여부 확인서 (근로복지공단 고용산재보험 토탈서비스에서 발급)
8	재해발생 예방계획 및 이행	재해발생 예방 매뉴얼(안전매뉴얼)
9	안전보건 인사평가 및 자격	안전관련 자격증 or 건설기술인보유증명서
10	안전보건 의무교육	안전 관련 교육 증빙 자료 (신규입사자 안전교육/정기안전교육/특수형태근로자 교육/특별안전교육 등에 관한 인명부 및 교육자료를 의미함, 단 사진만 제출시에는 인정 X)
11	안전관리자/보건관리자/안전보건관리책임자	선임계 (안전관리자/보건관리자/안전보건관리책임자 각각 별도) [예시5]
12	건설실적자료	1) 시공능력순위확인서 2) 시공능력평가확인서 3) 건설실적총괄표 or 건설실적신고서

※ 제출해야 하는 최소한의 서류이며, 해당하지 않는 경우 생략 가능

<선택서류>

순번	항목 분류	상세서류
1	안전보건 목표 및 추진계획	[전체 자사양식] 1) 안전목표(or 경영방침)에 대해 임직원과 공유되고 있는 증빙서류 (홈페이지 및 사내 게시판 캡쳐화면(URL) 등) 2) 안전목표(or 경영방침)이 매년 갱신되고 있는지 확인하는 증빙서류 (최근 2개년 이상의 안전보건 목표 및 추진계획 서류) 3) 최근 1년 이내 시행된 안전목표(or 경영방침)에 대한 결과분석 자료 4) 안전목표(or 경영방침)에 대한 교육시행 자료(교육참가 인명부, 교육자료 등)
2	안전계획의 성과측정 시행	최근 1년 기준 안전계획에 따른 성과측정 분석 자료 (자사양식)
3	조직도	안전전담조직 조직도 (안전관리자, 보건관리자 등 구분 명시)
4	위험성평가	[전체 자사양식] 1) 위험성평가 교육시행 자료 (교육 참가 인명부 및 교육 자료 등) 2) 유해·위험 요인에 대한 감소대책 수립 자료 (유해·위험 요인 감소대책 수립 보고서 or 유해·위험 요인 감소를 위한 이행 결과 점검표 등) 3) 사업장 순회점검일지 (수시위험성 평가를 실시하는 현장 중 순회점검일지 1개 제출) [예시6]
5	안전보건을 위한 예산편성 및 집행	[전체 자사양식] 1) 연간 안전예산집행 결과분석 보고서 2) 피평가업체 자체적으로 수립한 안전관리비 예산 편성 자료 (원청사에 신청하는 안전관리비 외 피평가업체 자체적으로도 집행하는 경우 제출)
6	안전보건을 위한 투자	안전보건경영인증서 취득 단계에 있는 경우 -> 심사서류 및 심사중 캡처본, 컨설팅 진행중인 투자계획서 등
7	안전상훈 수상실적	최근 3년('19~현재) 이내 안전경영 활동에 대한 상훈 (대통령, 국무총리, 장관 / 도지사, 시장 등 / 기타 단체: 공단, 협회, 원청사 등)
8	재해발생 예방계획 및 이행	[전체 자사양식] 1) 산업재해 예방을 위한 모의훈련일지 [예시7] 2) 산업재해 예방을 위한 모의훈련 결과분석 자료

순번	항목 분류	상세서류
9	안전보건환경 구축	[전체 자사양식] 1) 기계장비별 유해·위험요인이 기재된 유해·기구설비 리스트 or 매뉴얼 (위험성평가 매뉴얼에 포함되어 있을시 인정) 2) 안전보호구 지급대장 3) 유해작업환경 측정표 (건설업의 경우, 주로 분진, 소음과 관련된 측정 증빙 자료, 사진 O) 4) 안전감사 실시 증빙자료 (안전감사 체크리스트, 안전감사 보고서 등) 5) 안전보건관리규정 6) 작업 공종별 매뉴얼
10	안전보건 인사평가 및 자격	임직원 안전관련 인사평가서 (KPI 등 자사양식)
11	안전보건 의무교육	[자사양식] 1) 안전보건종사자의 법정교육 이수증 (안전관리자/보건관리자/안전보건관리책임자 중 고용중인 종사자에 한하여 제출) 2) 특별안전교육 미 이수자 현황파악 및 달성계획 보고서
12	안전보건관리책임자의 규정 및 평가지침	[전체 자사양식] 1) 안전보건관리책임자 업무지침서 or 규정 [예시8] 2) 안전보건관리책임자 평가기준표 [예시9]
13	기타 자료	기타 실태표 작성시 해당되는 '근거자료' 항목의 자료

※ 실태표 상 기재한 답변(Y,N)에 따라 해당하는 경우만 제출
  (증빙자료 미제출 및 허위자료 제출에 따른 불이익 발생 주의)

■ 나이스디앤비 안전보건관리평가보고서(건설업 제외) 제출서류 목록

※ 업체가 보유하고 있지 않은 자료는 생략 가능

실태표항목	항목종류	필수서류
	실태표	
Q1	안전보건 목표 및 안전계획 수립	1) 안전목표(or 경영방침) 및 추진계획 (홈페이지 캡처화면 용도 등) 2) (매년 갱신하는 경우에만 해당) 최근 2개년의 안전보건 목표(or 경영방침) 및 추진계획
Q2	안전보건 관련 조직 및 담당자 현황	회사 전체 조직도
Q3	안전보건 교육	최근 1년내 시행된 안전교육 증빙 자료 (교육 참가 인명부, 교육자료, 이수증, 교육활동 사진 등) 단, 사진만 제출시에는 인정되지 않음
Q4	위험성평가의 실시	1) 위험성평가표(최초, 정기, 수시 중 하나 이상 제출시 인정) 또는 (안전관리자/보건관리자/안전보건관리책임자 중 고용중인 종사자에 한하여 제출) 유해·위험요인 확인 리스트 or 매뉴얼 2) 유해·위험 요인에 대한 감소대책 수립 자료 [위험성평가표 내 감소대책 보유 시 감소대책 수립자료 생략 가능]
Q5	안전보건 경영시스템 인증	안전보건경영인증서(ISO45001, KOSHA-MS, OHSAS 등)
Q6	재해발생 및 위험대비 계획 수립 및 이행	1) (안전보건경영인증서 취득 단계에 있는 경우) 심사서류 or 심사중 캡처본, 컨설팅 진행중인 투자계획서 등 2) 재해발생 매뉴얼
Q7	안전보건에 대한 예산 편성 및 집행	안전관리비 예산편성 자료(자사양식), 연간 안전예산집행 결과분석 자료(집행률 등)
Q8	안전보건 종사자의 의견청취 및 개선, 점검	1) 산업안전보건위원회 등 안전 보건 법령에 따른 보유 시 운영규정 2) 안전보건 의견수렴 절차 규정 (사내온라인 시스템, 건의외 의견개진 등 다양한 절차 마련 가능, 해당 절차에 대한 명시화된 규정 보유 여부를 확인) 3) 이사회의록, 간담회 의견개진 회의록 등 최근 6개월 내 명시화된 안전보건 증빙
Q9	재해발생수준	최근 1년 내 사망자 산업재해 증빙 (작성기간: 전년도 1월부터 12월까지의 이력이다. Ex) 2021.01~2021.12), 신체요양승인/반려이력 확인서(발급기간: 전년도 1월부터 현재 조회시점까지의 데이터, Ex) 2021.01~현재)
Q10	안전보건관리규정	안전보건관리규정
Q11	안전보건종사자 업무수행을 위한 조치	(임용, 통업용에 따라 필수 작성 상당에 해당되는 경우에만 제출) 안전관리자, 보건관리자, 안전보건관리책임자 SHEET 참고, 1) 안전관리자 선임계, 보건관리자 선임계 (노동부 신고용) 2) 안전보건관리책임자 선임계 (자사양식) 2) 안전보건관리책임자에 대한 업무 지침서 및 규정 (자사양식)

3. 환경표지인증 컨설팅

1) 환경표지인증 (출처: 한국환경산업기술원 에코스퀘어 홈페이지)

■ 인증제도 개요

- 환경표지제도는 국가(환경부)가 시행하는 인증제도로서 1992년 4월 첫 출범 이래 제품 전 과정에서의 종합적 환경성뿐만 아니라 품질·성능이 우수한 친환경 제품(서비스 포함)을 선별하여 환경표지를 인증하고 있다.
- 환경표지제도는 같은 용도의 다른 제품에 비해 '제품의 환경성'[*]을 개선한 경우 그 제품에 로고(환경표지)를 표시함으로써 소비자(구매자)에게 환경성 개선 정보를 제공하고, 소비자의 환경표지 제품 선호에 부응해 기업이 친환경 제품을 개발·생산하도록 유도해 자발적 환경개선을 유도하는 자발적 인증제도이다.
- 환경표지 도안

기본형   프리미엄형

[*] 제품의 환경성이란 재료와 제품을 제조·소비·폐기하는 전 과정에서 오염물질이나 온실가스 등을 배출하는 정도 및 자원과 에너지를 소비하는 정도 등 환경에 미치는 영향력의 정도를 말한다.

■ 인증 대상

환경표지제도는 동일 용도의 다른 제품에 비하여 환경오염을 적게 일으키거나 자원을 절약할 수 있는 제품에 대하여 인증을 부여하고 있으며, 환경표지 인증기준이 고시된 제품·서비스에 한하여 환경표지인증 신청이 가능하다.

■ 인증 범위

사무용 기기·가구 및 사무용품, 주택·건설용 자재·재료 및 설비, 개인용품 및 가정용품, 가정용 기기·가구, 교통··여가·문화 관련 제품, 산업용 제품·장비, 복합용도 및 기타, 서비스 등 「환경표지대상제품 및 인증기준」 고시 〔별표 1〕 및 〔별표 2〕에 따른 대상 제품

■ 제외 대상 제품

「식품위생법」에 의한 식품, 「약사법」에 의한 의약품 및 의약외품, 「농약관리법」에 의한 농약, 「산림자원의 조성 및 관리에 관한 법률」에 의한 임산물로 지정된 목제품

2) 환경표지 취득 이점

■ 정부포상 제도에 추천

  환경표지 인증제품 생산 기업을 정부 포상 제도에 추천 '친환경 산업 육성 및 저탄소 녹색성장 유공' 등

■ 인증제품 홍보 및 유통 판매처 개척 지원

- 매월 뉴스레터 및 광고를 활용하여 인증제품 홍보
- 대형마트, 백화점, 쇼핑센터 등에 친환경 상품 판매장소 설치 운영

■ 공공기관의 의무구매

- 공공기관은 구매하고자 하는 품목에 환경표지 등 친환경 상품이 있는 경우, 의무적으로 구매해야 함
- 단, 현저한 품질저하, 공급 불안, 다른 우선 구매의 이행, 긴급한 수요 충당 등 불가피한 경우는 예외로 인정

■ 지자체 및 정부 운영제도에서 인증제품 사용 혜택

- 서울시 등 전국 지자체에서 녹색구매 기준 제정 및 공사 시방서를 통해 환경표지 인증제품을 우선 구매 중

- 녹색기업지정제도, 친환경건축물인증제도 등의 정부 운영제도에서 환경표지 인증제품 사용 시 가산점 부여
- 조달청 우수제품 등록 지원(종합기술평가서 발급 업무)
- 해외 환경표지 인증 지원

3) 인증 업무 절차

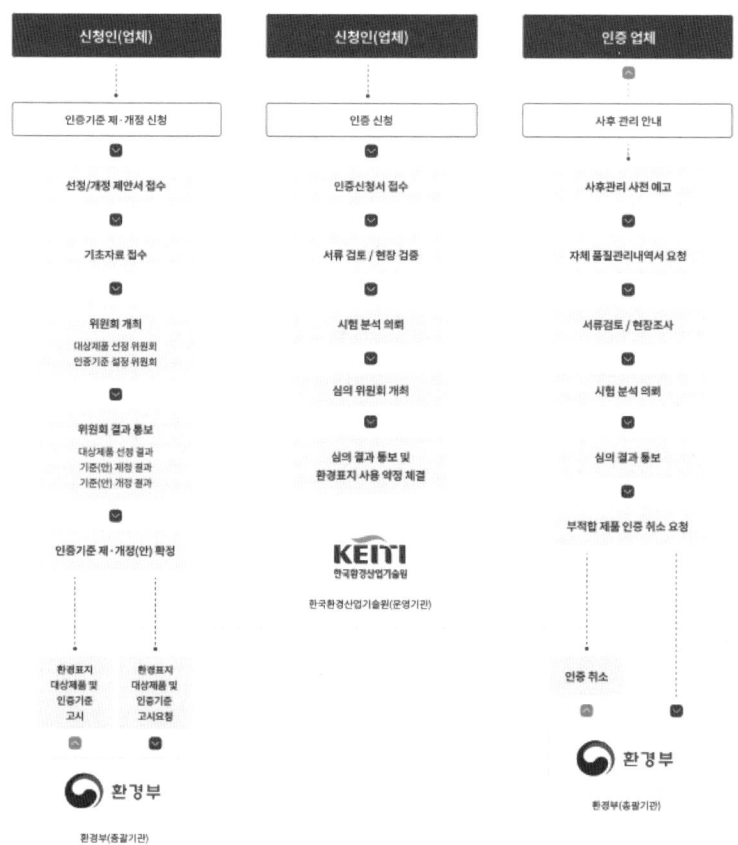

4) 심의위원회

<심사평가관리>

<심의자료>

인증심의 상세

* 접수정보

업체명		공장명	
대상제품		실태조사 여부	X
제품명		프리미엄 환경마크	

* 접수서류확인

환경표지 인증신청서	미리보기/출력
환경성, 품질 관련 기초자료	미리보기/출력
일반사항	미리보기/출력

닫기

* 접수서류확인

환경표지 인증신청서	미리보기/출력
환경성, 품질 관련 기초자료	미리보기/출력
일반사항	미리보기/출력
환경표지 신청제품 내역서	미리보기/출력
통합인증 정보	미리보기/출력
원료사용내역서(전기, 전자 및 기계 제품류 세제류 제외)	미리보기/출력
재생원료수급 및 원료수급내역	다운로드
제품설명자료	다운로드

닫기

* 인증 신청서 업체 추가 첨부서류   다운로드

공장등록증
기타서류
사업자등록증사본

* 시험기관 성적서	
한국건설생활환경시험연구원	다운로드
한국건설생활환경시험연구원	다운로드
한국건설생활환경시험연구원	다운로드

* 인증심의 검토서

인증심의 검토서	미리보기/출력

* 보완요청자료(심사원)

업체 보완 내역 확인	보완요청일자	보완 첨부파일	대상제품군 보완파일
	2023-11-06	8986921 ⬇	⬇
	2023-12-07	13106244 ⬇	⬇

닫기

4. 중대재해처벌법 컨설팅 (안전보건관리체계 구축)

1) 중대재해처벌법 개요

■ 적용 범위와 시행 시기

▶ 사업의 종류, 영리·비영리 여부를 불문하고 적용
▶ 사업이 일회적이거나 사업기간이 일시적인 경우에도 적용

▶ 50명 이상인 사업 또는 사업장(건설업의 경우 공사금액 50억원 이상의 공사)
  : 2022. 1. 27 시행
▶ 개인사업주 또는 상시 근로자가 50명 미만인 사업 또는 사업장
  (건설업의 경우 공사금액 50억원 미만의 공사) : 2024. 1. 27 시행

※ 적용 제외 : 상시 근로자가 5명 미만인 사업 또는 사업장의 사업주(개인사업주에 한정) 또는 경영책임자

구 분	5명 미만	5명 이상 50명 미만 (건설공사 50억원 미만)	50명 이상 (건설공사 50억원 이상)
개인사업주	법 적용 제외	2024.1.27.부터 적용	
법인 또는 기관		2024.1.27. 적용	2022.1.27. 적용

■ 처벌 대상

법 제4조 또는 제5조에 따른 안전보건 확보의무 위반 시 바로 처벌하는 것은 아님
➡ 위반하여 중대산업재해(=안전보건확보의무위반치사죄등)에 이르게 한 경우에 처벌

"안전보건확보의무 위반 치사죄"
➡ 사업주 또는 경영책임자등이 법 제4조 또는 제5조에 따른 안전보건 확보의무를 위반하여
   '종사자가 사망하는 경우' 성립

"안전보건확보의무 위반 치상죄"
➡ 사업주 또는 경영책임자등이 법 제4조 또는 제5조에 따른 안전보건 확보의무를 위반하여
   '종사자에게 부상 또는 직업성 질병이 발생한 경우' 성립

조건 ① 의무 위반 ② 고의로 의무 불이행 ③ 결과 발생(사망, 부상, 질병 등) ④ 의무 위반과 결과 발생 인과관계 인정
※ ② '고의'에는 '미필적 고의'도 포함

■ 처벌 내용

(1) 사업주 또는 경영책임자 등

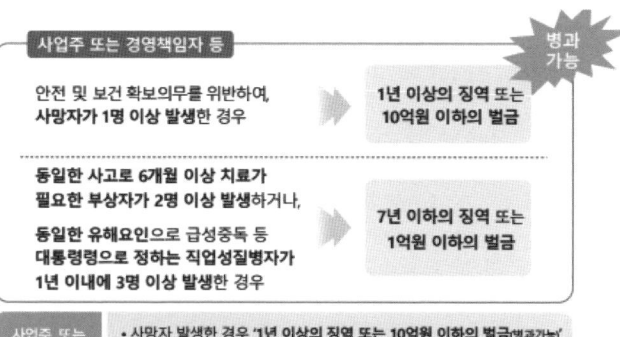

(2) 법인 또는 기관

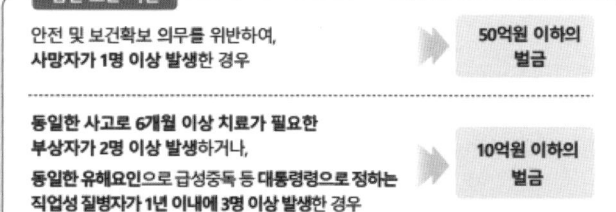

■ 중대재해처벌법 및 시행령 주요 내용(요약)

처벌 대상 및 내용	사업주 또는 경영책임자 등
	• 사망자 발생한 경우 : 1년 이상의 징역 또는 10억원 이하의 벌금
	• 부상 또는 질병 발생한 경우 : 7년 이하의 징역 또는 1억원 이하의 벌금
	법인 또는 기관
	• 사망자 발생한 경우 : 50억원 이하의 벌금형
	• 부상 또는 질병 발생한 경우 : 10억원 이하의 벌금형
손해배상	• 사업주 또는 경영책임자등이 고의 또는 중대한 과실로 안전 및 보건확보의무를 위반하여 중대재해를 발생하게 한 경우, 손해액의 5배를 넘지 않는 범위 내에서 배상 책임
적용범위	• 상시근로자 5명 이상의 사업(사업장)의 사업주 또는 경영책임자 등
시행시기	• 상시근로자 50명(건설공사 50억원) 이상 사업장(개인사업주 제외): 2022. 1. 27. 일부시행
	• 상시근로자 5명 이상 사업장(법인 또는 기관, 개인사업주 모두 포함): 2024. 1. 27. 전면시행

2) 산업안전보건법과 중대재해처벌법 비교

구 분	산업안전보건법	중대재해처벌법(중대산업재해)
의무주체	사업주(법인사업주+개인사업주)	개인사업주, 경영책임자 등 ※ 법인은 양벌규정으로 처벌
보호대상	노무를 제공하는 자 (근로자, 수급인의 근로자, 특수형태근로종사자 (시행령 제67조) 등)	종사자 (근로자, 노무제공자, 수급인, 수급인의 근로자 및 노무제공자)
적용범위	전 사업 또는 사업장 적용 (시행령 별표1, 업종·규모 등에 따라 일부 적용 제외)	5명 미만 사업 또는 사업장 적용 제외
재해정의	▶ 중대재해 : 산업재해 중 ① 사망자 1명 이상 ② 3개월 이상 요양이 필요한 부상자 동시 2명 이상 ③ 부상자 또는 직업성 질병자 동시 10명 이상 * 산업재해 : 노무를 제공하는 자가 업무와 관계되는 건설물, 설비 등에 의하거나 작업 또는 업무로 인하여 사망·부상·질병	▶ 중대산업재해 : 산업안전보건법상 산업재해 중 ① 사망자 1명 이상 ② 동일한 사고로 6개월 이상 치료가 필요한 부상자 2명 이상 ③ 동일한 유해요인으로 급성중독 등 직업성질병자 1년 내 3명 이상

구분	산업안전보건법	중대재해처벌법(중대산업재해)
의무내용	▶ 사업주 등이 지켜야 하는 산업안전보건에 관한 구체적 기준과 의무 규정 - 사업주의 안전조치 ● 프레스·공작기계 등 위험기계나 폭발성 물질 등 위험물질 사용 시 ● 굴착·발파 등 위험한 작업 시 ● 추락하거나 붕괴할 우려가 있는 등 위험한 장소에서 작업 시 - 사업주의 보건조치 ● 유해가스나 병원체 등 위험물질 ● 신체에 부담을 주는 등 위험한 작업 ● 환기·청결 등 적정기준 유지 → 산업안전보건기준에 관한 규칙에서 구체적으로 규정	▶ 사업운영 주체가 지켜야 하는 안전·보건 확보 등 관리상의 의무 - 개인사업주 또는 경영책임자등의 종사자에 대한 의무(법 제4조) ● 안전보건관리체계의 구축 및 이행에 관한 조치 ● 재해 재발방지 대책의 수립 및 이행에 관한 조치 ● 중앙행정기관 등이 관계 법령에 따라 시정 등을 명한 사항 이행에 관한 조치 ● 안전·보건 관계 법령상 의무이행에 필요한 관리상의 조치 - 도급·용역·위탁 등 관계에서의 제3자의 종사자에 대한 의무(법 제5조) → 법 제4조 및 시행령 제4조(안전보건관리체계의 구축 및 이행 조치)의 조치

구분	산업안전보건법	중대재해처벌법(중대산업재해)
처벌수준	▶ 자연인 사망 7년 이하 징역 또는 1억원 이하 벌금 안전·보건조치 위반 5년 이하 징역 또는 5천만원 이하 벌금 ▶ 법인 사망 10억원 이하 벌금 안전·보건조치 위반 5천만원 이하 벌금	▶ 자연인 사망 1년 이상 징역 또는 10억원 이하 벌금 (병과 가능) 부상·질병 7년 이하 징역 또는 1억원 이하 벌금 ▶ 법인 사망 50억원 이하 벌금 부상·질병 10억원 이하 벌금

3) 사업주 또는 경영책임자 등의 안전보건 확보의무

사업주 또는 경영책임자등은 사업주나 법인 또는 기관이 실질적으로 지배·운영·관리하는 사업 또는 사업장에서 종사자의 안전·보건상 유해 또는 위험을 방지하기 위하여 그 사업 또는 사업장의 특성 및 규모 등을 고려하여 다음 조치를 하여야 한다.

❶ 재해예방에 필요한 인력 및 예산 등 안전보건관리체계의 구축 및 그 이행에 관한 조치

❷ 재해 발생 시 재발방지 대책의 수립 및 그 이행에 관한 조치

❸ 중앙행정기관·지방자치단체가 관계 법령에 따라 개선, 시정 등을 명한 사항의 이행에 관한 조치

❹ 안전·보건 관계 법령에 따른 의무이행에 필요한 관리상의 조치

4) 당사 주요 수행실적

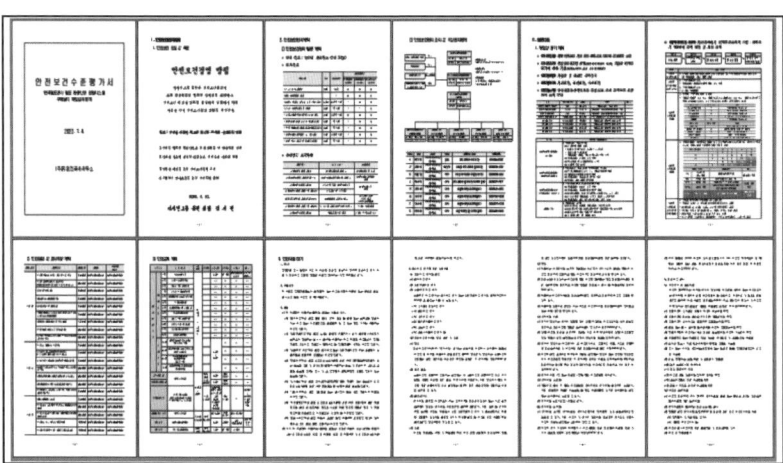

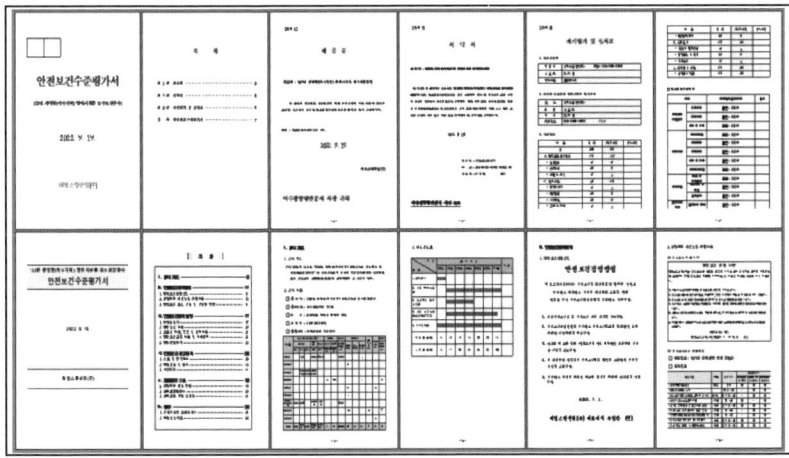
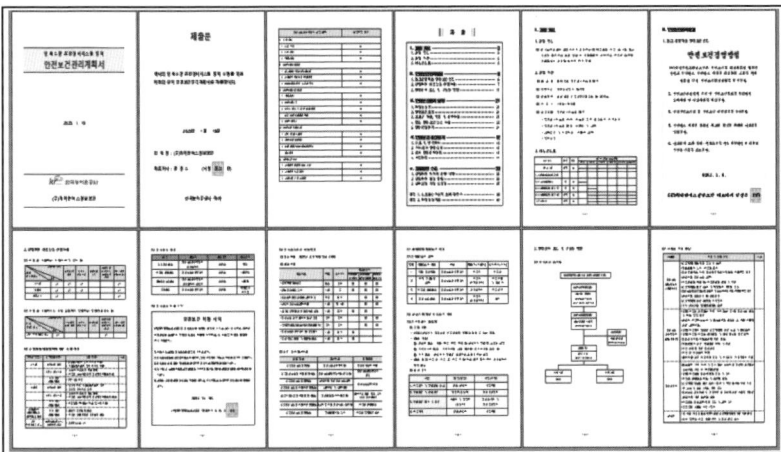

【 참 고 문 헌 】

- 나이스디앤비 홈페이지(www.nicednb.com)
- 이크레더블 홈페이지(www.ecredible.co.kr)
- 한국환경산업기술원 에코스퀘어 홈페이지(www.ecosq.or.kr)
- 중대재해처벌법 및 시행령 주요내용(고용노동부, 2022-교육혁신실-5)

【 저 자 소 개 】

김형준 KIM HYEONG JUN

학력
- 동아대학교 건설사업관리 석사
- 경성대학교 건축공학 학사

경력
- 비즈넷 대표위원/컨설턴트
    - ESG 평가 컨설팅(이크레더블, 나이스디앤비)
    - 안전보건수준평가(SH평가) 컨설팅
    - 환경표지인증 컨설팅
    - 중대재해처벌법 컨설팅(안전보건관리체계 구축)
- 한국환경산업기술원 환경표지인증 전문위원(심의위원), 환경 R&D 평가위원
- 한국건설기술연구원 녹색건축인증 전문위원/심의위원
- 국토교통과학기술진흥원 녹색기술 심사위원, 건설 및 교통 신기술 심사위원, 건설교통 연구개발사업 평가위원
- 한국환경공단/한국철도공사 기술자문위원
- 한국산업단지공단 건설자문 평가위원

- 한국방재협회 방재기술평가(NET) 심사위원
- 재난안전기술개발사업단 R&D 평가위원
- 국립재난안전연구원 행정안전부 연구개발사업 평가위원
- 한국산업기술진흥협회 재난안전제품 인증심사 전문가
- 한국건물에너지기술원 교육시설안전 인증심사 전문인력
- 한국디자인진흥원 우수디자인(GD) 심사위원
- 국토안전관리원 기업성장 자문단(동반성장 분야)
- 한국부동산원 BF인증 심의위원 외 다수

자격

- 건설안전기사, ISO 45001 심사원, 건축기사, 실내건축산업기사 외

저서

- 《공공기관 합격 로드맵》, 렛츠북, 2019 (공저)
- 《2020 소상공인 컨설팅》, 렛츠북, 2020 (공저)
- 《공공기관·대기업 면접의 정석》, 브레인플랫폼, 2020 (공저)
- 《인생 2막 멘토들》, 렛츠북, 2020 (공저)
- 《4차 산업혁명 시대 AI 블록체인과 브레인경영》, 브레인플랫폼, 2020(공저)
- 《재취업전직지원서비스 효과적 모델》, 렛츠북, 2020 (공저)
- 《미래 유망 자격증》, 렛츠북, 2020 (공저)
- 《창업과 창직》, 브레인플랫폼, 2020 (공저)
- 《경영기술 컨설팅의 미래》, 브레인플랫폼, 2020 (공저)
- 《신중년 도전과 열정》, 브레인플랫폼, 2020 (공저)
- 《소상공인&중소기업 컨설팅》, 브레인플랫폼, 2020 (공저)
- 《N잡러 컨설턴트 교과서》, 브레인플랫폼, 2022 (공저)

제5장

ESG 대응에 성공한 해외 우수 사례

박용기

1. ESG경영의 핵심 트렌드

기후위기 극복을 위한 UN의 노력· 각국의 2050탄소중립 달성 목표 선언, EU의 공급망실사법과 탄소국경조정제도(CBAM), ISSB(국제지속가능성기준위원회)의 ESG 공시 표준화를 위한 노력 등은 ESG경영의 중요성을 점점 증대시키고 있다.

ESG란 용어는 2004년 당시 UN 사무총장 '코피 아난'의 주도하에 UN Global Compact에서 발간한 〈Who Cares Wins〉란 보고서에 세계 최초로 등장하였다. Environmental issues(E, 환경적 이슈), Social issues(S, 사회적 이유), Governance issues(G, 거버넌스 이슈)의 머리글자를 따서 'ESG'라고 한다.

노벨평화상을 수상하기도 한 '코피 아난' 전 UN 사무총장은 2006년에 UN PRI(UN 책임투자원칙)를 제정하여 현대 ESG경영의 토대를 마련하였다. 필자는 이러한 이유로 코피 아난을 'ESG경영의 아버지'라 부른다.

ESG경영이란 "환경 보호와 사회적 기여도를 고려하고 법과 윤리를 준수하며 지배구조를 개선하고자 하는 경영 철학(국립국어원 홈페이지)"이라고 하며, 최근 ESG경영에서는 다음과 같은 4가지 핵심 트렌드에 대한 관심이 높아지고 있다.

첫째, EU의 공급망실사법, 탄소국경조정제도(CBAM), 각국의 ESG 공시 의무법 등 법적 의무화가 진전되고, 규제가 점점 정교화되어 가고 있다.

둘째, 온실가스 배출량 산정에서 있어서 전체 그림은 Scope 1(직접배출), Scope 2(간접배출)뿐만 아니라, Scope 3(기타 간접배출)을 포함해야 한다는 목소리가 높아지고 있다. 즉, 공급망으로 연결된 국내외 관련 업체의 탄소 배출량도 산정 보고하라는 것이다.

셋째, TCFD 권고안이 트리거가 되어 SBTi, CDP 등 과학기반의 기후위기 극복을 위한 구체적이고 정교화된 목표를 설정하는 경우가 증가하고 있다.

넷째, ESG 대출 및 ESG 주식, 채권, 펀드 등 ESG경영에 대한 투자가 급증하고 있다. 즉, ESG경영이 부실하거나 관련 없는 분야의 자금은 점차 회수하고, ESG 관련 분야로 자금이 몰리고 있다.

이러한 트렌드는 ESG경영이 기업의 장기적 가치와 지속가능성을 높이는 데에 필수적인 요소 중 하나임을 보여준다. 다음에 소개하는 ESG 대응 해외 우수 사례는 KOTRA에서 발간한 〈Global Market Report 21-026, 해외 기업의 ESG 대응 성공 사례〉에서 발췌 재구성한 것으로, ESG경영의 4가지 핵심 트렌드와 연관성이 높다. ESG 대응에 성공한 기업들은 어떠한 목표를 세우고 변혁을 시도하였는지 살펴봄으로써 독자분들께 ESG경영에 대한 또 하나의 Insight를 얻는 데 도움을 드리고자 한다.

2. 해외 기업 ESG경영 우수 사례

1) 사업 재편 및 신규 사업 발굴 사례

■ 오일 관련 메이저 기업

영국의 '브리티시 페트롤리엄(BP)'은 석유개발 및 정유 사업을 영위하는 기업으로 석유화학사업부를 매각하고, 탈탄소 사업으로 재편한 사례이다. BP는 2050년 순탄소 배출량 제로 목표 달성을 위해 재생에너지, 그린 수소 생산 등 저탄소 비즈니스로 사업방향을 재편하고자 하였다.

핵심 추진 내용은 석유화학사업부를 이네오스에 50억 달러에 매각하고, BP는 EnBW와 컨소시엄을 이루어 영국 해상풍력발전 사업을 추진하였다. 제4차 해저(Seabed) 임차 입찰에 참여하여 1.5GW 발전단지를 건설할 수 있는 지역 2개 낙찰에 성공(총 3GW)하였다.

태양광발전 사업도 추진하여 7X Energy로부터 美 태양광발전 프로젝트(9GW)를 매입하였고, 재생에너지로 물분해(electrolysis)를 통해 수소를 생산하는 그린 수소 생산을 위해 덴마크 기업 Orsted와 협업을 추진(2020년 11월)하였다. 생산한 수소는 독일 링겐 정유시설에서 사용할 예정이다.

미국의 '세브론(Chevron)'사는 석유화학 및 정유 사업을 영위하는 기업으로 글로벌 ESG 기조 강화에 따라 탄소배출 저감 활동에 주력하였다.

2028년까지 CO_2 집약도를 오일 생산에서는 40%, 가스 생산에서 26% 감소 추진, 메탄가스 배출은 53% 감소 목표를 발표(2021년 3월)하고, 재생에너지에 투자하는 대신 탄소 배출을 저감하는 기술에 2028년까지 30억 달러를 투자할 계획이다. 20억 달러는 탄소 감축 프로젝트에, 재생에너지 및 오프셋(Offset) 활동에 7억5천만 달러, 3억 달러를 저탄소 기술 펀드에 추가 투자 예정으로 전체 저탄소 기술펀드 투자액은 5억 달러에 달한다.

슐룸베르거(Schlumberger) 및 MS와 파트너십을 맺고 캘리포니아에서 바이오에너지 탄소포획 및 저장 기술(BECCS)* 프로젝트 투자 계획을 발표하였다.

---

* 바이오매스를 재생 가능한 합성 가스로 변환하며, 이는 연소기에서 산소와 혼합해 전력을 생산, 이 공정에서 배출되는 탄소는 99% 이상 포집한다는 목표이다.

영국·네덜란드의 '로열 더치 쉘(Royal Dutch Shell)'사 역시 석유화학 및 정유 사업을 하는 기업으로 글로벌 ESG 기조가 강화됨에 따라 2050년까지 탄소중립을 목표로 하고 있다. 본사가 소재한 네덜란드 법원에서 2030년까지 탄소배출량을 2019년 수준 대비 45% 감축하라고 판결(2021년 5월)을 받았다.

로열 더치 쉘은 '석유·가스' 회사에서 '전력에너지' 회사로 전환하기 위해, 연간 20~30억 달러 투자계획을 발표하였다. 투자금 중 80%를 전력 부문에 집중하며 '전기' 회사로 탈바꿈을 추진하였다. 영국 전기가스 공급사인 First Utility와 유럽 최대 전기차 충전소 업체인 네덜란드 소재 New Motion사를 인수(2017년)하고, 향후 15년 이내 세계 최대의 전기 회사가 될 것이며, 풍력이 핵심 요소가 될 것이라고 밝혔다. 석유와 석탄 비중을 줄이면서, 풍력을 중심으로 재생에너지 및 저탄소 기술에 중점 투자한다는 계획이다.

네덜란드 북해에 대규모 해상풍력발전 단지(NoordzeeWind) 건설, 미국, 동남아, 오만 등에 대규모 태양광발전 단지 구축, 영국과 유럽, 미국 캘리포니아 등에 수소 충전소 설치 사업을 전개할 계획이다.

(1) 내연기관차

프랑스의 자동차 제조사 '르노(RENAULT)'는 투자자들의 ESG 요구, 프랑스 국내 및 EU 차원에서 ESG 관련 다양한 규제 추진 강화 등으로

ESG경영에 더욱 주력하게 되었다. 프랑스에서는 녹색성장을 위한 에너지 전환에 관한 법률(2015년) 제정으로 민간 투자회사가 ESG 요소를 투자 포트폴리오 구성 시 반영하고 이를 연간보고서에 명시하도록 의무화하였다.

르노 그룹은 이러한 영향으로 다음과 같은 친환경경영을 추진하였다. 환경을 위한 중기 전략 플랜(2017~2022년)을 발표(2018년 3월)하고, '전기 자동차', '새로운 모빌리티', '순환경제'라는 3가지 키워드를 기반으로 기업 생산의 친환경적 전환을 약속하였다.

특히 연비 개선, 전기로의 주요 동력원 전환, 'Off-cycle' 기술 개발, 생산 및 단종(EOL), 이 4가지 영역을 발전시켜 해당 영역과 관련된 온실가스 배출량을 약 80%까지 줄이겠다고 공시하였다. 전기자동차가 미래 주력 사업으로 부상함에 따라 2030년까지 자사모델 최대 90%를 EV로 전환할 계획이며, 2025년까지 EV모델 10종을 출시할 계획이다.

미국의 자동차 제조사 '제너럴모터스(GM)'는 글로벌 투자자 ESG 요구가 강화되는 가운데, 전체 탄소배출량 중 75%가 판매 차량의 배기가스 배출로 인해 발생함에 따라 낮은 ESG 등급 평가 등으로, 배기가스가 낮은 차종으로 주력모델을 변경할 필요성을 절감하였다.

GM은 2020년 글로벌 자동차 완성업체를 상대로 한 ESG 평가결과 MSCI B등급, REFINITIVE 85점, S&P 다우존스인덱스 30점을 받은 바 있다.

2035년부터 내연기관차 생산을 중단하고 전기자동차만 생산하는 기업으로 변화를 위한 탄소중립 계획을 담은 친환경 정책을 발표(2021년 1월)하였다. 2025년 30종의 신형 전기차 출시, 판매차량의 40%를 전기차로 전환, 2030년까지 미국 공장, 2035년까지 글로벌 공장을 100% 재생에너지로 가동한다는 계획이다.

2035년부터 휘발유, 경유 차량 생산 중단(상업용 대형 트럭은 제외), 2040년까지 자동차 공장의 NET-Zero(탄소 제로 배출) 달성을 목표로 하고 있다. 2020년부터 5년간 전기차 관련 개발에 270달러를 투자하여, 배터리 가격을 60%까지 낮추고 자율주행 기술을 개발한다. 배터리 개발 위해, LG에너지솔루션과 오하이오주에 23억 달러를 투자할 계획이다.

(2) 기타 분야

독일의 전력, 에너지 기업 'RWE'는 독일 정부가 2038년까지 독일 내에서 석탄(갈탄)화력발전소를 폐쇄하는 계획을 확정한 탈석탄 선언의 영향으로 다음과 같은 사업을 추진하였다.

RWE는 2040년까지 탄소중립을 선언하고 기업전략을 대폭 수정하였다. 2040년까지 화석에너지 중심 전력 생산에서 완전히 벗어나 신재생에너지로만 전력을 생산한다고 밝혔다.

풍력발전 단지, 태양열 시스템 및 에너지 저장 솔루션에 집중투자할 계획이다. 풍력·태양광 프로젝트 48개를 추진 중이며, 풍력 44개(해상 11개, 육상 33개), 태양광 4개를 추진한다. 세계 최대 규모의 영국 북해 해상풍력발전 프로젝트 '소피아(1.4GW 규모, 총투자금액 35억 유로)'를 건설 중이다.

美 조지아 지역에 건설 중인 '히커리 파크 태양광' 프로젝트를 통해 생산된 전기는 Georgia Power에 공급할 예정으로, 195.5MW 규모의 태양광발전과 80MW의 배터리 저장 시스템을 결합한 것이다.

일본의 수질정화기업 '윌스테이지(WILLSTAGE)'는 독 없는 복어 양식 등 독자적인 수질 정화 기술을 확대해 가고 있다. 시가은행은 참신하고, SDGs 달성에 공헌하는 사업을 대상으로 우대금리 융자를 제공(사회적과제 해결 사업 지원)한다. 윌스테이지는 시가은행으로부터 융자를 받아, 독자적인 수질 정화 기술 적용 분야 확대방안을 모색하고 있다.

어류의 육상양식을 통한 지역 활성화를 목적으로 신규 사업을 추진하기 위해 자회사 아쿠아스테이지를 설립(2017년)하여, 독자적인 수질 정화 기술을 응용하여 바다가 없는 시가현 내륙에서 '완전밀폐순환형 육상양식 기술'을 개발하였다.

수조의 물을 교체하지 않고도 약 1년간 양식이 가능한 정화 시스템을 개발하여 수도요금은 일반적인 육상양식의 1/3로 절약하였다. 박테리아를 활성화시킴으로써 수조 내 사료 찌꺼기나 물고기의 배설물 등이 없는 깨끗한 물을 순환, 배수가 불필요하게 되었다. 완전 유기 양식으로, 깨끗한 물에서 자라기 때문에 생존율이 높고, 해상양식과 비교해서 2배 정도의 성장 속도를 실현하였다.

독(毒) 없는 복어 약 2,000마리를 시험양식 중으로 박테리아를 이용해 '복어 독(毒)'을 유발한다고 알려진 성분을 수중에서 제거함으로써, 양식에 성공할 경우 '독 없는 복어'를 시가현의 새로운 특산품으로 판매할 예정이다.

대형 식품 유통 산업에서도 ESG 관심도가 증가하자, '더 많이', '더 싸게'의 전통적 대형마트 모델 탈피 필요성이 제기되었다. 이에 프랑스의 식품 유통기업 '까르푸(Carrefour)'는 2018년 5개년 전략을 발표하면서 '식품의 전환' 플랜을 제시하였다. '신선함', '로컬', '유기농' 키워드 중심의 전환으로 소비자와 가까운 거리의 중소형 로컬 생산자와 거래를 확대하고 있다.

기존 가격경쟁력 위주 홍보에서 'Carrefour 품질 인증'을 득한 유기농·윤리적 생산 로컬 제품의 이미지를 전면에 내세우기 시작하였다.

식품의 '민주화' 실현을 위한 매장 모델 전환, 교외의 초대형마트 모델에서 탈피해 '소비자 가까운 곳에서', '차이 없는 좋은 품질의 제품을', '합리적 가격으로', '누구나 접근이 가능한' 유형의 매장 확대를 시도하였다. 도시 외 지방에서 접근 가능성을 높인 소규모 매장 수를 확대하기도 하였다.

■ **스타트업 ESG 투자금 유치 활용 사례**

미국 동물복지 유제품 기업 '바이탈 팜스(Vital Farms)'의 사례를 살펴보자. 2007년 창업자 Matthew O'Hayer는 20마리의 로드아일랜드 레드 암탉을 구입하여 27acre의 텍사스 오스틴 농장(동물복지 환경농장)에서 산란한 계란을 판매하기 시작하였다. 이후 유제품, 가공식품으로 비즈니스를 확대하였다.

모든 이해관계자를 위해 다양한 가치를 창출하는 기업 패러다임을 의미하는 '깨어있는 자본주의(Conscious Capitalism)'를 추구하며, 225개의 소규모 가족 농장(동물복지 환경농장)과 협력을 통해 판매 제품을 생산하였다.

사업을 통하여 부를 창출하는 대신, 직원, 고객, 이해관계자와 환경에 중점을 두어 운영하기로 방향을 설정하였다. 농장의 무분별한 확장보다는 유사한 농장철학을 고수하는 소농장과 협력형태로 사업모델을 확장하였다.

깨어있는 자본주의 실현을 위해 대규모 투자유치보다 필요한 자본을 조금씩 조달한다는 전략하에 1~2년 주기로 임팩트 자본유치에 주력하였다. SJF Ventures에서 230만 달러(2013년), Arborview Capital에서 225만 달러(2014년), Sunrise Strategic Partners 등으로부터 1,110만 달러(2017년) 등을 유치하였고, 2020년에는 나스닥 IPO(기업공개상장)를 통해 2억 달러 유치에 성공하였다.

특징적인 경영사례는 2015년 조류 독감 여파로 계란 공급이 급감하자, 미국 농가들은 생산량을 늘려 2016년에는 계란 공급 과잉으로 가격이 폭락하였을 때, 바이탈 팜스는 협력 농장이 생산을 중단하지 않도록 비용 지급을 돕기도 하였다. 이는 단기적으로 기업의 현금 흐름에 큰 타격이 있었지만, 장기적으로 기업의 가치를 창출하는 지속가능한 브랜드를 구축한다는 점에선 상당히 큰 의미가 있었던 결정이었다.

캐나다의 '카본큐어 테크놀로지(CarbonCure Technology)'는 다른 산업에서 포집한 CO_2를 콘크리트 제조 공정에 넣어 콘크리트 혼합에 필요한 시멘트의 양을 크게 줄이면서, 대기에서 CO_2를 영구 감축하는 기후테크 기업이다. 콘크리트 제조 시 주입된 CO_2는 시멘트의 칼슘이온과 반응, 탄산칼슘을 형성하여 효과적으로 탄소를 광물화하고 콘크리트의 강도를 높인다.

2011년 6월, 캐나다 앨버타 주 정부에서 운영하는 벤처캐피털인 ERA(Emissions Reduction Alberta)로부터 337만 달러 규모의 보조금을 지원받아 초기 사업을 전개하였다. 이후 BDC Canada(캐나다 국영 국가개발은행)의 산업, 클린, 에너지 및 테크놀로지 벤처 펀드(Industrial, Clean and Energy Technology Venture Fund)가 주도한 시리즈 B단계에서 332만 달러를 추가로 유치하며 사업을 고도화하였다.

클린테크 스타트업에 투자하는 벤처캐피털 2150, 아마존 기후서약 펀드(Amazon's Climate Pledge Fund), 마이크로소프트 기후 혁신 펀드(Microsoft's Climate Innovation Fund)와 더불어 빌 게이츠의 에너지 투자 펀드(Breakthrough Energy Ventures) 등을 통해 현재까지 약 1,100만 달러 투자 유치에 성공하였다.

카본큐어 테크놀로지는 기후테크(CO_2 배출량을 줄여, 지구 온난화의 해법을 연구하는 기술) 기업으로, 콘크리트 제조 공정과정에서 CO_2를 포집 저장하여 콘크리트 강도 향상과 탄소 배출 저감 효과에 주목하였다. 콘크리트 제조 시 발생하는 CO_2의 양은 전 세계 CO_2 배출량의 7%를 차지한다.

독일 디지털헬스 기업 '포사니스(Fosanis)'는 독일 내 최초로 암 환자 치료 보조 앱(Mika)을 개발하여, ① 증상일지 기록(담당의 모니터링용), ② 전문가로부터 관련 의학정보(치료법 등), ③ 심리적 안정 프로그램 서비스 등을 제공하고 있다. 의사가 암 환자를 대상으로 처방하는 앱으로, 사용료는 건강보험 회사에서 부담한다.

독일 임팩트 투자 전문 VC인 Ananda Impact Ventures와 IBB Ventures, Evodia를 통해 자금 유치(수백만 유로)에 성공(2021년 3월)하였다. 사회적 문제 해결 가능성과 성장잠재력을 인정받았기 때문이다. 독일은 매년 49.2만 명의 암 환자가 발생한다. Ananda는 포사니스의 앱(Mika)이 아주 간편하고, 앱 사용자들의 만족도가 높은 점을 감안해, 투자를 결정했다고 밝혔다.

프랑스 '바라프(Varappe) 그룹'은 경력 단절 및 소외계층 대상 교육·구직 서비스를 제공하는 기업이다. 장기 실업, 경력 단절 및 사회적 취약계층에 일자리를 제공하여 경쟁력을 갖추고 사회에 편입될 수 있도록 돕는 것을 목표로, 프랑스 남부 론알프 지역을 기반으로 1992년 설립되었다. 3가지 유형(인력교육·파견, 폐기물·하수처리·재활용, 친환경 건축)의 산하 기업을 통해 다양한 서비스를 제공한다.

Phitrust로부터 1차 투자자금 유치(2007년) 70만 유로, Phitrust 투자회사는 설립부터 사회적 연대 경제 활동 지원 목표하에 Social Impact investing 부서 마련, 장기적 관점에서 '소셜 임팩트' 및 '환경 임팩트' 관련 투자처를 물색(프랑스 ESG 투자 시초)하였다.

Phitrust는 투자뿐만 아니라 적극적 주주로 활동하면서 바라프 그룹 내 다양한 프로젝트의 구조를 탄탄하게 설계하는 데 법적 조언 및 비즈니스 관점 제시 등 많은 지원을 제공하였다. 2차 투자자금 유치(2020년)는 420만 유로로 Phitrust, Amundi, BNP Paribas Asset Management,

France Active의 재투자 결정으로 이루어졌다.

ESG에 대한 인식이 확장되면서 'S' 영역을 강화하는 '포용적 비즈니스(Inclusive Bisiness)' 모델이 주목받기 시작하였다. 불평등과 신빈곤이 중요한 사회적 이슈로 부상하는 현 상황에서 이를 개선할 수 있는 모델로 평가되었다.

바라프는 15년 전 매출 300만 유로의 기업 그룹에서 현재는 4,000만 유로의 매출을 기록하는 중견 기업으로 성장하였다. 경제 소외 계층의 사회 편입이라는 큰 주제에 포커스를 맞춰, 실제로 성공적 구직으로 이어지는 결과 등이 매력적인 투자 요인으로 작용하였다.

영국 '그립에이블(GripAble)'은 재활 기기인 디지털 핸드그립을 개발한 회사이다. 뇌졸중, 관절염, 뇌성마비 등의 질환이 있는 사람들에 손과 팔 재활운동을 지원하는 디지털 핸드그립(Hand Grip)을 개발하였다. 휴대가 간편해 언제 어디서나 사용 가능(가정용)하며, 그립을 누르는 활동을 모바일 앱을 통해 근력, 반사작용 등 다양한 피드백을 실시간으로 제공받는다. 동기부여를 위해 게임 등 다양한 소프트웨어 프로그램과 연계한 재활운동을 지원한다.

그립에이블은 Triple Point가 운영하는 소셜 임팩트 펀드인 Impact EIS로부터 52.5만 파운드를 유치(2019년)하였다. 동 펀드는 1,000여 개의 기업을 선정 → 150여 개 기업과 면담 → 50개 기업에 대한 심층 분석 → 자사 투자위원회에 15개 제안서 상정 → 최종적으로 6~10개 기업을 선정하여 투자한다.

그립에이블의 성공 요인은 사회공헌 가능성과 첨단 기술력을 인정받았기 때문이다. 뇌졸중, 관절염, 뇌성마비 등의 질환이 있는 사람들의 재활운동을 지원하며, 조정 가능한 그립 압력을 제공하고 데이터를 캡처하며 원격 모니터링이 가능(휴대가 가능해 집에서도 사용)한 첨단기술을 접목하고 맞춤형 디지털 게임과 연계하여 사용자들의 동기 부여가 가능하다.

■ 공급망·투자자 요구로 ESG 강화한 사례

미국의 청소용품 업체 '클로락스(Clorox)'는 소비재 기업으로 제품 자체와 포장재의 지속가능성에 대한 대내외적 압력에 직면하였다. 이의 타개책으로 플라스틱과 기타 폐기물 감소를 추진하였다. 2030년까지 플라스틱 및 섬유 포장재 50% 감소, 2025년까지 100% 재활용, 재사용 또는 퇴비화 포장, 2030년까지 100% 글로벌 설비 폐기물 제로를 계획하였다.

미국 텍사스에 위치한 Enel Green Power의 Roadrunner 태양광 프로젝트로부터 12년간 매년 70MW의 재생에너지 구입계획도 발표하였다. 지속적인 수질관리 및 재활용·인증된 천연 섬유만 포장에 사용하여, 플라스틱 및 섬유 포장재의 63%가 재활용·재생 가능 재료로 생산

(2020년 연례보고서)하였다.

미국의 '세븐스 제너레이션(Seventh Generation)'은 친환경 세제, 화장지 등 종합 생활용품을 취급하는 아마존 마켓 플레이스 참여 벤더 업체이다. 아마존은 기후변화 대응기구인 글로벌 옵티미즘과 공동으로 기후 서약(Climate Pledge)* 캠페인을 발족(2019년)하고 자사 온라인 마켓 플레이스 참여 벤더들을 대상으로 참여를 권장하였다.

Climate Pledge Friendly 웹사이트를 런칭하고 지속가능성 인증제품만 판매하였다. 실제로 이 코너에 등록된 제품은 非등록 제품 대비 클릭률(광고를 본 사용자가 실제 클릭하는 비율)이 60% 이상 높은 것으로 알려졌다. 이와 같은 선상에서 아마존은 비영리 기후기관인 'We Mean Business'와 협력하여, 벤더 대상으로 야심 찬 탄소배출량 감축목표를 채택(2040년까지 탄소중립 달성 등)하도록 권장하였다. 세븐스 제너레이션은 We Mean Business에 가입하고, 제품 소싱 체인에서 불법 삼림 벌채와 훼손 중단 노력을 기울였다.

미국의 휴렛팩커드(Hewlett-Packard)는 컴퓨터 하드웨어 제조업체로서 고객사인 어도비 솔루션(Adobe Solution)의 요구수준에 부응하기 위하여, 직원 45%를 여성과 유색인종으로 구성하였다. 공정하게 임금을 받도록 보장하는 동일 임금(Pay Parity)제 도입도 추진하였다.

---

* 파리 협정보다 탄소중립을 10년 앞당겨 2040년까지 달성이 목표이다.

미국 내 여성, 소수민족 소유 기업에 약 10억 달러를 투자하고, 투자 기업에는 휴렛팩커드에 준하는 ESG 규정을 갖추도록 요구하였다. 휴렛팩커드는 슈퍼 컴퓨팅 데이터 센터용 최첨단 에너지 효율 설비 2,200만 달러를 투자하였다. 그 결과 연간 약 25,000미터톤 탄소, 1,000만 달러의 에너지 비용을 절감하는 성과를 거두었다. 휴렛팩커드는 2018년 MSCI ESG 평가에서 업계 유일 AAA 등급을 획득하였다.

일본의 '헨켈재팬(HENKEL Japan)'은 독일에 본사가 있는 세계 최대 접착제 제조사이다. HENKEL은 플라스틱 폐기물 감소 등의 문제를 다루는 'Alliance to End Plastic Waste(AEPW)' 설립에 참여하는 등 ESG에 활동에 관심을 집중하고 있다.

일본 제일생명(자산운용사)은 회사채가 적은 HENKEL에 자금 조달을 제안하고, 일본 제일생명과 제일프런티어생명이 공동투자(약 74억 엔)하여 환경문제를 해결할 수 있도록 지원하였다. 제일생명 약 53억 엔, 제일프런티어생명 약 21억 엔을 투자하고, 조달자금을 오직 플라스틱 폐기물 감소 목적으로만 사용토록 제한(세계 최초)하였다.

주요 추진 내용은 '플라스틱 폐기물 감소 프레임워크' 신규수립 (2020년 3월), 2025년까지 주요목표는 ① 포장재 100% 재활용, ② 석유가 원료인 플라스틱 사용량을 50%로 최소화, ③ 자연환경에서 플라스틱 폐기물 완전히 제거 등이다. 플라스틱 폐기물 감소에 대한 투자 진행(2020년 7월), 재활용 비율 제고 및 제조 과정 내 환경오염의 부담이 적은 소재 사용을 확대한다는 계획이다.

일본·미국의 '세븐&아이 홀딩스(Seven & I Holdings)'는 편의점 체인 세븐일레븐을 포함한 종합 유통 서비스 업체이다. 2050년까지 일본 내 점포 운영에 따른 실질 CO_2 배출량 제로를 목표로 정하였다. 태양광 패널, 재생에너지 설비 확충, 플라스틱 봉투 유료화(2020년 7월) 및 바이오매스 배합 노력, 2050년까지 천연 소재 용기 100% 목표, 2050년까지 음식 쓰레기 배출량 2013년 대비 75% 감소 등을 목표로 제시하였다. 2021년 2분기부터 임원 급여에 CO_2 감축량을 반영하여 CO_2 배출량 2% 감소 시 5% 인상, 2% 이상 증가 시 10% 인하 등을 이행하고 있다.

미국 세븐일레븐은 2027년까지 매장 250개소에 전기자동차(EV) 급속 충전 설비를 도입할 계획이다. 세븐일레븐 북미 점포 수는 총 1만4천 개로 늘어날 전망인 가운데 '친환경 생활 인프라' 구축을 추진하고 있다.

프랑스의 항공기 업체 '에어버스(Airbus)'는 환경데이터를 공개하지 않는 기업 중 하나였다. 2019년 런던 헤지펀드 TCI(The Children's Investment Fund)는 에어버스 등 투자기업이 CO_2 배출량 및 배출 감소 계획을 공개하지 않는 기업의 임원을 처벌하겠다는 계획을 발표하였다. TCI는 "배출량을 공개하지 않는 회사에 투자하는 것은 대차대조표를 공개하지 않는 회사에 투자하는 것과 같다"고 주장하였다.

에어버스는 이후 에너지·전력 소비량, CO_2 배출량, 물 소비량, 쓰레기 배출량 등 환경 데이터를 공개하기 시작하였다. 2035년까지 수소로 운영되는 기후중립 비행기를 생산하기 위한 3개 모델의 프로토타입을 소개(2020년 9월)하며, 최대 200명의 승객을 3,700km 운송 가능한 모델 등 친환경 비행기 개발에 박차를 가하고 있다.

3. ESG경영 우수 사례의 시사점

ESG 대응에 성공한 기업 사례들의 공통적인 시사점은 앞서 언급한 ESG경영의 4가지 핵심 트렌드에 능동적으로 대처하기 위하여, ESG에 대한 구체적이고 확실한 목표를 세우고, 이를 달성하기 위하여 사업 전환·재편 등 때로는 엄청난 변신을 주저하지 않았다는 것이다.

우크라이나-러시아 전쟁과 일부 Anti-ESG 움직임에도 불구하고, ESG경영은 이미 대세를 거스를 수 없는 세계적인 추세이다. 우리나라 기업들도 ESG경영을 기업경영과 해외 진출의 장벽으로만 인식할 것이 아니라, 사활을 걸고 대응해야 할 핵심경영과제로 인식하고 자사의 핵심사업과 ESG를 연계한 비즈니스를 전략적으로 개발해 나가야 한다.

국내외를 막론하고 ESG 관련 주식, 펀드, 채권으로 꾸준히 돈이 몰리고 있다. 주식 투자자라면 ESG 등급이 좋은 기업 주식을 사라. ESG

경영을 잘하는 기업에는 거래주문이 몰려, 지속성장하는 기업으로 발전하는 반면, 그렇지 못한 기업에는 시련의 파도가 거세게 밀려올 것이다.

ESG경영을 잘해야 국가도 기업도 사람도 미래가 있다. 취업도 창업도 생산도 수출도 ESG 속에 답이 있다. ESG도 양극화 시대! 선택은 당신의 몫이다(《성공하는 ESG경영》 참고).

【 참 고 문 헌 】

- 박용기, 《성공하는 ESG경영》, BOOKK, 2023.1.
- KOTRA, 〈해외 기업의 ESG 대응 성공사례〉, Global Market Report 21-026.
- MSCI, 〈2023년 ESG 6대 트렌드〉, 2023.12.
- PwC Korea, 〈ESG경영 4대 트렌드〉, Insight Flash, March 2022.
- 포스코경영연구원, 〈2023년 ESG 10대 트렌드 전망〉, 2023.01.26.
- 김정모(2022), 〈기업의 환경성과와 경제성과의 관계: 기업 가시성(visibility)의 조절효과를 중심으로〉, 국제회계연구, 101, 141-168.
- 박용기 블로그(https://blog.naver.com/esg3esg3)
- 신한지주(https://www.shinhangroup.com/kr/crm/csrreport/csr_subsidiary.jsp)
- 온실가스인벤토리구축(https://www.energy.or.kr/front/main/main.do)
- ASEM 중소기업친환경혁신센터(http://asemsmenetzero.com)
- 탄소발자국 계산기(https://www.kcen.kr/tanso/intro.green)
- 중소벤처기업부 CSR DB(https://www.smes.go.kr/csr/user/data/data_db.do)
- 중소벤처기업부 ESG자가진단(https://kdoctor.kosmes.or.kr/esgplatform/service/intro_esg.do)
- 한국표준협회_KSA(https://ksaesg.or.kr/p_base.php?action=h_study_group)
- KRX_ESG포털(https://esg.krx.co.k)
- 한국ESG기준원(https://www.cgs.or.kr/main/main.jsp)
- 금융위원회(https://www.fsc.go.kr/no010101/76848)
- CDP(https://www.cdp.net/en)
- TCFD(https://www.fsb-tcfd.org)
- MSCI(https://www.msci.com/our-solutions/esg-investing/esg-ratings)
- DJSI(https://www.spglobal.com/spdji/kr/index-family/esg/core-esg/djsi/#overview)
- GRI(https://www.globalreporting.org)

- SASB(https://sasb.org)
- ECOVADIS(htttps://ecovadis.com)
- RBA(https://amkor.com/kr/esg/esg-rba-commitment)

【 저 자 소 개 】

박용기 PARK YONG KI

학력

- 연세대학교 경제대학원 금융리스크전문가 과정 졸업
- 상지대학교 대학원 경영학 박사

경력

- ESG경영지원단장(한국경영기술지도사회), 경영지도사 30년
- ESG전문가 (KSA한국표준협회미디어 ESG칼럼 1년간 연재)
- ESG컨설턴트, ESG연구. 강의. 칼럼니스트
- 한국경영기술지도사회 'ESG전문가 양성과정' 기획 및 강의
- SK오션플랜트기술연수원/고용노동부 NCS등록 ESG전문 강사
- 2023 대한경영학회/가족기업학회 학술대회 ESG세션 발표
- 신한은행 30년 근무, CSR지역장 역임, 금융리스크관리, IT개발

자격

- 경영지도사, M&A지도사
- 서울신용보증재단 경영지도위원(중소기업 컨설팅)
- IBM Data base Management & Design 연수
- SK그룹 오션플랜트연수원 ESG전문 교수
- 고용노동부 NCS ESG전문 강사
- 한국경영기술지도사회 ESG 강사

저서

- 《성공하는 ESG경영》(저서)
- 《중소기업의 전략적 CSR경영 실무》(공저)
- ESG정보 공시와 대응전략 / '그린워싱' 경계해야(칼럼) 외 다수

기타

- 이메일: esg3esg3@naver.com
- 네이버 블로그: ESGI한국ESG경영전략연구원

제6장

정부의 선택:
ESG 원칙과 지속가능한 미래를 위한 정책

김현희

1. 지속가능한 미래:
ESG 원칙을 정부 정책에 통합

영국의 경제학자 아나톨 칼레츠키는 자본주의의 발전 과정을 시대적 특성에 따라 분류하였고, 2008년 금융위기 이후로 자본주의 4.0 시대가 도래했다고 주장했다. 이는 기업이 주주 이익 극대화에서 벗어나 이해관계자 중심의 자본주의로 전환하고 있는 시대적 동향을 의미한다.

ESG경영은 이러한 자본주의 4.0의 흐름과 일치한다. ESG는 기업이 다양한 이해관계자를 위해 지속가능한 발전에 기여하는 경영 활동을 의미한다. 최근에는 ESG를 통해 사회적 가치를 창출하는 기업의 움직임이 활발해지고 있다. 그러나 사회적 가치는 기업만이 담당하고 해결할 수 있는 문제가 아니다.

ESG를 기업과 관련된 개념으로 한정한다면 정부와의 연관성에 대해 의문을 제기할 수 있다. 그러나 ESG의 가치는 인류가 오랫동안 추구해온 환경, 사회, 경제와 밀접한 사회 공동체의 과제와 목표다. 따라서 ESG는 정부가 공공 이익을 구현하기 위해 시행하는 다양한 정책들과 매우 밀접한 관련성이 있다. ESG의 영역인 환경적, 사회적 책임은 정부의 공적 역할과 분리할 수 없는 관계에 있다.

최근 정부부처 및 지방정부는 지방소멸 위기와 자치분권 2.0 시대를 맞이하면서 국가 균형 발전을 위한 지속가능발전목표(SDGs) 구현이라는 새로운 도전에 직면하고 있다. SDGs는 ESG가 다루는 환경, 사회, 경제 분야의 과제를 모두 포함하는 상위 개념으로, ESG는 이를 달성하는 수단으로 활용될 수 있다.

SDGs의 추진 주체가 정부와 시민사회 등이라면, ESG경영의 주체는 기업이다. ESG는 기업, 공공기관, 지자체 등의 관점에 따라 다양하게 해석될 수 있다. 그러나 SDGs와 ESG의 실행 주체와 적용 상황은 약간 다를 뿐, '지속가능한 발전'이라는 공통의 가치를 추구하는 의미와 본질은 같다. 이들은 추구하는 목표에 있어 사회적 맥락에서 일맥상통한다.

ESG의 역사는 그리 길지 않다. 1970년대부터 개별적으로 논의되어 온 지구 온난화, 생물 다양성 등의 환경 이슈와 기업의 사회적 책임, 노동, 인권, 보건, 산업 재해 등의 사회적 이슈를 해결하기 위해 다양한 이해관계자를 포괄하는 지배구조 이슈를 통합한 포괄적인 개념이다. 현재 ESG는 사회적 가치를 위해 사회 구성 주체에게 부여된 보편적인 가치 질서로 자리 잡고 있다.

[그림 1] 국가 탄소중립 녹색성장 전략

| 국가비전 | 2050년까지 탄소중립을 목표로 하여 탄소중립 사회로 이행하고, 환경과 경제의 조화로운 발전을 도모 |

| 전략목표 | " 탄소중립·녹색성장, 글로벌 중추국가로의 도약 " |

3大 정책방향

책임있는 실천	질서있는 전환	혁신주도 탄소중립·녹색성장
과학과 합리에 바탕을 둔 의사결정과 정책 추진	법과 절차의 준수, 초당적 협력과 사회적 합의 중시	혁신에 기반한 온실가스 감축 및 경제·사회 구조 전환

4대 전략 12대 과제

구체적·효율적 방식으로 온실가스를 감축하는 책임감 있는 탄소중립
① 원전·신재생e 등 무탄소 전원을 최대한 활용하여 온실가스 감축
② 저탄소 산업구조 및 순환경제로의 전환
③ 국토의 저탄소화를 통한 탄소중립 사회로의 전환

민간이 이끌어가는 혁신적인 탄소중립·녹색성장
④ 과학기술 혁신과 규제개선을 통한 탄소중립·녹색성장 가속화
⑤ 핵심산업 육성을 통한 세계시장 선도 및 신시장 창출
⑥ 탄소중립 친화적인 재정·금융 프로그램 구축·운영 및 투자 확대

모든 사회구성원의 공감과 협력을 통해 함께하는 탄소중립
⑦ 에너지 소비절감과 탄소중립 국민실천
⑧ 지방이 중심이 되는 탄소중립·녹색성장
⑨ 근로자 고용안정과 기업 혁신·성장을 위한 산업·일자리 전환 지원

기후위기 적응과 국제사회를 주도하는 능동적인 탄소중립
⑩ 적응주체 모두가 함께 협력하는 기후위기 적응 기반 구축
⑪ 국제사회 탄소중립 이행 선도
⑫ 모든 과제의 전 과정 상시 이행관리 및 환류체계 구축

출처: 관계부처 합동, 2023.4.

이러한 맥락에서 지속가능성은 우리 사회가 공동으로 실현해야 할 공통 목표이자 시대 정신이다. 실제로 환경오염 문제의 해결, 사회적 불평등 해소, 투명한 사회구조 실현은 기업에만 의존할 것이 아니다. 정부가 주도하는 공공 기능에도 ESG의 원칙을 도입하여 적용해야 하

는 이유가 명확해졌다.

최근에는 ESG경영이 공공 영역으로 확산되면서 정부에 대한 인식과 기대치가 변하고 있다. 사회적 영역을 이끌고 주민과 함께 호흡하는 정부의 역할과 기능도 변화해야 하는 시점이다. 정부가 더 높은 수준의 사회적 책임 수행과 행정 역량을 발휘하도록 요구받는 이유다.

특히 지방 소멸 위기와 자치분권 2.0 시대를 맞이하여 지역 균형 발전과 지속가능성 확보를 위해 ESG 행정 실천이 중요한 시기다. 우리 사회가 직면한 기후위기, 경제안보, 불평등 심화 등의 문제를 기업과 협력하여 해결하고 지역 성장의 새로운 돌파구를 찾기를 바란다. 기업의 지속가능성에 기반한 ESG경영을 유도하는 데 지방정부의 지원과 역할이 강조되는 시점이다.

해외의 선진 정부들은 이미 SDGs-ESG 가치에 기반한 다양한 정책 모델을 만들고 있다. 우리 정부도 지방 소멸 시대에 맞서 ESG에 대한 광범위한 이해와 정책적 제도화에 주목해야 한다. 직면한 저출생·고령화, 저성장, 지역 불균형 심화, 정주 여건 개선 등의 사회적 문제 해결은 물론, 지속가능한 성장을 지원하는 지역 특성화에 다양한 정책적 방안을 마련해야 한다.

따라서 정부 차원에서는 기업이 ESG경영을 기반으로 기업 시민으로서의 역할과 책임을 더욱 강화할 수 있도록 적극적인 지원과 유기적 협력 체제 구축이 시급한 과제다. 각 정부부처 및 지방정부를 비롯한 공공기관은 ESG 행정의 장기적 계획과 로드맵을 통해 사회적 가치에 기반한 '집합적 영향(Collective Impact)' 창출이 필요하다.

2022년 7월에 시행된 '지속가능한 발전 기본법'에 따르면 지방 자치 단체는 지속가능한 경제 성장, 포용적 사회 구현, 생태·환경 및 기후위기를 포함하는 종합적인 미래 발전 전략을 추진하도록 책무를 규정하고 있다.

지방정부는 ESG가 공공 정책의 한 축으로 자리 잡기 위해 조직화 및 전문 인력 확충, 주민의 능동적 참여, 지원조례 제정 등 ESG 내재화에 적극적인 행정을 펼쳐나가야 할 때이다. 이제 ESG 시대 흐름에 맞춰 지방정부의 기능과 역할에도 ESG 원칙의 적용 가능성이 매우 커지고 있기 때문이다.

2. 미래 형성: 도시 지속가능성 및 기업 ESG 발전을 위한 정부 정책

도시 ESG는 도시 내 민간 기업의 환경, 사회, 거버넌스(ESG) 성과를 향상시키는 데 필수적이다. UN의 지속가능발전목표(SDGs)를 주요 글로벌 기준으로 삼아 다양한 프레임워크를 통해 정의되고 측정되는 도시 ESG는 기업 ESG 이니셔티브의 중추적인 기반 역할을 한다. SDGs와 ESG 사이에는 명확한 상호 연관성이 있다. 예를 들어, 탄소 배출 감소, 근무 조건 개선, 다양성과 포용성 육성 등 다양한 SDGs 목표 달성은 부지런한 ESG 이행을 통해 가능하다. 반대로 집중적인 ESG 투자는 SDGs 목표 실현을 크게 앞당길 수 있다.

도시 ESG가 기업 ESG 목표에 중추적인 이유를 자세히 살펴보면 몇 가지 주요 요소가 분명하다.

첫째, 도시 ESG 정책은 일반적으로 재생 가능 에너지원에 대한 투자, 효율적인 대중교통 시스템, 포괄적인 폐기물 관리 및 엄격한 녹색 건물 기준을 포함한 중요한 인프라 개발을 포함한다. 민간 기업이 지속 가능한 인프라를 활용하여 운영 비용, 에너지 사용 및 생태 발자국을 줄일 수 있는 기회가 있다. 또한 친환경 사업 관행에 대한 세금 인센티브 및 보조금을 통한 정부 지원은 기업이 배출 감소 및 자원 보존에 부합하는 조치를 채택하도록 동기를 부여한다.

둘째, 지속가능한 도시 환경은 접근 가능한 교육, 의료 및 문화 시설을 제공함으로써 항상 향상된 삶의 질을 제공한다. 그러한 도시에는 주민과 노동력을 매력적으로 만들고, 이러한 매력은 혁신과 경쟁력의 중요한 동인인 탁월한 인재를 유치하고 유지할 수 있기 때문에 지역 기업에 유리하다. 더욱이 지속가능성에 초점을 맞춘 도시에서는 대중과 이해관계자가 환경 및 사회 문제에 대해 높은 기대를 갖는 경우가 많다.

따라서 지역 기업은 이러한 기준을 충족해야 하며, 지역사회의 지속가능성 가치에 부합하지 못하는 기업은 평판이 손상되고 소비자 신뢰를 잃을 위험이 있다.

셋째, 지속가능한 도시는 일반적으로 기후 관련 사건이나 사회적 혼란과 같은 환경적, 사회적 격변에 더 탄력적이다. 이러한 도시의 지역 기업은 ESG 관련 위험을 더 잘 관리하고 그러한 도전에 대비한 환경에서 운영함으로써 회복력을 강화할 수 있다는 이점이 있다.

마지막으로, 지속가능한 도시 지역은 종종 혁신의 온상 역할을 하여 기업, 학술 기관, 정부 기관 간의 협력 관계를 조성한다. 현지 민간 기업이 최첨단 연구, 혁신적인 기술 및 협업 이니셔티브에 접근할 수 있는 풍부한 기회가 있으며, 이는 모두 ESG 관련 발전 및 모범 사례에 크게 기여할 수 있다.

따라서 개별 조직의 ESG 노력도 중요하지만, 그들이 활동하는 도시나 국가의 중요성이 점점 더 중요해지고 있다. 한국의 지속가능성 현황과 관련하여 지속가능발전솔루션네트워크(SDSN)는 각국의 SDG 이행 현황을 모니터링하고 매년 보고하고 있다. 2023년 기준으로 한국은 166개국 중 31위다. 이 순위는 국가의 지속가능성 노력에 대한 일반적인 통찰력을 제공하는 동시에 특히 성평등과 환경보존에서 개선이 필요한 영역을 강조한다. 또한 한국 내 다양한 부문과 지역에 걸쳐 지속가능성 수준과 성과에 뚜렷한 차이가 있다.

앞으로 지속가능성을 최우선으로 생각하는 도시는 비즈니스 운영과 주거 생활 모두를 위한 최적의 장소가 될 것이다. 도시 수준의 전략은 사람과 기업을 유치하기 위해 환경, 사회, 경제적 조건을 향상시키는 데 중점을 둘 것이다. 기업의 경우 ESG 목표를 실현하는 데 도시 지속가능성의 역할이 점점 더 중요해지고 있다.

3. 농촌 회복력 활성화: 기후변화 시대에 지속가능한 영농형 태양광

정부의 도시 환경, 사회 및 거버넌스 ESG정책은 특히 도시에서 점점 커지는 기후변화 영향에 대처하기 위한 혁신적인 전략에 점점 더 초점을 맞추고 있다. 이러한 노력의 시급성은 세계기상기구(World Meteorological Organization)에서 보고한 2023년 7월과 8월에 기록된 기록적인 지구 기온을 포함한 최근의 기후 추세로 인해 더욱 강조되고 있다. 2023년 8월이 2016년 3월에 설정된 해수면 온도 기록을 능가하는 등 1940년 이후 가장 높은 이 수치는 지구 온난화 추세가 계속되고 있다는 경고를 나타내고 있다. 부분적으로 엘니뇨에 기인한 이 현상은 미래의 전례 없는 기온 상승에 대한 우려를 불러일으키고 있다.

이러한 기온 상승의 영향은 광범위하고 복잡하며 도시 생태계와 공중 보건에 크게 영향을 미치고 있다. 전례 없는 폭염, 홍수, 가뭄 및 기타 기후 교란과 같은 극심한 기상 현상의 증가는 도시의 근무 조건, 건강 및 전반적인 웰빙에 직접적인 영향을 미치고 있다. 예를 들어, 질병관리청은 2023년에 온열질환이 급격히 증가했다고 보고했는데, 이는 지난 3년 평균의 두 배 이상 증가한 수치이다. 이러한 사례 대부분은 야외 근로자, 특히 건설 및 농업 분야에서 발생했으며, 노인 농민이 특히 취약했다. 이는 이러한 고위험군을 보호하기 위한 적응 조치와 정책의 긴급한 필요성을 강조하고 있다.

이러한 과제에 대응하여 도시 ESG 정책은 기후위기 적응 및 완화를 위한 지속가능한 솔루션으로, 영농형 태양광발전으로 전환하고 있다. 이 접근 방식에는 일반적으로 3~5m 높이의 농지 위 구조물에 태양광 패널을 전략적으로 설치하여 에너지 생성과 작물 재배를 동시에 수행하는 것이 포함되어 있다. 이 방법은 식물의 광포화점 이상의 과잉 일사량을 효과적으로 활용하여 농업 생산량과 재생에너지 생산을 모두 향상시키고 있다.

프랑스의 최근 입법 조치에서 볼 수 있듯이 국제적으로 이러한 계획은 추진력을 얻고 있다. 심화되는 폭염에 대응하여 프랑스 국회에서 영농형 태양에너지법을 통과시킨 것은 농업에서 기후 적응 전략을 우선시하는 경향이 커지고 있음을 반영하고 있다. 이러한 법률은 영농형 태양광 설비를 단순한 발전 장치가 아닌 작물 보호 시설로 분류하고 있다. 이점은 다양하다. 악천후로부터 작물을 보호하고, 수분 증발을 줄이며, 농부와 가축에게 더 시원한 환경을 제공하여 농업 회복력과 생산성을 모두 향상시키고 있다.

그러나 영농형 태양광발전을 널리 채택하는 데 장애물이 없는 것은 아니다. 기술에 대한 오해가 끊이지 않고, 지주와 소작인의 이해관계가 충돌하는 경우도 있다. 하지만 농촌 소득이 도시 소득에 미치지 못하고 기후변화로 인해 농작물 피해가 악화되는 지역에서는 영농형 태양광발전이 유망한 대안을 제공하고 있다. 이는 노령 농민에게 추가 소득원과 연금 혜택을 제공하여 잠재적으로 농촌 경제를 활성화시키고 있다. 더욱이, 농업과 에너지 생산 모두에서 이중 소득을 얻을 수 있다는 전망은 젊은 세대를 다시 농촌 농업으로 끌어들일 수 있다.

영농형 태양광발전의 효과적인 시행을 위해서는 대중 인식 캠페인과 입법 개혁을 포괄하는 전체적인 접근 방식이 중요하다. 농지법에 따른 토지 이용 제한, 농업 진흥 구역 태양광 설치 제한 등 현재의 규제 체계는 기술의 잠재력을 제한하고 있다. 따라서 도시 ESG 정책은 국가의 에너지 전환을 주도하는 데 있어 농촌 지역사회와 농민에게 권한을 부여하기 위해 이러한 규정의 개정을 옹호하고 있다. 이러한 정책은 작물 재배와 지속가능한 에너지 생산을 통합함으로써 기후를 예측할 수 없는 시대에 도시 및 농촌 개발을 위한 탄력적이고 지속가능한 모델을 구축하는 것을 목표로 하고 있다.

4. 녹색미래: 정부 탄소중립 및 ESG 기업 지원

[그림 2] 환경산업 육성 지원사업 통합 안내

① 에코스타트업 지원
② 청년그린창업스프링캠프
③ 환경창업대전
④ 중소환경기업 사업화 지원
⑤ 창업벤처 녹색융합클러스터 입주 및 지원
⑥ 우수환경산업체 지정·지원
⑦ 환경일자리 으뜸기업 선정·지원
⑧ 환경업종 사업다각화녹색전환 컨설팅 지원
⑨ 환경정책자금 융자 지원
⑩ 환경신기술 현장조사 시험분석비용 및 검증수수료 지원
⑪ 녹색인증 지원
⑫ 환경분야 혁신제품 지정
⑬ 순환경제 규제샌드박스
⑭ 환경산업 해외진출 지원
⑮ 환경기술 해외 현지실증 지원
⑯ 해외사무소 운영
⑰ 환경기업 해외진출 전문컨설팅 지원
⑱ 해외 바이어 초청 상담회
⑲ 탄소중립·그린 ODA 공적개발원조 사업
⑳ 개도국 환경개선 마스터플랜 수립 지원
㉑ 해외 환경 프로젝트 타당성 조사 지원
㉒ 다자개발은행(MDB) 환경 프로젝트 수주 지원
㉓ 환경기업 글로벌 공급망 진출 지원
㉔ 녹색기후기금(GCF)사업개발 및 개도국 지원사업 발굴

출처: 환경부, 2024.

1) 배출권거래제 기업, 탄소중립설비 지원

환경부는 배출권거래제에 참여하는 할당 기업에게 탄소중립설비를 위한 1,202억 원의 지원이 있다. 이 지원은 3년간 연평균 온실가스 배출량이 12만 5,000톤 이상인 업체 또는 2만 5,000톤 이상인 사업장을 대상으로 한다. 환경부는 이들 업체의 감축을 지원하기 위해 '탄소중립설비 지원사업'이다.

지원 대상은 재생에너지 설치(탄소 무배출)와 폐열회수이용·탄소 포집 등 온실가스를 줄일 수 있는 공정 설비를 개선하는 곳이다. 전력 및

연료 사용설비를 고효율 장비로 교체 또는 설치할 경우도 지원된다. 공정 및 전력·연료에 포함되지 않지만 온실가스 감축 효과가 인정된 설비 설치도 지원한다.

지원 한도는 사업장별로는 최대 2년간 60억 원이다. 업체별로는 최대 100억 원까지다. 산업단지 열공급업체 등 집단에너지 사업자의 연료전환 사업은 최대 3년간 300억 원을 지원한다는 계획이다. 단, 중소기업은 사업비의 70%, 중견기업은 50% 나아가 대기업(유상할당 업종 한정)은 30%로 국고 보조율이 차등화된다.

환경부는 중소기업기본법에 따라 중소·중견기업을 우선 지원한다는 방침이다. 중소·중견기업을 대상으로 공모를 진행하고 대기업도 참여할 수 있다.

유럽연합(EU)의 탄소국경조정제도(CBAM) 등 최근 국내외에서 탄소중립 규제가 활발해지고 있다며 우리 기업들이 온실가스를 감축하고 탄소중립 경쟁력을 높일 수 있도록 적극 지원하고 있다.

2) 순환경제사회 전환 촉진을 위한 정책 안착

환경부는 2024년부터 '순환경제 규제특례(샌드박스)' 제도를 시행한다. 이 제도는 폐기물 저감, 재활용·재사용 등 버려진 자원의 순환을 촉진하고자 하는 것이다. 규제특례란 새로운 기술과 서비스가 규제에 가로막히는 일이 없도록 기술 실증사업과 임시 시장 출시를 지원하는 것을 뜻한다. 현재 5개 부처, 7개 분야에서 시행 중이며, 이번에 순환경제 분야가 새로 추가되었다.

순환경제 규제특례 제도는 제품의 지속가능성을 높이고 버려진 자원의 순환망을 구축하는 사업이 대상이다. 자원순환 관련 아이디어가 있으나 유해성 검증 등 여러 절차로 인해 적시에 시장에 출시하기 어려울 때 규제특례를 통해 규제를 면제 또는 유예받을 수 있다.

제지산업 폐기물 소각시설에서 발생하는 날림재를 이용해 백판지를 제조하거나, 반도체 웨이퍼를 세척할 때 발생하는 폐수처리 오니(슬러지)를 제철소 부원료로 활용하는 경우가 대표적인 예이다. 또한 최대 4년(기본 2년·1회 연장)까지 실증사업 또는 임시허가를 지원한다. 중견·중소기업을 대상으로 최대 1억 4,000만 원의 실증사업비와 책임보험료도 제공한다.

이번 제도는 2022년 개정된 '순환경제사회 전환 촉진법(순환경제사회법)'이 시행됨에 따라 도입되었다. 유해성이 낮거나 경제성이 높은 폐기물을 순환자원으로 지정해 폐기물 규제를 면제해 주는 '순환자원 지정·고시제도'와 함께 시행된다. 이들 제도를 바탕으로 신청된 사업을 실증하고 그 결과, 안전성 및 필요성이 입증되면 관련 법령도 정비한다는 것이다.

규제특례 제도 등 순환경제사회 전환 촉진을 위한 정책과 제도가 현장에서 안착될 수 있도록 기반을 다지는 사업이다. 이를 통해 정부는 순환경제 활성화를 위해 노력하고 있다. 이는 ESG 정책사업의 일환으로, 환경, 사회, 지배구조를 고려한, 지속가능한 경제 성장을 추구하는 것이다.

3) 재제조, 재사용 가능한 '사용후 배터리', 폐기물 아닌 제품

정부는 이차전지 산업에 대한 지원을 확대하고 있다. 이를 위해, 38조 원 이상의 정책금융을 투입할 계획이며, 사용후 배터리를 재제조·재사용 가능한 제품으로 인식하는 방향으로 정책을 수정하고 있다. 이러한 변화는 미국의 인플레이션감축법(IRA)과 유럽연합(EU)의 핵심원자재법(CRMA) 등 주요국의 이차전지 공급망 확보 경쟁이 치열해진 상황에서 한국의 이차전지 산업의 글로벌 경쟁력을 유지하기 위한 대책으로 볼 수 있다.

사용후 배터리는 폐배터리를 지칭하는 용어로, 전기자동차 등에서 나온 배터리가 재사용이 가능하다는 점을 근거로 업계에서는 '폐배터리' 대신 '사용후 배터리'라는 용어 사용을 권장하고 있다는 것이다. 시장조사기관 SNE 리서치에 따르면, 사용후 배터리 규모는 2030년 세계에서 1,300만 개, 한국에서는 42만 개로 추정되며, 국내 사용후 배터리를 모두 재활용할 경우 전기차 17만 대 분량의 핵심광물을 확보할 수 있다고 한다.

 그러나 주요국과 달리 우리나라 정부는 사용후 배터리를 단순히 폐기물로만 보고 관리하고 있어, 사용후 배터리를 재제조나 재사용 등에 활용하려고 해도 폐기물관리법상 어려움이 있었다는 것이다. 이에 따라, 정부는 사용후 배터리 재제조·재사용·재활용 산업생태계를 체계적으로 육성하기 위한 법안을 2024년까지 마련할 계획이며, 이를 위해 자동차관리법을 개정하여 전기차 폐기 단계에서 '배터리 탈거 전 성능평가'를 시행할 예정이다는 것이다. 이는 배터리 교체 이전에 성능평가를 하여, 재제조·재사용 기준을 충족한 사용후 배터리는 탈거 시부터 폐기물이 아닌 제품으로 인정될 것이라는 의미이다. 성능평가를 통과한 사용후 배터리는 전기차(재제조)나 에너지저장장치(재사용) 등에 활용될 예정이다.

 이와 같은 사용후배터리 재제조·재사용 제품의 유통·활용을 촉진하기 위해 3단계 안전점검 체계도 도입될 예정이다. ① 사용후 배터리 성능평가 ② 유통 전 안전검사 ③ 사후검사 순이다.

 유럽연합은 오는 2026년부터 역내 판매되는 모든 배터리에 전자적 형태의 배터리 여권을 도입할 계획이다. 생산과 재활용 폐기 등 배터리 전생애주기 정보를 QR코드로 공유할 수 있도록 하는 것을 골자로 한다는 것이다.

2027년까지 '배터리 여권' 도입을 계획하고 있으며, 사용후 배터리 재활용 업체 산업단지 입주도 계획하고 있다. 정부는 배터리 핵심광물 공급망 강화를 위해 2027년까지 '배터리 전주기 이력관리 시스템'을 구축할 계획이다. 배터리 이용 주체나 성능평가자 등의 각 이용 단계별 정보입력 의무도 법제화할 계획이다.

　또 재활용 업체의 사용후 배터리 보관·처리 가능 기간을 현행 30일에서 180일로 확대할 것이라고 덧붙였다. 사용후 배터리 재활용 업체의 산업단지 입주 가능 범위도 확대될 예정이다. 이를 통해 배터리 제조업체와의 시너지 효과를 모색할 계획이다. 니켈·코발트·망간을 생산하는 원료 재생업을 제조업으로 분류해, 산업단지 공장시설구역 내 입주를 허용하는 방식이다. 당장 내년 상반기 배터리 제조원료 생산기업이 밀집한 경북 포항시 영일만 1·4 지방산업단지에 배터리 재활용업체 입주가 추진될 예정이다.

　경북 포항은 국내 최대 이차전지 양극재 생산·자원순환 거점으로 거듭날 계획이다. 이날 정부가 발표한 '이차전지 전주기 산업경쟁력 강화 방안'에 의하면, 정부는 포항을 국내 최대 이차전지 양극재 생산거점으로 육성하기로 했다. 내년에 포항 내 국가첨단전략산업 특화단지에 1,027억 원이 투입될 예정이다. 민간에서는 2027년까지 12조 1,000억 원을 투자할 계획이다. 아울러 사용후 배터리 재활용 업체 및 창업·교육지원시설 등이 집적한 489억 원 규모의 '포항 자원순환 클러스터'를 오는 2025년까지 조성할 계획이다.

핵심광물 정·제련 필수 기술은 신성장·원천기술로 검토하고 세제 지원을 강화할 계획이다. 반도체 등에 적용 중인 '특허 우선심사 제도'가 이차전지 산업에도 적용될 예정이다. 제도 도입과 전문 심사인력 확대를 통해 이차전지 특허 심사 기간을 21개월에서 10개월로 절반 이상 단축할 계획이다. 이는 내년 1월부터 시행될 예정이다. 친환경자동차법 시행령상 전기자동차 정의에 전기이륜차도 포함된다. 전기이륜차 배터리 교환서비스 사업자에게 전기사업법상 전기판매사업 허가를 판매하고 이차전지 구독서비스 등 신시장 창출도 가능하다.

5. 정부 기후테크 산업 육성: ESG 혁신 및 일자리 창출

2023년 6월 22일에 발표된 '정부 ESG 정책'은 2030년까지 145조 원을 투자하여 일자리 10만 개를 창출하는 것을 목표로 하고 있다. 이는 2050 탄소중립녹색성장위원회의 일환으로, 2030년까지 10개의 ESG 유니콘 기업과 10만 개의 새로운 일자리를 창출하여 ESG를 탄소중립 시대의 성장동력으로 육성하겠다는 계획이다.

22일에 서울 종로구 정부서울청사에서 열린 대통령 직속 2050 탄소중립녹색성장위원회(탄녹위) 제4차 전체회의에 참석한 한덕수 국무총리는 이날 회의를 주재하며 "온실가스 감축목표(NDC) 달성을 위해서

혁신적인 기술이 뒷받침돼야 한다"고 강조하였다. 그는 또한 "ESG는 불확실성이 높은 신산업 분야인 만큼 정부는 기업과 항시 소통하면서 연구개발(R&D)과 투자, 국내외 시장개척 지원, 규제혁신과 제도 정비, 전문인력 양성 등을 추진해 나가겠다"고 밝혔다.

이날 회의에서는 '정부 ESG 정책'이 심의·의결되었다. 이 전략에는 ESG 유니콘 기업 10개를 목표로 하는 "2030년까지 145조 투자" 계획이 포함되어 있다. 이는 지난 3월에 한 총리가 'ESG 벤처·스타트업 간담회'를 개최하고 국내 ESG 기업이 현장에서 느끼는 애로사항을 청취한 후, 환경부·중소벤처기업부·산업통상자원부 등 주요 관계부처에 ESG 육성 전략을 마련해 보고할 것을 주문한 결과이다.

ESG 산업은 온실가스 감축 및 기후적응 기술을 활용하는 연관 산업을 총칭하는 말이다. 탄녹위는 ESG 산업을 크게 클린(에너지), 카본(탄소포집 등), 에코(자원순환), 푸드(농식품), 지오(관측 및 기후적응)테크 등 5개로 구분하였다.

정부는 ESG 산업 육성을 위해 R&D 투자를 확대하겠다는 계획이다. 이를 통해 2030년까지 ESG 유니콘 기업 10개 육성, 신규 일자리 10만 개 창출을 목표로 하고 있다. 구체적으로 정부는 2030년까지 ESG 산업에 민·관 합동으로 약 145조 원을 투자할 계획이다. 먼저 산업기술혁신펀드 내 전문펀드와 초격차펀드가 신설될 예정이다. 산업기술혁신펀드는 첨단 제조업과 유망 신기술 분야를 중심으로 기업의 확장과 해외 진출 지원에 중점적으로 투자될 것이다.

아울러 기업형 벤처캐피털(CVC)과 임팩트 투자 등 기업 ESG(환경·사회·지배구조) 활동과 연계한 2,000억 원 규모의 민간 투자를 활성화할 계획이다. 기업 규모 확대를 위한 융자보증 등 ESG 금융도 2030년까지 8조 원 규모로 확대될 예정이다. ESG 산업 인증 및 '한국형 녹색분류체계(K-택소노미)' 연계 인증을 통해 약 135조 원 규모의 민간 5대 금융그룹의 투자도 유치할 수 있도록 지원할 것이다.

유망 ESG가 산업 현장에서 활용될 수 있도록 기술개발부터 실증 그리고 사업화 과정까지 연계한 1조 원 규모의 기후문제 해결형 R&D도 신설될 예정이다. 혁신조달 연계와 규제혁신 등을 통해 ESG 산업의 초기수요를 견인하고, 조속한 사업화도 추진한다.

이를 토대로 해외시장 진출을 적극 지원해 수출규모 100조 원 달성을 추진하겠다는 것이 정부의 설명이다. 정부는 조달연계 지원사업 등 공공시장을 통해 초기수요를 견인한다.

에너지 융복합단지, 연구개발특구, 녹색융합클러스터(산업단지) 등 지역 특구와 산단 협력 체계를 구축해 실증특례와 컨설팅 등 사업화도 지원할 예정이다. 탄녹위와 규제 관계부처는 'ESG산업규제혁신 위원회'를 운영해 덩어리 규제도 개선할 예정이다.

ESG 산업 성장을 위한 기반도 강화될 예정이다. 구체적으로 정부는 민간 주도의 자발적 탄소시장(VCM) 활성화를 위해 인증표준과 지침을 고도화할 것이라 밝혔다. 또 온실가스 감축 사업계획에 대한 타당성 평가 및 감축실적 검증을 위한 컨설팅도 지원할 계획이다.

ESG 전문인력 양성을 위한 다양한 조치가 진행 중이며, 정부는 국내 대학들과 협력하여 ESG 센터를 설치하고, 이를 통해 ESG 교육 및 컨설팅을 지원한다는 계획이다. 또한, 혁신연구센터를 고도화하고 수출 특성화 프로그램을 신설하여, 수출시장 경험을 갖춘 융합형 ESG 전문인력을 양성하는 방안을 모색하고 있다.

ESG 취약계층에 대한 실태조사를 진행하며 국가 ESG 적응 강화대책을 강화하는 것이 주요 과제로 제시되었다. 이에 따라 '제3차 국가 ESG 적응 강화대책'이 심의 및 의결되었으며, '제1차 탄소중립·녹색성장 기본계획'의 체계적 이행을 점검하기 위한 2023년 이행점검 계획'이 발표되었다.

국가 ESG 적응 강화대책의 주요 과제로는 ESG 감시 및 예측 시스템의 과학화, 대국민 적응정보의 접근성 제고, 미래 ESG 위험을 반영한 사회 인프라 개선, ESG 재난 사전 예·경보 강화 및 취약계층에 대한 피해 최소화, 모든 주체가 함께하는 ESG 적응 추진 등이 포함되어 있다.

미래의 인구 및 에너지 사용 추이를 고려하여 ESG 변화 시나리오를 개선하고, 이를 바탕으로 읍·면·동 단위의 ESG 변화 상황지도를 제공한다는 계획이다. 이를 통해 각 지방자치단체의 ESG 적응 수립 역량을 높이는 방안을 모색하고 있다.

ESG 재난에 대한 조기경보도 강화되고 있다. 인공지능(AI) 홍수예보 시스템을 도입하여 홍수 예·경보 시간을 현행 3시간 전에서 6시간 전으로 앞당기는 등의 조치가 이루어지고 있다. 또한, 가뭄과 산불에 대한 장기 전망도 발표될 예정이다.

ESG 취약계층에 대한 실태조사도 진행 중이다. 정부는 "ESG 취약계층 실태조사를 최초로 실시하며, 재해취약주택 정비 및 거주자 이주지원, 취약계층 에너지비용 경감 등을 적극 추진할 것"이라고 밝혔다. 또한, 노후 산업단지를 대상으로 ESG 위험 평가 시범사업도 진행 중이다.

환경부는 2024년에 야외 근로자와 농촌 노인을 비롯한 ESG 취약계층에 대한 실태조사를 실시하고, 이를 바탕으로 취약계층 보호대책지침을 마련할 계획이다.

마지막으로, 올해 기본계획 이행점검은 온실가스 감축목표(NDC) 달성을 위한 이행실적과 탄소중립기본계획에 제시된 전체 단위과제(82개)의 연간 추진실적을 점검한다는 계획이다.

정부, 기업, 개인 모두가 지구를 보호하고, 인류의 생존을 위해 노력하며, 지속가능한 번영을 추구하는 것이 ESG의 핵심임을 명심하라. 이를 위해 우리 모두는 탄소중립을 적극적으로 실천해야 한다.

【 참 고 문 헌 】

- 〈국가 탄소중립 녹색성장 전략 및 제1차 국가 기본계획〉, 관계부처 합동, 2023.4.
- 환경부 보도자료, 〈온실가스 배출권거래제 기업 대상으로 1,202억 원 규모 탄소중립설비 지원〉, 2024.1.7.
- 환경부 보도자료, 〈순환경제 규제특례(샌드박스) 제도 시행〉, 2024.1.1.
- 〈온실가스 국제감축 컨퍼런스〉, 2050 탄소중립녹색성장위원회, 글로벌녹색성장기구(GGGI), 2023.11.10.
- ESG 행복경제연구소 2023.10.10. 2023.12.27. 2023.12.14.
- 〈탄소중립녹색성장위원회 국가 탄소중립 녹색성장 계획〉, 관계부처 합동, 2023.4.
- 〈기후테크의 의의 및 육성 전략〉, 이병윤 한국금융연구원 선임연구위원, 2023.9.2.

【 저 자 소 개 】

김현희 KIM HYUN HEE

학력
- 광운대 소프트웨어공학 석사, 이학사
- 서울대학교 환경대학원 시민대학 수료
- 평생 공부하고 있는 열정 학생(MKYU 시조새, 굿쨰)

경력
- 현) 씨에프씨 경영컨설팅 전문기업 CEO
- 현) 한국구매조달학회 사무국장
- 현) 지구를 지켜라 범국민실천운동본부 연구이사
- 현) ESG 실천 인플루언서
- 현) 미래비젼개발원 미래비젼강사
- 현) 한국기술개발협회 전문위원
- 현) 정보시스템 감리 전문위원
- 현) 소상공인 상생협력 물물교환 플랫폼 본부장
- 현) 창업진흥원 심사위원
- 현) 공공기관 면접위원, R&D과제 평가위원

- 현) 정부 및 공공기관 IT용역 제안서 평가위원
- 전) 기업정책정보신문 기자
- 전) 한국지식재산보호원 근무
- 전) 서울특별시 출연기관 근무
- 전) 관정이종환교육재단 근무 1조7천억원 아시아 최대 장학재단
- 전) 정보통신부 산하기관 근무
- 전) 상장기업 전산실 근무

자격
- 국제공인 정보시스템 보안 전문가(CISSP)
- 국제공인 정보시스템 감사자(CISA)
- 국제공인 IT서비스관리 전문가 (ITIL)
- 국제공인 프로젝트관리 전문가(PMP)
- 기업 R&D지도사(한국기술개발협회)
- 직업능력개발훈련교사(고용노동부)
- NCS 등록 강사(HRD-net)
- 환경부 ESG글로벌공시대응 전문교육 수료
- 중소기업혁신바우처 컨설턴트(중소벤처기업부)
- 광명자치대학 기후에너지학과 수료
- ESG 보고서 검증원(한국사회공헌연구원)
- ESG 전문가(PSR공공가치연구원)
- 지속가능경영보고서 검증전문가(AA1000&한컨설팅)
- ESG 진단평가사(한국사회공헌연구원)
- ESG 인플루언서 1급(엠케이유니버스&연세대학교)
- 서초구 탄소중립지원센터 ESG전문가
- 탄소중립 기후위기 지도사
- 녹색환경 기후변화 지도사
- ISO 14001(환경경영시스템) 심사원

- ISO 37125(ESG경영시스템) 심사원
- ISO 45001(안전보건시스템) 심사원
- ISO 9001(품질경영시스템) 심사원
- 체인지메이커(서울평생교육진흥원)
- 스마트워크 SNS마케팅 전문가(K-메타버스)
- AI 리더십, Awake Business forum 수료(MKYU)
- ESG 실천커뮤니티 포럼 구성 운영
- 경기도, 서울시, 지방자치 관련 ESG 강의
- 한국에너지공단 ESG 이너셔티브 강의
- 정부 기업지원사업 분석 전문가
- 기업 ESG 컨설팅 다수 수행
- 고용 일자리 정책 개발 및 평가
- 공공기관 CSR 분야 컨설팅

수상
- 서울특별시장 희망구매 실천 최우수상
- 서울특별시장 창의제안 수상
- 서울특별시장 고객만족 최우수상
- ESG 실천커뮤니티 포럼 감사장 수여
- 과학기술정보통신부 SW산업발전 감사장

저서
- 《AI시대 ESG 경영전략》, 2023.

기타
- 인스타그램: rootkim7

제7장

철강산업의 지속가능경영 사례

박희영

1. 들어가며

1) 철강산업 현황

철강산업은 대표적인 금속소재인 철(Iron)과 강(Steel)을 제조하는 산업이다. 철강은 본래의 특성을 유지하면서도 무한히 재활용이 가능한 금속으로 종이나 플라스틱에 비해 재활용 비중이 월등히 높다. 철강산업은 철광석, 철스크랩 등을 녹여 쇳물을 만들고 제강 및 압연과정을 거쳐 철강제품(열연·냉연강판, 후판, 철근 등)을 생산하며, 자동차, 건설, 조선 등 국내 주요 산업에 소재를 공급하고 있다. 한국 철강산업의 위상을 보면 2022년 말 기준 조강 생산량 6,600만 톤으로 세계 6위 철강 생산국이고, 철강제품 수출량 2,600만 톤으로 세계 3위이다. 1인당 철강 소비량은 988kg으로 세계 1위이고, 부가가치 26조 원과 수출 384억 달러, 고용 15만7천 명을 창출하는 산업이다.

철강산업은 전 세계적으로 많은 탄소를 배출하는 산업으로 알려져 있다. 이에 따라 각 국가는 철강산업에 대한 ESG(환경, 사회, 지배구조) 규제를 강화하고 있고 IEA(International Energy Agency)에 따르면, 글로벌 철강산업은 연간 26억 톤의 탄소를 배출하며, 이는 산업 전체 배출량의 7%를 차지하는 수준이다. 제조업 기반인 한국의 경우 2019년 철강산업에서 배출한 온실가스는 1.2억 톤으로 산업 전체 배출량의 19.2%를 차지하고 있다. 발전에너지(37.3%) 다음으로 가장 많은 수치이다. 이는 온실가스 배출계수가 높은 석탄류의 사용이 많기 때문이다.

세계 주요국의 철강산업 현황과 탄소중립 관련 정책 및 규제를 살펴보면 아래 표와 같다.

[표 1] 세계 주요국 철강산업 현황과 탄소중립 규제

구분	중국	EU	미국	한국
탄소중립 목표연도 (NDC, 2030년 기준)	2060년 ('05년 GDP 대비 65%)	2050년 ('90년 GDP 대비 55%)	2050년 ('05년 GDP 대비 50~52%)	2050년 ('18년 GDP 대비 35%)
CO_2 배출량 (철강산업 배출량)	9,571백만톤 (전체 15% 내외)	3,151백만톤 (전체 5% 내외)	4,921백만톤 (43백만톤, 2018년)	606백만톤 (121백만톤, 2019년)
조강 생산량 (2020년)	1,065백만톤	139백만톤	73백만톤	67백만톤
고로/전기로 비중 (2020년)	90.8% / 9.2%	57.6% / 42.4%	29.4% / 70.6%	68.9% / 31.1%
관련 정책 및 규제	·신인프라 건설 (34조 위안) ·철강 감산 ·부분 배출권 거래제	·EU그린딜 (1조 유로) ·배출권 거래제 ·탄소국경조정제도	·인프라 투자 (4.5조 달러) ·부분 배출권 거래제 ·탄소국경세 도입검토	·그린뉴딜 2.0 (61조 원) ·배출권 거래제

출처: 한국신용평가, 강화되는 탄소중립 정책에 대한 철강업계의 대응력 점검 2021.10.

2) 철강산업과 탄소중립

철강산업은 흔히 '산업의 쌀'이라고 불리는데, 이는 철강이 자동차,

건설, 조선, 기계 등 주요 산업의 소재로 사용되고 있기 때문이다.

　철강 생산방식은 '고로 공정'과 '전기로 공정'으로 나누어진다. 고로 공정은 철광석과 유연탄을 용광로에 투입하는 방식이며, 전기로 공정은 철스크랩을 전기로에서 녹이는 방식이다. 우리나라는 고로의 비중이 68%이며 전기로 비중이 32% 수준이다. 고로 방식은 제조 공정상 유연탄을 환원제로 사용하고 있어 온실가스 배출이 전기로 방식에 비해 상대적으로 많다는 특징이 있다. 이러한 철강 제조 공정 특성상 철강업종의 온실가스 배출량은 조강 생산량에 비례하게 되며, 환원제로 유연탄이 필수적으로 사용되는 공정으로 인해 온실가스 감축이 어려운 대표적인 산업이다.

　이에 대응하기 위해 한국은 2021년 8월 31일 탄소중립, 녹색성장기본법이 국회에서 통과되었고, 포스코, 현대제철, 동국제강, KG동부제철, 세아제강, 심팩 등 6개 철강사와 산업통상자원부 및 학계 전문가들이 함께하는 '그린철강위원회'를 구성하였다. 이 위원회는 철강산업의 2050년 탄소중립을 목표로 다양한 논의를 이어가고 있다.

　따라서 본 장에서는 2050 탄소중립의 핵심 업종인 철강산업에서 국내 대표 3개 철강사인 포스코홀딩스, 세아제강, 동국제강(동국홀딩스)의 ESG 평가등급을 비교하고 철강 3사의 지속가능경영보고서를 토대로 탄소중립과 관련된 환경부문을 중심으로 철강 3사의 효과적인 탄소중립 전략과 대응과제를 살펴보도록 한다.

2. 철강 3사 ESG 평가등급

1) 철강 3사 ESG 평가등급 비교

국내외 대표 ESG 평가기관의 철강 3사 평가등급은 아래 표와 같다. KCGS 등급은 포스코의 경우 종합등급이 2023년 기준 A+로 상향되었고, S&P 등급은 다른 두 기업에 비해 월등히 높은 것을 볼 수 있다. 다만, 한국ESG연구소의 평가등급은 B+로 국내 평가기관 두 곳의 평가가 다소 차이가 난다. 세아제강과 동국제강(동국홀딩스)의 경우 전 년에 비해 한 단계 상향되었고, 동국제강의 경우 한국ESG연구소 평가등급이 A로 포스코와 비교할 때 더 높은 걸 볼 수 있다. 이러한 차이는 글로벌 기관뿐만 아니라 국내 ESG 평가기관에서도 차이가 나타나는데 평가항목과 평가기준의 표준화가 필요하다고 본다.

[표 2] 국내외 대표 ESG 평가기관의 철강 3사 평가등급(2023년 기준)

회사명	KCGS				S&P	한국ESG 연구소
	종합등급	환경	사회	지배구조		
포스코	A+	A	A+	A+	63	B+
세아제강	A	B+	A	A	21	-
동국제강	A	A	A	B+	19	A

한국ESG기준원의 철강 3사의 연도별 ESG 등급을 살펴보면 국내 대표 철강 3사의 ESG 등급이 매년 발전하고 있는 것을 볼 수 있다.

[표 3] 철강 3사 연도별 ESG 등급비교(한국ESG기준원)

년도	회사	종합등급	환경	사회	지배구조
2023	포스코	A+	A	A+	A+
	세아제강	A	B+	A	A
	동국제강	A	A	A	B+
2022	포스코	A	A	A	A+
	세아제강	B+	B	B+	B+
	동국제강	B	B+	B	B
2021	포스코	A	A	B+	A+
	세아제강	B+	B+	B+	B+
	동국제강	B+	B+	B	B+
2020	포스코	A	A	B	A+
	세아제강	B	B	B+	B
	동국제강	B+	B+	B+	B

평가기관	등급 체계
KCGS	S,A+,A,B+,B,C,D
한국ESG연구소	S,A+,A,B+,B,C,D
S&P	100~0

2) K-ESG 가이드라인 적용여부

철강 3사의 지속가능경영보고서에 K-ESG 가이드라인 항목별 이슈가 포함되어 있는지를 분석해 보았다.

[표4]를 보면, 포스코의 경우 대부분 K-ESG 가이드라인의 항목이 포함되어 있음을 볼 수 있으나, 세아제강과 동국제강의 경우 철강산업

공정의 특성상 하공정과 고로 생산이 아닌 전기로 생산 등으로 해당 사항이 없는 부분이 있어 지속가능경영보고서에 보고가 생략되는 항목이 있음을 볼 수 있다.

[표 4] K-ESG 가이드라인 포함 여부

구분	항목	ESG 이슈	3사 보고서 유/무		
			포스코	세아	동국
K-ESG 가이드라인 (환경)	환경경영 목표	환경경영 목표 수립	O	O	O
		환경경영 추진 체계	O	O	O
	원부자재	원부자재 사용량	O	O	O
		재생 원부자재 비율	O	X	O
	온실가스	온실가스 배출량(1&2)	O	O	O
		온실가스 배출량(3)	O	X	X
		온실가스 배출량 검증	O	X	O
	에너지	에너지 사용량	O	O	O
		재생에너지 사용 비율	O	X	X
	용수	용수 사용량	O	O	O
		재사용 용수 비율	O	X	O
	폐기물	폐기물 배출량	O	O	O
		폐기물 재활용 비율	O	O	O
	오염물질	대기오염물질 배출량	O	O	O
		수질오염물질 배출량	O	O	O
	환경법/규제위반	환경법/규제 위반	O	O	O
	환경라벨링	친환경인증제품 및 서비스 비율	O	O	O

3. 철강 3사 지속가능경영보고서 분석

1) 철강 3사 지속가능경영보고서 개요

[표 5] 철강 3사 지속가능경영보고서 개요

보고서	포스코	세아제강	동국제강
보고서 제목	BUILDING A BETTER FUTURE TOGETHER 2022 포스코 기업시민보고서	SeAH Steel Sustainability Report 2022 세상을 아름답게	2023 동국홀딩스 지속가능경영보고서 STEEL for GREEN
목차 구성	1. OUR BUSINESS 2. CORPORATE CITIZENSHIP 3. ESG PERFORMANCE 　ENVIRONMENTAL 　SOCIAL 　GOVENANCE 4. ESG FACTBOOK	OVERVIEW ESG FOCUS ENVIRONMENTAL SOCIAL GOVERNANCE APPENDIX	Overview Steel for Green ESG Performance Appendix
이해 관계자	투자자, 고객사, 협력사/공급사, 지역사회, 임직원	고객, 임직원, 경쟁사/협력사, 정부/지역사회, 주주/투자자	고객, 협력사, 주주/투자자, 지역사회, 임직원
중대성 평가 단계	STEP 1 이슈식별 STEP 2 이중중요성분석 STEP 3 중요이슈도출 및 보고	STEP 1 이슈식별 STEP 2 이중중대성분석 STEP 3 이슈선정 및 보고	이슈풀구성 사회.환경적 영향도분석 재무적 영향도분석 중대이슈 선정
ESG 이슈	기후변화대응 사업장안전 리스크관리 대기환경개선 에너지효율 제고 윤리경영준수 환경리스크관리 유해화학물질 관리 상생의 노사문화	오염물질관리 기후변화대응 제품안전·품질확보 노사상생 및 협력 사업장안전·보건환경조성 공정거래추구 수자원관리 폐기물관리	사업장 안전보건강화 온실가스배출관리 및 저감 친환경에너지사용 및 절감 경제적성과창출 폐기물관리 윤리경영강화 및 공정거래 확립 대기오염물질배출관리 및

	인권보호 강화 공급망 ESG 관리 이해관계자소통 협력사 동반성장 지역사회참여	반부패 윤리경영강화 에너지관리 동반성장추구 개인정보보호	저감 친환경제품 및 서비스개발 기후변화대응체계구축 공급망ESG역량강화
보고서 작성 원칙	GRI Standards SASB산업표준 IRFS TCFD	GRI Standards SASB산업표준 TCFD	GRI Standards K-IRFS
제3자 검증	삼일회계법인 ISAE3000	위드회계법인 ISAE3000	한국경영인증원 AA100AS, SRV1000

철강 3사의 지속가능경영보고서의 대략적인 개요를 정리해 보면 보고서의 제목과 목차구성으로 보고서의 주제와 전체적인 틀을 확인할 수 있으며, 각 회사의 이해관계자는 누구이며, ESG 핵심이슈를 도출하기 위해 수립하는 이중중대성 평가단계 및 도출된 ESG 이슈, 보고서를 작성하기 위해 적용된 원칙과 지속가능경영보고서의 제3자 검증인의 검증의견서가 포함되는 것을 볼 수 있다.

2) 철강 3사 ESG 환경부문 경영 사례

■ 포스코

포스코는 기업시민보고서를 통해 GREEN 프레임워크와 연계하여 4가지의 중점영역으로 환경(Environmental) 부문 이슈를 제시하였다. 중점영역으로는 기후변화에 따른 사업영향도 분석, 탄소중립 달성, 친환경소재 판매 그리고 환경영향 최소화이며 이를 통해 인류와 자연이 공생할 수 있는 미래를 만들어 가고 있다.

(1) 기후변화에 따른 사업 영향도 분석

기후변화 대응은 이중 중요성 평가에서 포스코의 가장 중요한 이슈로 선정되었다. 포스코는 기후변화가 성장 경로에 미칠 영향을 식별하고 평가하기 위해 다양한 기후 시나리오를 활용하여 리스크와 기회 요인을 분석하고 있다.

또한, 국제에너지기구(IEA)의 Net Zero Emissions by 2050(NZE) 시나리오와 기후변화에 관한 정부 간 협의체(IPCC) 5차 보고서에 담긴 대표농도경로(RCP, Representative Concentration Pathways) 시나리오를 활용하여 기후변화와 관련된 리스크와 기회 요인을 도출하여 재무적 영향과 대응현황을 파악하여 대응하고 있다.

(2) 탄소중립 달성

포스코는 2020년 12월 2050 탄소중립 달성 목표를 선언하였으며, 이를 구체화하고 실행력을 높이기 위해 기술개발·원료·수소·에너지 등 중장기 전략이 종합적으로 포함된 '2050 탄소중립 로드맵'을 수립하였다.

중단기적으로 수소환원제철 상용화 기술개발 전까지 전기로를 도입하고 현재 가동 중인 설비를 활용하여 저탄소 원료 사용, 저 HMR 조업 등 저탄소 브리지 기술을 통해 공정 중 원료탄 사용량을 저감할 계획이며 장기적으로는 수소환원제철인 HyREX 기술을 단계적으로 도입하여 저탄소 생산체제 전환과 비즈니스 재편으로 기업의 경쟁력을 높여 나가고 있다.

또한, 포스코는 사업장의 직접 배출량 감축뿐만 아니라 사회적 감축에 기여하기 위한 노력으로 저탄소 제품 공급, 부산물 자원화 확대를 지속하고 있으며, 이를 통해 투자자와 고객사 등 이해관계자 요구에 부응하여 시장경쟁력을 유지하고 온실가스 감축에 기여하고 있다.

포스코 저탄소 대응전략은 3대 핵심 영역인 'Green Process, Green Product, Green Partnership'으로 구분할 수 있다. Green Process는 사업장 온실가스 감축을 위한 기술 개발 및 투자 활동으로 철강 및 소재 생산과정에서의 에너지효율 향상과 저탄소 투자 및 기술개발, 철스크랩 활용 증대와 탄소포집·저장·활용 기술(CCUS) 적용, 수소환원제철 기술 상용화 등을 포함하고 있다.

Green Product는 사회적 온실가스 감축에 기여할 수 있는 저탄소 철강재, 신소재 및 부산물을 의미한다. 투자자, 고객사, 정부 등 이해관계자를 대상으로 투명한 탄소정보 공개, 국내외 탄소정책 및 기술개발 협력 등 기존 Green Partnership을 더욱 강화하고 있다.

(3) 친환경 소재 판매

포스코는 친환경 미래성장시장을 주력 타깃으로 인식하고, 나아가 철강제품의 탈탄소화에 기여하는 친환경 제품의 판매를 확대하고 있다. 대외 환경과 사내외 ESG 관련 조직들의 의견을 검토하여 친환경 제품의 정의와 기준을 수립하였으며, 친환경 제품 판매량을 중요 지표로 관리하고 있다.

강건재 분야에서는 고품질 철강재로 만들어진 프리미엄 건설자재 INNOVILT를 통해 안전하고 품격 있는 건설시장과 지속가능한 건설문화를 구축해 가고 있으며, 모빌리티 분야에서는 글로벌 자동차 업체들을 대상으로 'e Autopos' 제품 기반의 친환경차 솔루션을 제공하고 있다. 또한, 신재생에너지·친환경 연료 인프라 확대를 위해 Greenable 제품의 개발과 판매를 확대하고 밸류체인 전반과의 파트너십을 강화하고 있다.

(4) 환경영향 최소화

포스코는 제철소의 생산과정에서 발생하는 환경영향을 최소화하기 위해 ISO 14001에 기반하여 환경경영을 적극적으로 추진하고 있다. 대기, 수질, 폐기물 등 매체별 환경영향을 파악하고, 지침 수립 및 관리, 내부 심사, 교육 등의 환경경영 프로세스를 통해 주도적으로 대응하고 있으며, 법규 기준보다 강화된 내부 목표를 수립하고, 친환경 생산공정과 최적의 방지기술을 적용하며 오염물질 배출을 최소화하고자 노력하고 있다.

■ 세아제강

세아제강은 이중중대성평가를 통해 도출된 12개의 ESG 이슈 중 기후변화 대응, 사업장안전·보건 환경 조성, 반부패·윤리경영 강화의 3가지를 핵심 이슈로 선정하고 환경부문 관련 아래 6가지 이슈를 지속가능경영보고서에 담아 ESG경영 전략과 연계하여 대응방안 및 목표를 수립하였다.

(1) 기후변화 대응

세아제강은 기후변화 대응 활동을 체계적으로 수행하기 위하여, ESG 추진팀 및 SHE 기획팀에서 기후변화 이슈를 총괄 관리하고 있으며, 각 사업장의 에너지 관리부서인 설비·생산팀이 에너지 절감 목표를 수립하고 실적을 관리하고 있다. 국내 대표 6개 철강사와 함께 그린철강위원회에 참여하여 정부의 '2050년 탄소중립' 비전에 따라 국내 철강업계 '2050 탄소중립 공동선언문'을 발표하였으며, ISO50001 에너지경영시스템 인증, 그린펀드에 가입하는 등 기후변화 대응 활동을 지속해 나아가고 있다.

또한, 세아제강은 기후변화의 대응 활동으로 에너지센터 구축, 온실가스 감축설비 투자, 저탄소 투자 및 기술 개발과 에너지 효율 개선을 위해 노력하고 있다.

(2) 환경경영체계 구축

세아제강은 2022년 체계적인 환경경영을 위해 환경경영총괄 대표이사 직속 SHE 기획팀을 신설하여 환경경영 전략 수립 및 관리 등의 전사적 환경경영체계를 구축하였다. ESG 중장기 전략 이행을 위한 세부계획을 통해 환경경영 지표를 관리하고 있으며, ISO14001 환경경영시스템 인증, 환경성적표지(EPD)인증으로 친환경 제품 생산과 탄소규제 강화, 법·제도적 규제 등에 선도적으로 대응할 계획이다.

(3) 대기오염 관리

세아제강의 주력 사업 분야는 코일과 플레이트 등의 원재료를 수급받아 ERW, SAW 등의 용접기술을 이용하여 제품을 생산하는 강관 제조 사업이다. 특히 고온의 용접 과정 등 강관을 생산하는 과정에서 먼지, 질소산화물(NO_x), 황산화물(SO_x) 등 대기오염 물질이 발생하는데 이러한 대기오염물질의 배출로 인한 환경영향을 최소화하고 지속가능한 대기환경 개선을 위해 다양한 노력을 기울이고 있다. 또한, 최적 관리를 위해 사업장별 특성을 반영한 저감 시설 투자도 적극 진행하고 있다.

(4) 수자원 관리

세아제강은 수자원의 오염 방지 및 절약을 위해 방류수 수질 관리와 공업용수 사용을 절감하고 있다. 생산과정에서 발생하는 수질오염 물질은 물리적, 화학적, 생물학적 처리 등 각 사업장의 발생 폐수 종류에 따라 법적 기준치 이하로 최적 처리를 하고 있으며, 질소가 포함된 폐수는 생물학적 처리를 통해 폐수종말처리시설에서 처리 후, 주변 수역으로 방류하여 주변 수원에 미치는 영향을 최소화하고 있다.

(5) 폐기물 관리

세아제강은 전사 차원의 폐기물 배출량 저감 KPI를 지정하여 분기별 계획 대비 실적을 관리하고 있으며, SHE 시스템(자사 자체개발 전자시스템)을 통한 전사 폐기물 지표(발생량, 재활용량)로 폐기물 최소화 및 재활용에 대한 전략적인 계획을 수립하고 있다. 위·수탁 능력이 검증된 운반, 처리업체를 선정하는 '공급자 평가'를 매년 진행하는 것뿐만 아니라, 폐기물관리법에 의거한 '유해성 정보자료'를 적극적으로 제공하여 이해관계자들이 폐기물 취급 시 유의해야 하는 사항을 공개하고 있다. 또한, 매립·소각 폐기물의 최소화를 위하여 공정 개선 등 다양한 투자 활동 계획을 구축하여 운영 중이다.

(6) 화학물질 관리

세아제강은 '화학물질관리법'을 비롯한 국내 화학물질 관련 법규와 국제 규제를 검토 및 준수하여 최적 관리를 지향하고 있다. 아울러 자체 CP 점검을 통해 유해화학물질 관리에 취약점이 없는지 철저히 검사하고 있다. 또한, 2021년에 개정된 화학사고 예방관리 계획서를 작성 및 제출함으로써 화학사고 발생으로 인한 사업장 주변 지역에 미치는 영향을 평가하고, 피해를 최소화하기 위해 화학사고 대비 교육·훈련 계획 등을 마련하여 화학사고 대응 역량을 강화하고 있다.

■ 동국제강

(1) 중장기 탄소중립 달성을 위한 기후변화 대응

동국제강은 기후변화에 적극적으로 대응하기 위해 2021년에 2050 탄소중립을 목표로, 중간 단계로 2018년 대비 2025년 5%, 2030년 10% 감축 목표를 설정하였다. 동국제강의 온실가스 주요 배출원은 탄재·LNG·전력이 99%를 차지하고 있고 제강 공정에서 60% 이상 온실가스가 발생하고 있으며, 주요 배출원의 저감과 기후 행동의 시급성을 감안하여 단기적으로 카본 및 에너지 효율화를 통해 2030년 감축 목표를 달성할 계획이며 중장기적으로 전기로 탄소배출 저감기술 개발과 재생에너지 사용 확대를 목표로 하고 있다.

① **전기로 조업 미래기술 개발**

전기로 제강에서 발생하는 온실가스 배출량은 고로를 사용하는 제철 공정에 비해 4분의 1 수준으로 낮아 전기로를 활용한 생산 방식은 철강산업에서 친환경적이고 탄소중립을 향한 지속가능한 공정 중 하나로 평가되고 있다. 따라서 동국제강은 중장기 친환경 전략인 'Steel for Green – 전기로 미래기술 연구'의 일환으로 탄소배출 저감 전기로의 핵심 기술을 개발하고 있다.

② **재생에너지 사용 확대**

동국제강은 온실가스가 60% 이상 간접배출에서 발생하고 있어 태양광 자체 발전 설치 등을 통해 재생에너지를 적극 사용하고, 중장기적으로 폐열발전과 LNG발전을 도입하는 것도 추진할 예정이다.

③ **온실가스 및 에너지 관리**

2022년 동국제강 온실가스 배출량은 2025년 중장기 온실가스 감축 목표 대비 98.5%의 이행률을 보이고 있고, 배출권거래제 3차 계획 기간(2021~2025년) 두 번째 이행연도에도 지속적인 저감 과제 발굴 및 실행으로 정부 할당량 미만으로 관리하고 있다. 2022년 포항·부산공장의 에너지경영시스템(ISO 50001) 인증 취득을 통한 전 사업장의 에너지경영 시스템 구축을 통해 에너지 효율화 및 온실가스 배출량의 측정·보고·검증(MRV: Monitoring, Reporting and Verification) 과정의 신뢰성과 투명성도 높이고 있다.

(2) 환경경영

동국제강은 환경경영 선진화를 위해 환경방침부터 실행에 이르는 체계를 구축하여 환경투자부터 관리시스템, 환경보호 등 기업 활동 전 과정에서 환경을 우선적으로 고려하는 활동을 하고 있으며, 현재 국내 모든 사업장은 ISO 14001(환경경영시스템) 인증에 기반하여 환경 시스템을 구축하고 있다.

(3) 환경영향 저감

① 대기오염물질 관리

동국제강은 철강제품 제조 과정에서 발생하는 질소산화물(NOx), 황산화물(SOx), 먼지 등 대기오염물질 배출 저감 및 대기환경 개선을 위하여 지자체 및 정부부처와 대기오염물질 자발적 감축 협약, SCR(Selective Catalytic Reduction) 설비 설치 및 제품 생산공정 개선을 통한 오염물질 저감 활동, 대기 굴뚝 TMS(Tele Monitoring System) 설치를 통한 오염물질의 농도를 실시간으로 모니터링하고 있으며, 법적 기준치 이내로 자체 기준을 설정하여 지속적인 저감 노력을 하고 있다. 또한, 지역주민들의 체감환경을 획기적으로 개선하기 위해 비산먼지를 차단하기 위한 개선 활동을 진행하고 있다.

② 수자원 관리

동국제강은 수자원 사용의 효율성을 극대화하기 위해 용수 사용을 최소화하고, 사용된 용수를 정화해 재이용을 최대화하고 있다. 포항·인천공장은 무방류 시설을 갖추고 사용되는 용수의 100%를 재활용하고 있으며, 부산공장은 폐수처리장을 직접 운영하여 환경오염 기준치를 준수하고 있다. 또한, 강우 등에 의해 비점오염원에서 발생되는 유출수가 하천 및 해역 수질에 미치는 영향을 최소화하기 위하여 비점오염저감시설을 확대 운영하고 있다.

③ **화학물질 관리**

동국제강은 2022년 유해화학물질 취급자 388명을 대상으로 취급자 교육을 완료하였으며, 매년 사업장 내 전 직원(협력업체 포함)을 대상으로 종사자 교육을 실시하여 각 임직원의 화학사고 예방 및 대응 능력을 제고하고 있으며, 제품 생산 과정에서 사용되는 화학물질의 철저한 관리 및 유출 예방을 위해 취급시설의 설비투자를 지속하고 있다.

④ **자원순환 관리**

동국제강은 자원순환 실천의 일환으로 압연과정에서 발생하는 고철은 전량 전기로 조업과정에 재투입하여 원재료로 활용하고 있으며, 제강과정에서 발생하는 대표적인 부산물인 제강 슬래그는 도로용, 성·복토용 골재로 재사용되고 있다. 동국제강의 2022년 총 폐기물 처리량은 65만3천 톤이며, 그중 제강 슬래그가 75%(48만6천 톤)로 가장 많은 비중을 차지하며 뒤이어 분진이 9%(6만1천 톤)를 차지하고 있고, 제강 슬래그와 분진은 100% 재활용되기 때문에 실제 폐기물처분량은 1만5천 톤으로 총 폐기물 처리량의 2%에 불과하다.

(4) 친환경 제품의 보급 및 확대

2022년 11월, 동국제강은 럭스틸과 도금강판(GI, GL) 제품군에 대해 유럽 International EPD(환경성적표지인증)를 취득한 데 이어 2023년 3월, 동일 제품에 대해 미국 UL EPD(환경성적표지인증)를 취득하였다. 환경성적표지인증을 취득한 럭스틸과 도금강판은 동국제강 냉연 수출 판매의 절반 이상을 차지하는 품목으로서 이번 인증 취득으로 탄소국경조정제도(CBAM) 등 수출 규제 속에서 제품경쟁력이 향상될 것으로 기대하고 있다.

4. 마무리하며

세계 각국은 탄소중립을 선언하고, 국가별 온실가스 감축 목표도 대폭 상향하고 있는 가운데 유럽 탄소국경세 등 각종 규제 시행에 따라 탄소집약도가 높은 철강산업 탄소중립은 더는 미룰 수 없는 상황이다.

위에서 살펴본 철강 3사의 지속가능경영보고서의 환경부문 이슈들도 철강산업의 탄소중립의 중요성을 얘기하고 있으며 철강 3사는 각 회사에 맞는 환경전략과 실천과제를 보고서에 담고 있다. 철강산업의 높은 온실가스 배출 비중, 40~50년 정도의 설비수명, 기존 설비 교체 시기의 도래 등을 고려할 때, 지금부터 2030년까지 탄소중립의 기반을 만들 수 있는 중요한 시기이다.

　철강산업의 탄소중립 추진은 국내 스크랩 발생 여건, 탄소 포집·저장·활용 기술(CCUS)의 적용 가능성, 조강 생산 규모로 볼 때, 수소환원제철을 포함한 철강업계의 탄소중립 기술개발에 대한 국책연구과제가 조속히 진행되어야 한다. 또한, EU 등 주요국의 사례를 참고해 배출권거래제 수익을 통해 조성한 기금을 다배출업종의 탄소중립 관련 R&D 및 투자 등에 지원하는 방안도 검토될 필요가 있다. 중장기적으로 철강산업의 탄소중립 실현을 위해서는 그린 전력과 그린 수소가 안정적으로 공급되어야 한다.

　이렇듯 철강기업들이 탄소중립을 위한 ESG경영에 적극적인 의지를 표명하고 있으므로 탄소중립 전환을 위한 기업의 부담을 최소화할 수 있는 현실적이고 강력한 정책적 대응방안 마련이 필요하며, 장기적이고 지속적인 정부의 지원이 필요할 것으로 보인다.

【 참 고 문 헌 】

- 관계부처합동, 《K-ESG 가이드라인 v》, 2021.
- 포스코, 《포스코 기업시민보고서》, 2023.
- 동국홀딩스, 《동국홀딩스 지속가능경영보고서》, 2023.
- 세아제강, 《SeAH Steel Sustainability Report 2022》, 2023.
- KBCSD·한국철강협회, 《한국철강산업 사회적온실가스감축 산정·보고 가이드라인》, 2021.
- 한국에너지기술연구원, 《철강산업의 탈탄소화》, 2021.
- KAIST외, 《2050 탄소중립을 위한 한국철강부문의 탄소중립경로》, 2022.
- 조경석, 〈철강산업이 직면한 탄소중립 과제〉, 월간 안전보건+ Vol.397, 2022.9.
- 〈강화되는 탄소중립 정책에 대한 철강업계의 대응력 점검〉, 한국신용평가 KIS Special Report, 2021.10.
- 김은미·이성희, 〈국제사회의 산업부문 탄소중립 추진 동향과 대응방안: 중소기업을 중심으로〉, 대외경제정책연구원, 2023.5.24.
- 이재윤·양진혁, 〈철강산업의 탄소중립 추진 전략과 정책과제〉, 산업연구원 ISSUE PAPER 2022.6.
- 〈철강산업 탄소중립 추진 관련 주요내용〉, 한국철강협회, 2023.
- 〈일본 철강산업의 탄소중립화 전략〉, KIET 산업경제, 2022.1.18.
- 박희영외, 〈국내 철강산업 세아제강 VS 동국제강 환경적 이슈비교분석〉, 중앙대학교 ESG 교육과정 학술대회, 2023.
- 한국철강협회 홈페이지(https://kosa.or.kr), 〈철강산업발전사〉

【 저 자 소 개 】

박희영 PARK HEE YOUNG

학력

- 경희대학교 경영대학원 경영컨설팅전공 석사5학기
- 중앙대학교 행정대학원 ESG교육과정수료(2기)
- 중앙대학교 행정대학원 표준고위과정수료(8기)
- 강릉원주대학교 무역학과 졸업

경력

- (주)케이비전자 대표이사/경영지도사
- (사)문화재형사회적경제연합회 감사
- 중소벤처기업부 비즈니스지원단 전문위원
- 서초구 탄소중립지원센터 ESG전문가
- 시흥신업진흥원 전문가 컨설턴트
- 안양산업진흥원 평가위원
- 창업진흥원 창업사업 평가위원
- 사회적기업진흥원 인사노무컨설턴트
- 소상공인진흥공단 경영개선사업 컨설턴트

- 소상공인진흥공단 협업활성화강사
- 신용보증기금 성공드림 컨설팅 컨설턴트
- NCS 기업활용컨설팅 컨설턴트

자격
- 경영지도사
- 물류관리사
- ISO 45001(안전보건)심사원
- 기업회생경영사
- 창업보육전문매니저
- 협동조합코디네이터

수상
- 중앙대학교 총장상(제8기 표준고위과정 학술대회 우수논문(공저))
- 표창장(중앙대학교 국가정책연구소장)

제8장

ESG경영 스타트업 투자 성공 사례

최송희

1. ESG 창업은
  미래의 새로운 경영 트렌드이다

1) ESG를 선택해야 하는 이유

투자자들이 변화하고 있다. 세계 최대 규모 자산운영사 블랙록 최고 경영자가 래리 핑크는 2021년 1월 초 "앞으로 ESG 성과가 나쁜 기업에는 결코 투자하지 않겠다"고 발표했다.

ESG는 환경(Environmental), 사회(Social), 지배구조(Governance)의 앞 글자를 딴 용어로 기업의 비재무적 성과를 측정하는 지표이다. ESG는 투자자들 사이에서 먼저 만든 개념이다. 과거 투자자들의 최고 기업은 돈을 벌고 높은 수익을 창출하는 기업이었다. CEO가 사회적 물의를 일으키든, 공장에서 폐수를 흘려 환경을 오염시키든, 직장 내에서 성희롱 문제가 발생하든 매출이 계속 증가해서 만족할 만한 투자수익만 준다면 투자자들은 개의치 않았다.

그들이 보는 것은 오로지 재무제표상의 실적이었다. 그런데 세계 금융위기를 초래한 리먼 쇼크 이후 기업을 바라보는 시각이 바뀌기 시작했다. 지구 온난화, 대기오염 등의 이슈와 인종차별, 인권보호 등의 사회적 이슈까지 대두되면서 기업의 사회적 책임이 점차 강조되었다.

[그림 1] ESG 요소

출처: UN, Principles for Responsible Investment

2) 세계의 모든 돈이 ESG로 향하고 있다

2020년 코로나로 세계 경제가 어려워지면서 전체 주식형 펀드로 유입되는 돈이 줄어드는 상황에서도 ESG펀드만이 승승장구했다.

[그림 2] 글로벌 ESG 관련 투자자산 추이

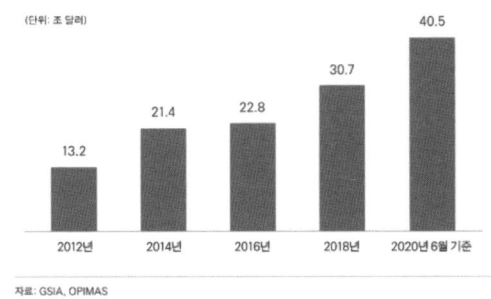

시장에서 ESG가 주목받고 있는 이유는 ESG에 투자가 집중되고 있기 때문이다. 2020년 코로나로 세계 경제가 어려워지면서 전체 주식형 펀드로 유입되는 돈이 줄어드는 상황에서도 ESG 펀드만은 승승장구하였다. 세계의 모든 돈이 ESG로 향하고 있는 것이다.

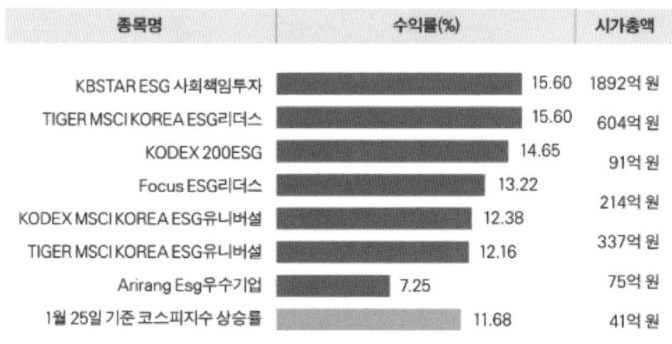

[그림 3] 2021년 1월 한 달간 국내 ESG ETF 수익률 및 시가 총액 규모

출처: FnGuide, 언론종합

    펀드평가 업체 에프앤가이드에 따르면, 2020년 12월 18일 기준 국내 설정액 10억 원 이상 사회투자책임펀드(SRI 펀드)는 총 48개로 한 달간 1,687억 원에 달하는 돈이 들어왔다. 3개월 기준으로 보면 3,222억 원이 유입되었다. 같은 기간 국내 전체 주식형 펀드(950개)에서 3조 4,683억 원의 투자금이 빠져나간 것에 비하면 두드러지는 유입세라 할 수 있다.

3) 소비자의 인식이 바뀌고 있다

    다양한 방식으로 나타나는 기업의 ESG경영이 소비자에게는 어떤 영향을 미칠까? 대한상공회의소가 2021년 5월 발표한 〈ESG경영과 기업의 역할에 대한 국민인식 조사〉에서 기업의 ESG경영이 소비자의 제품 구매에 영향을 준다고 답한 응답자의 비율은 63%, ESG에 부정적인 기업의 제품을 의도적으로 구매하지 않은 경험이 있다고 답한 비율은 70%였다. ESG 우수 기업 제품에 추가 가격을 지불할 의사가 있다고 답한 비율도 88%에 달했는데, 이를 통해 기업의 ESG 활동이 소비자가 어떤 기업의 제품을 구입할지 결정하는 데 영향을 준다는 것을 알 수 있었다.

[그림 4] ESG경영과 기업의 역할에 대한 국민의식 조사

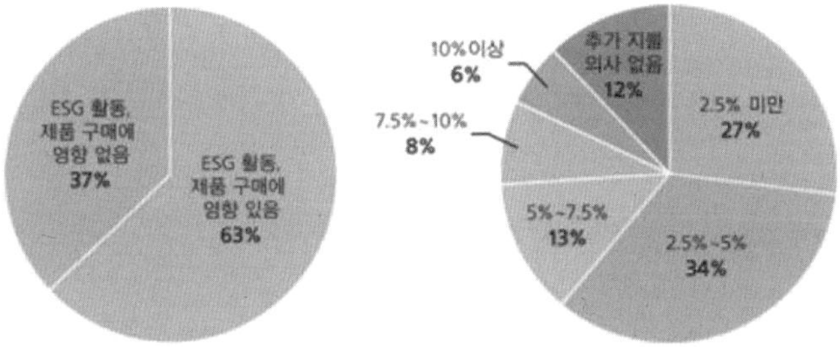

출처: 대한상공회의소, 2021.5.30.

같은 조사에서 기업의 역할에 대한 소비자의 인식도 변화한 것으로 나타났다. 기업의 역할이 "주주의 이익 극대화"라고 답한 응답자는 9%에 그친 반면, "주주가 아닌 사회 구성원의 이익"이라고 답한 응답자는 39%에 달했다. 이는 기업이 단순히 제품을 팔아 이익을 추구하는 것에서 나아가 사회적 책임을 다해야 한다는 소비자의 요구가 드러난 결과로 볼 수 있다.

기업의 사회적 책임에 대한 요구는 지속가능성을 추구하는 과정에서 나타났다. 기업이 단기적인 이익과 편의만을 생각할 것이 아니라, 사회에 미칠 장기적인 영향까지 고려해야 한다는 요구가 ESG경영으로 이어진 것이다. 세계의 많은 기업들은 기업의 지속가능성과 사회, 환경의 지속가능성을 위해 여러 경영 방식이나 생산 방법을 시도하고 있다.

지속가능성을 위한 기업의 실천에는 소비자의 역할도 중요하다. 소비자의 요구와 선호에 맞춘 제품을 생산하기 위해 기업은 기술 개발이나 경영 방식의 변화 등을 시도할 것이기 때문이다. 또한 실제로는 친환경적이지 않지만 친환경 원료나 생산 방법을 활용한 것처럼 홍보하는 '그린 워싱(Green Washing)'과 같은 기업의 악용 사례도 나타나고 있어 소비자의 끊임없는 관심이 필요하다. 지속가능성은 기업에만 주어진 요구가 아닌 소비자도 함께 추구해야 할 사회적 가치이다.

4) ESG 정책 환경이 창업 기업에 미치는 영향

ESG경영은 규모에 상관없이 모든 경영자가 고민해야 할 중요한 문제이다. 대기업과는 달리 중소기업과 스타트업들은 ESG경영까지 신경을 쓸 만큼의 여유가 많지 않은 것이 현실이다. 기업의 사회적 책임이나 ESG 정보공개가 주로 대기업 위주로 이루어지다 보니 중소기업이나 스타트업 입장에서는 ESG의 필요성을 체감하는 데 한계가 있다. 전국경제인연합회가 조사한 기업 규모별 국내 기업의 ESG 대응 현황을 봐도 선진국 10점 기준으로 대기업이 7점, 중견기업이 5점, 중소기업이 4점으로 나타나 대기업 대비 여력이 부족한 중소기업들의 ESG 준비가 아직 미흡함을 볼 수 있다. 하지만 이제는 중소기업 및 스타트업들도 기업경영에서 ESG 요소를 고려할 수밖에 없는 환경으로 변화하고 있다.

■ 해외시장은 ESG 강화 정책

해외시장을 타깃으로 삼는 중소기업이나 스타트업들은 유럽연합과 미국의 ESG 강화 방침이 큰 허들이 될 것이다. 유럽연합에서는 기업의 전 공급망에 걸쳐 환경과 관련 행위에 대한 실사를 의무화하는 입법을 추진하고 있다. 이는 권고의 수준을 넘어 법률로 강제하겠다는 것이다. 이는 유럽시장에 진출하려는 해외 기업도 적용 대상에 포함된다. 현지에 진출한 한국 기업들 중 대기업들은 발 빠르게 대처할 수 있지만 ESG 경영이 아직 도입되지 못한 중소기업, 중견기업들은 대응하기가 어렵다. 법안이 통화되면 이는 중소기업에 상당한 비용과 규제 부담으로 작용할 수 있어 타격이 크다. 미국 바이든 행정부도 향후 자유무역 협정, FTA 체결·개정 시 환경과 인권 등의 규범을 최우선으로 할 방침이다.

■ 대출 평가 기준의 변화

은행권에서도 대출 심사 요건으로 기업의 ESG 수준을 고려하겠다는 계획을 발표하면서 자본조달 측면에서 ESG 요소들을 관리해야 할 필요성이 높아졌다. 차입 기업과 대출 은행의 협의에 따라 선정된 ESG 평가 기준을 충족하는 기간은 낮은 금리를 적용하고, 충족하지 못하는 경우는 높은 금리를 적용하는 방식을 택하는데, 이때 ESG 평가 기준은 온실가스, 에너지, 친환경 관련 지표가 적용된다. ESG 도입을 요구하는 시장 환경의 변화는 중소기업 및 스타트업들에게 부담으로 작용할 수 있지만, 오히려 이러한 상황을 잘 이용한다면 새로운 시장 기회 및 경쟁 우위를 만들어낼 수도 있다.

5) ESG를 적용하는 방법

ESG경영에는 여러 이해관계자가 있다. 투자자들은 기업이 지속가능경영을 할 수 있는지를 살펴보고, 국가나 정부는 법과 규제를 만들어 기업이 이것들을 잘 지키고 있는지 관리·감독한다. 그리고 소비자들이 있다. 소비자들은 기업이 ESG경영을 진정성 있고 올바르게 제대로 활동하고 있는지를 가지고 기업을 평가한다.

모든 기업은 비전과 목표를 가지고 있다. ESG경영도 마찬가지로 ESG를 맨 처음 시작할 때 비전과 목표를 설립하고 비전과 목표는 UN의 지속가능발전목표(SDGs)에 따라 목표를 설정한다. 실행 부분은 사회책임경영이라고 하는 글로벌 가이드라인 ISO 26000이라고 하는 가이드라인 안에서 실행한다. 비전, 목표, 사업전략, 마케팅, 인사, 재무 등 모든 경영 활동에 ESG를 다 녹여 넣어 리스크를 제거하고 비용을 낮추고 새로운 가치를 창출한다. 결국 기업의 가치를 높이는 것은 ESG경영의 핵심이다.

ESG경영은 '착한경영', '기부경영'이라고 생각할 수도 있지만 수익 창출이 기본이다. 지금은 자율이지만 2025년부터는 자산 2조 원 이상의 모든 회사들은 지속가능경영 보고서를 공시해야 한다. 여기에는 중소·중견기업도 포함되기 때문에 발 빠르게 준비를 해야 한다.

6) ESG경영이 해결해야 할 문제

기업들이 화려한 ESG 공약을 제시한 지 몇 년이 지나고 일부 기업들은 주가 부양과 기업 평판 개선 효과를 누리기도 했지만, 그 사이 이 용어는 긍정적 변화보다는 혼란, 심지어 말썽으로 이어졌다. 미국 뉴욕대학교 스턴경영대학원 교수인 앨리슨 테일러는 실제로 이러한 ESG 약속 중 일부는 경영진 관련 문제를 많이 일으켰다고 말했다. 그리고 ESG 운동이 점차 '워크(woke·깨어있다는 뜻)' 자본주의로 치부되면서, 동시에 이것이 그린 워싱을 가능하게 한다는 비난도 거세지고 있다.

런던 비즈니스 스쿨 재무 담당 교수 알렉스 에드먼스는 우선 이 ESG 라는 단어 자체가 서로 어울리지 않는다고 지적했다. 그는 "환경과 사회는 우리가 자신의 이해관계를 넘어서 더 넓은 사회에 어떻게 기여하는지와 관련된 것"이라며 "하지만 거버넌스는 투자에 대한 보상 방법에 관한 것"이라고 말했다. 예를 들어, 환경 공약으로 넷제로 계획이 세워지고, 사회 공약으로 공정한 고용 보장이 등장할 수 있다. 거버넌스는 CEO와 직원의 급여 비율과 같은 기업 정책의 뼈대를 뜻한다. 그런

데 이런 구상들이 기능적으로 양립할 수 없는 경우가 많다는 점에서 문제가 발생한다.

벤처캐피털 'EQT 그룹'의 런던 수석 고문인 타라 쉬르바니도 세 개 단어를 하나로 묶다 보니 용어의 뜻이 모호해져서 실제 적용이 어려워질 수 있다는 데 동의했다. 그는 "리튬 채굴 기업을 예로 들어 보겠다"며 "에너지 전환 혁명을 위해서는 많은 양의 리튬이 필요하다"고 말했다. 따라서 이 기업은 'E(환경)' 요건을 충족시키기 위해, 채굴 작업 시 그린 전기를 사용하는 라틴 아메리카의 리튬 공급업체로 거래처를 바꿀 수 있다. 그러나 해당 공급업체가 ESG에서 'S(사회)'에 해당하는 요소인 노동법을 위반하고 있는 것으로 드러나 문제가 생길 수도 있는 것이다.

에드먼스는 "나는 ESG를 옹호하는 사람으로 널리 알려졌지만, 나 역시 ESG에 대한 반발이 상당히 타당한 점이 있다는 것을 인정한다"고 말했다. "(ESG) 펀드는 '나에게 투자하면 세상을 바꿀 수 있다'고 말하지만 실제로는 세상을 바꾸지 못한다. 그래서 사람들이 반발하는 것이다"라고 했다.

현재 모든 기업이나 창업을 희망하는 기업은 반드시 ESG경영을 해야 한다. 하지만 아직 중소기업이나 스타트업보다는 대기업이 발 빠르게 움직이고 있다. 중소기업이나 스타트업은 ESG경영을 할 여력이 없다. 기업의 성장과 매출을 올리는 데 급급하기 때문이다. 하지만 미래를 위한 투자로 오너의 의지가 무척 중요하다. 해외에서도 가장 우려하는 ESG경영을 모두 아우르는 기업은 찾아보기 어렵다. 특히 'G(지배구조)'는 가장 취약한 부분이다. 창업할 때 창업교육에 ESG경영에 대한 오너의 교육과 사고전환 의지가 있을 때 기업의 미래가 밝을 수 있다.

2. 해외 기업 ESG경영 투자 유치를 통해 성공한 스타트업 사례

1) 미주 지역 스타트업 성공 사례

■ 바이탈 팜스(Vital Farms)

미 전역 300개 이상의 소규모 가족 농장과 협업하면서 하루 최대

600만 개의 달걀을 생산한다. 창업자 Matthew O'Hayer는 20마리의 로드아일랜드 레드 암탉을 구입하여 27acre의 텍사스 오스틴 농장(동물복지 환경)에서 산란한 계란을 판매하였다. 이후 유제품, 가공식품으로 비즈니스를 확대하였다. 농장의 무분별한 확장보다는 유사한 농장철학을 고수하는 소농장과 협력하는 형태로 사업모델을 확장하는 방식을 선택하였다.

바이탈 팜스는 대규모 유치보다 필요한 자본을 조금씩 조달한다는 전략하에 1~2년 주기로 자본을 유치하였다. SJF Ventures에서 230만 달러(2013년), Arborview Capital에서 225만 달러(2014년), Sunrise Strategic Partners 등으로부터 1,110만 달러(2017년) 등을 유치하였다. 2020년에는 나스닥 IPO(기업공개상장)를 통해 2억 달러 유치에 성공하였다.

바이탈 팜스는 윤리적 식품 기업으로 동물복지를 통해 건강한 식품을 생산하고 장기계약을 맺는 협력 소농장에 프리미엄 비용을 지불하는 등의 비즈니스 모델이 소비자와 투자자에게 어필되면서 큰 호응을 얻었고, 미국 내 농장에서 방목하여 생산한 계란 브랜드 중 가장 큰 기업으로 성장하였다.

2015년 조류 독감의 여파로 계란 공급이 급감하자, 미국 농가들은 생산을 늘렸고 2016년에는 계란 공급 과잉으로 가격이 폭락하였다. 바이탈 팜스는 협력업체 농장이 생산을 중단하지 않도록 비용을 지급하여 기업의 현금 흐름에는 큰 타격이 있었지만, 장기적으로 기업의 가치를 창출하는 지속가능한 브랜드를 구축한다는 점에서 상당한 의미가 있는 결정을 하였다.

■ 카본큐어 테크놀로지(CarbonCure Technology)

2020년 세계 콘크리트 시장의 가치는 약 1,129조 원이며, 2030년에는 7,169조 원에 이를 것으로 전망된다. 이 레드오션 시장에 카본큐어 테크놀로지라는 신생 기업이 과감히 도전장을 냈다.

카본큐어 테크놀로지는 콘크리트 폐기물 혹은 제조 과정에서 얻은 부산물을 활용해 '그린 콘크리트'를 무기로 틈새시장을 공략하고 일반 콘크리트 제작 과정에서 발생하는 다량의 탄소배출을 감축할 수 있는 기술을 제공하는 업체이다. 다른 산업에서 포집한 CO_2를 콘크리트 제조 공정에 넣어 콘크리트 제작에 주입한다. 포집된 CO_2를 콘크리트 혼합물에 정량 주입해 이산화탄소를 화학적 광물로 변형시키는 과정이 카본큐어 기술 핵심이다.

카본큐어 테크놀로지는 2011년 6월 캐나다 앨버타 주 정부에서 운영하는 벤처캐피털인 ERA(Emissions Reduction Alberta)로부터 337만 달러 규모의 보조금을 지원받아 초기 사업을 전개하였고 이후 BDC Canada(캐나다 국영 국가개발은행)의 산업, 클린, 에너지 및 테크놀로지 벤처 펀드(Industrial, Clean and Energy Technology Venture Fund)가 주도한 시리즈 B단계에서 332만 달러를 추가로 유치하며 사업 고도화시켰다.

클린테크 스타트업에 투자하는 벤처캐피털 2150, 아마존 기후서약 펀드(Amazon's Climate Pledge Fund), 마이크로소프트 기후 혁신 펀드(Microsoft's Climate Innovation Fund)와 더불어 빌 게이츠의 에너지 투자 펀드(Breakthrough Energy Ventures) 등을 통해 현재까지 약 1,100만 달러 투자 유치에 성공하였다.

카본큐어 테크놀로지는 기후테크(CO_2 배출량을 줄여, 지구 온난화의 해법을 연구하는 기술) 기업으로, 콘크리트 제조 공정 과정에서 CO_2를 활용해 콘크리트 강도 향상과 탄소배출 저감에 기여하고 있다. 국내에서는 삼성벤처투자가 이 업체에 투자하기도 했다.

■ 바라프(Varappe)

바라프는 장기 실업자와 경력 단절 및 사회적 취약계층에 일자리를 제공하여 경쟁력을 갖추고 사회에 편입될 수 있도록 돕는 것을 목표로 1992년에 설립하였다. 3가지 유형(인력교육 및 파견, 폐기물 및 하수처리와 재활용, 친환경 건축)의 산하 기업을 통해 다양한 서비스를 제공하고 있다. 2007년 Phitrust로부터 70만 유로의 투자 유치를 받았으며 투자뿐만 아니라 적극적 주주로 활용하여 바라프그룹 내 다양한 프로젝트의 구로를 탄탄하게 설계하는 데 법적 조언 및 비즈니스 관점을 제시하는 등 많은 지원을 제공받았다. Phitrust, Amundi, BNP Paribas Asset Management, France Active의 재투자가 결정되어 2020년에는 420만 유로를 투자받았다.

ESG에 대한 인식이 확장되고 'S' 영역을 강화하는 포용적 비즈니스(Inclusive Bisiness)의 모델이 주목받으면서 불평등과 신빈곤이 중요한 사회적 이슈로 부상하는 현 상황에서 이를 개선할 수 있는 모델로 평가되었다. 바라프는 15년 전 매출 300만 유로의 기업에서 현재 4,000만 유로의 매출을 기록하는 중견기업으로 성장하였다. 경제 소외계층의 사회 편입이라는 큰 주제에 초점을 맞춰 실제로 성공적 구직으로 이어지는 결과 등이 매력적인 투자 요인으로 작용하였다. 2007년 300명을 교육하고 625개 일자리에 투입함으로써 73%의 성공적 이직률을 기록하였고 2019년 5,300명을 교육하여 80%가 이직에 성공하였다.

2) 유럽지역 스타트업 성공 사례

Table 1
Successful European ESG Startups

	planA	VERKOR	carbon equity
Established	2017	2021	2021
Head quarters	Berlin, Germany	Grenoble, France	Amsterdam, the Netherlands
Founder(s)	Lubomila Jordanova and Nathan Bonnisseau	Benoit Lemaignan	Jacqueline van den Ende
Key Product	Carbon management SaaS	EV batteries	Providing private equity investment opportunities in companies operating in areas related to the environment and the climate.
Key Success Factors	Early entry to the market and operating with an environmental mindset	Skilled in fundraising and seeking out investment partners	Broad range of investment options
Future Plans	Reduce carbon emissions by 1 Gt per year	To establish a battery gigafactory	To have a positive impact on environmental development

Source: Krungsri Research

세계 다른 지역보다 유럽에서 가장 먼저 기후와 환경에 대한 의견이 부각되었기 때문에 이들 스타트업은 유럽에 집중된 경향이 있다. 자금

조달과 관련하여 유럽 스타트업은 민간 부문을 찾는 것 외에도 환경 분야에서 운영되는 스타트업을 지원하려는 명시적인 의도로 설립된 EU가 관리하는 공공자금으로 전환할 수도 있다.

예를 들어, LIFE 프로그램은 54억 유로 상당의 자금을 지원하고 환경 및 생물 다양성 보존, 순환 경제, 삶의 질 개선, 기후변화 완화 및 적응, 청정에너지 전환 분야의 작업을 지원한다. 또한 Horizon Europe은 지속가능성과 관련된 연구 및 혁신을 목표로 하는 자금으로 955억 유로를 관리하고, 혁신 기금은 온실가스 배출 감소를 목표로 하는 녹색 스타트업 및 프로그램에 대한 투자를 위해 100억 유로를 추가로 관리한다. 이러한 종류의 민관 협력은 수많은 유럽 ESG 스타트업의 성공을 뒷받침해 왔다. Plan A, Verkor 및 Carbon Equity 세 회사를 살펴보자.

■ 플랜 A(Plan A)

플랜 A는 2017년 Lubomila Jordanova와 Nathan Bonnissaeu에 의해 베를린에 본사를 두고 설립되었다. 회사의 주요 비즈니스 활동은 순제로 전환을 목표로 하는 기업을 위해 통합되고 포괄적인 SaaS(Software as a Service) 파이프라인을 제공하는 것이다. 플랜 A의 소프트웨어는 기업이 CO_2 배출을 초래하는 핵심 활동과 관련된 데이터를 기록하고 분석하는 데 도움을 주며, 프로그램은 이를 줄일 수 있는 방법에 대한 제안을 생성한다.

이 서비스는 기업의 배출량 감축을 돕는 것 외에도 기업이 지속가능성 보고서를 준비하고 ESG 지표를 생성하도록 지원한다. 플랜 A는 창립 이래 1,500개 이상의 기업과 협력하여 배출량을 줄이는 방법에 대한 1,000개 이상의 제안을 생성했다. 회사의 장기 비전은 연간 총 1기가톤에 달하는 전 세계 CO_2 배출량 감소를 촉진하는 것이다.

■ 베르코(Verkor)

베르코는 전기차(EV) 배터리 및 관련 장비 제조업체이다. 이 회사는 Benoit Lemaignan이 2021년에 설립했으며 그르노블에 본사를 두고 있다. Verkor는 EV 배터리 산업을 발전시키고 전체 수명주기 동안 지속가능한 배터리를 생산한다는 목표로 설립되었다. 여기에는 배터리에 사용되는 금속 재활용, 생산과 관련된 CO_2 배출 감소, 수명이 끝난 제품 재활용 등이 포함된다. 또한 회사는 배터리 생산에 사용되는 금속의 채굴 및 제련에 이르기까지 공급망을 친환경화하는 것을 목표로 하고 있다.

베르코가 빠른 성공을 거둘 수 있었던 요인 중 하나는 창립 1년 이내에 1억 유로를 모금할 만큼 회사의 자금 확보 능력이었다. 이는 이후 2023년 6월 그르노블에 문을 연 프로토타입 공장과 베르코 혁신 센터(VIC)를 건설하는 데 사용되었다. 이 공장은 연간 순용량 150MWh의 배터리 셀을 갖춘 배터리를 생산할 수 있어 '메가팩토리'에 해당한다. 자금 조달 기술 외에도 베르코는 파트너를 찾는데도 성공적인 것으로 입증되었으며 회사는 프랑스 자동차 제조업체인 르노(Renault)와 장기적인 관계를 형성하여 회사에 사용할 배터리를 공급하기로 합의했다. 르노 EV는 2025년부터 베르코 배터리로 작동되기 시작한다. 금속(특히 니켈, 망간, 코발트, 리튬)은 EV 배터리 생산의 주요 투입물이기 때문에 EU 당국은 2KWh를 초과하는 모든 배터리의 라벨링에 관한 규정을 발표했으며, 이에 따라 이제 명확하게 명시해야 한다. EU 규정에는 전기차 배터리의 내구성과 성능도 다루고 있으며, '디지털 배터리 여권'에는 재활용 금속의 출처, 사용한 배터리 처리 방법, 부품 재활용 가능 범위 등이 기록되어 있다.

베르코는 이러한 규정에 능숙하게 대응해 왔으며 이를 위해 공급망 전체에서 금속 사용을 추적하는 소프트웨어를 개발하여 회사가 업계의 법적 요구 사항을 준수하고 지속가능성 목표를 달성할 수 있도록 했다. 이제 회사는 프랑스 북부 덩케르크에 1,200명의 직원을 고용하고 연간 16GWh의 생산 능력을 갖춘 기가팩토리를 열 계획이며, 이는 연간 300,000대의 새로운 EV를 공급하기에 충분하다. 공장이 계획대로 2030년에 문을 열면 세계에서 가장 현대적이고 효율적인 EV 배터리 생산 시설이 될 가능성이 높다.

2021년 Jacqueline van den Ende에 의해 시작되어 암스테르담에 본사를 둔 Carbon Equity는 소규모 투자자들에게 환경 및 기후와 관련된 지역에서 운영되는 스타트업을 대상으로 하는 사모 펀드 투자 기회에 대한 액세스를 제공한다. 최소 투자 금액은 100,000유로로 설정되어 있으며 환경친화적인 활동과 기후변화 적응 및 완화에 중점을 두고 있다. 회사의 성공은 건설, 식품, 농업, 에너지, 운송, 데이터 저장 및 분석 등 산업 부문에 걸쳐 이해관계자가 이용할 수 있는 다양한 투자 기회에서 비롯된다.

■ Carbon Equity

Carbon Equity는 다음을 포함한 여러 회사에 투자했다. 천연 목재보다 내구성이 뛰어난 재활용 목재 대체품을 지속가능하게 제조하는 노르웨이 회사인 Kenoby 순 제로 달성을 목표로 하는 산업용 열 배터리를 생산하는 미국 회사인 Rondo는 현재 열 저장 재료를 개발하기 위해 태국 SCG와 협력하고 있다. 토양의 질을 개선하고 대기 탄소를 격리하기 위해 버섯과 곰팡이의 사용을 개발하고 있는 미국 회사인 Funga. 현재 Carbon Equity는 500명이 넘는 투자자를 대신하여 펀드를 관리하고 있으며, 2021년 4분기부터 현재까지 고객 기반과 총 관리 자산이 꾸준히 증가했다.

■ 그립에이블(GripAble)

재활 기기(디지털 핸드그립)를 만든 영국 기업으로 뇌졸중, 관절염, 뇌성마비 등의 질환이 있는 사람들에 손과 팔 재활운동을 지원하는 디지털 핸드그립((Hand Grip)을 개발하였다. 휴대가 간편하고 언제 어디서나 사용할 수 있으며 그립을 누르는 활동을 모바일 앱을 통해 근력, 반사작용 등 다양한 피드백을 실시간 제공한다. 동기부여를 위해 게임이나 다양한 소프트웨어 프로그램과 연계한 재활 운동을 지원한다.

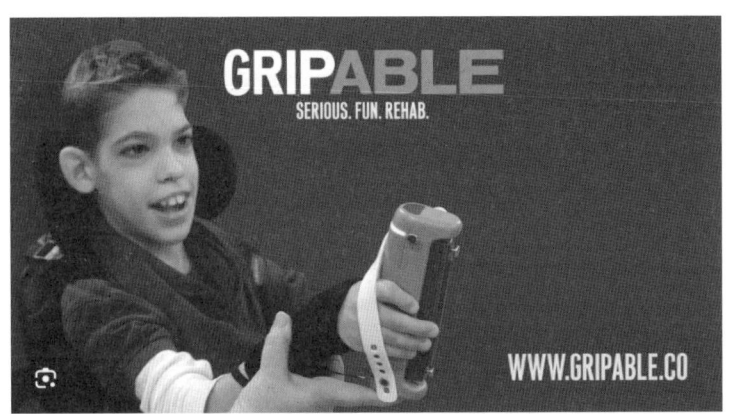

2019년 Triple Point 사가 운영하는 소셜 임팩트 펀드인 Impact EIS로부터 52.5만 파운드를 유치하였다. 사회공헌 가능성과 첨단 기술력을 인정받고 뇌졸중, 관절염, 뇌성마비 등의 질환이 있는 사람들의 재활 활동 지원이 성공 요인으로 뽑힌다. 첨단기술을 이용하여 조정 가능한 그립 압력을 제공하고 데이터를 캡처하여 원격 모니터링이 가능하고 맞춤형 디지털 게임과 연계하여 사용자의 동기를 부여시켰다는 것을 높이 사고 있다.

3) 태국 및 아시아지역 스타트업 성공 사례

지속가능한 발전을 위한 태국의 노력으로 26개의 태국 상장 기업이

다우존스 지속가능성 지수(DJSI)에 포함되도록 선정되었으며, 이는 태국이 9년 연속 ASEAN 순위에서 1위를 유지하기에 충분한 25개 기업이다. 2014년부터 2022년까지이다.

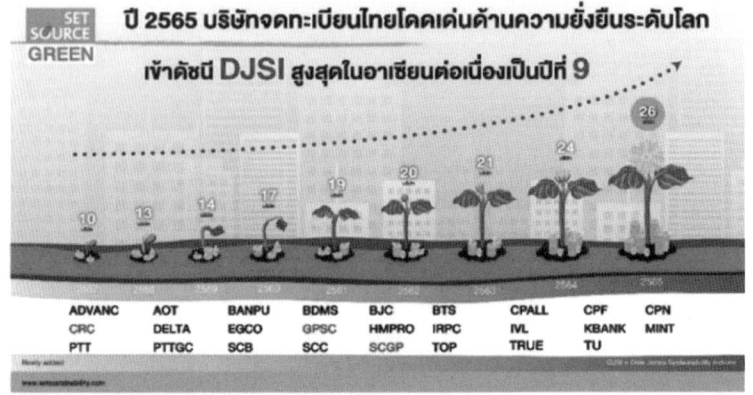

출처: SET, Thailand

태국 증권거래소(SET)도 2022년 10월 ESG 데이터 플랫폼을 출시하여 지속가능성 문제에 대한 프로필을 높였다. 이는 상장 기업의 ESG 지표에 대한 데이터를 수집하고 제공하지만 플랫폼은 특히 다음과 같은 정보에 중점을 둔다. 다른 금융 데이터와 함께 분석하기 쉽다. 앞으로 SET는 태국 지속가능성 투자(THSI)를 통해 그리고 태국 상장 기업의 기업 지배구조 보고서(CGR)의 일부로 ESG 지표 데이터를 사용하여 주식의 지속가능성을 평가할 계획이다. 이를 통해 상장기업 보고의 중복으로 인한 문제가 줄어들 것으로 기대된다.

지속가능성에 중점을 둔 태국 스타트업이 등장하기 시작했지만 아직 주식 시장에는 상장되지 않았다. 이 중에서 3개의 ESG 스타트업이 다소 다른 영역에서 특히 두각을 나타냈다. Happy Grocers는 환경에 중점을 두고 있으며 Find Folk는 지역사회 지속가능성에 관심을 갖고 있으며 Vulcan Coalition은 장애인을 위한 기회 개방에 관심을 갖고 있다.

■ Happy Grocers

Happy Grocers는 학생 창업으로 시작하여 유기농 농산물을 유통하는 스타트업으로 성장했다. 이 회사는 처음에는 전염병이 한창이던 2020년 Suthasiny Sudprasert와 Pattamaphon Damnui가 농업부터 친환경 포장에 이르기까지 생산의 모든 단계에서 폐기물을 최소화하면서 식품을 판매한다는 목표로 설립되었다. 따라서 회사는 공급망을 관리하고 소규모 농민이 제품에 대해 공정한 가격을 받을 수 있도록 보장하는 데 중점을 두는 반면, 수요 측면에서는 Happy Grocers는 건강에 관심이 있는 소비자가 유기농 과일과 채소에 접근할 수 있도록 돕는다.

회사의 제품은 2가지 채널을 통해 배포된다. 온라인 플랫폼, 주말 동안 방콕의 콘도 앞에서 판매하는 식료품 트럭. Happy Grocers는 운영 첫해에 NIA의 Startup Thai League 상을 받았으며, 이듬해에는 Impact Collective Accelerator 프로그램에 선정되었다.

■ Vulcan Coalition

Vulcan Coalition은 Methawee Thatsanasateankit과 Niran Pravithana가 2019년에 설립한 AI 및 소프트웨어 회사이다. 이 회사는 장애인 직원의 기술과 능력을 인정받아 2021년 국가 혁신상, 2022년 가장 창의적인 비즈니스 상을 받았다. Vulcan Coalition은 시각 장애인이 사용할 수 있는 태국어 텍스트 음성 변환 엔진과 음성 인식 스마트 홈 시스템을 개발했다. 회사의 목표는 장애로 인해 영향을 받는 개인을 위한 업무를 창출하여 이들이 자신의 진정한 잠재력을 활용하고 독립적으로 생활할 수 있도록 하는 것이다. 또한 회사는 직원이 사내에서 개발한 소프트웨어와 관련된 지적 재산의 소유권을 유지할 수 있도록 지원하여 사회적 활동의 장을 평준화하고 직장과 일상생활에서 장애인의 기회 평등을 보장하는 데 도움을 준다. 회사의 비전은 근로 연령 장애인(PWD) 60,000명, 즉 태국 전체 근로 연령 장애인의 약 11%를 고용하는 것이다. 이는 AI 데이터 세트 훈련 및 디지털 기술 전반과 관련된 영역에서 작동할 것으로 기대되며, 회사가 이러한 노력에 성공한다면 아시아 태평양 지역에서 가장 큰 데이터 라벨링 작업이 될 것이다.

■ Find Folk

Find Folk는 Jakkapong Chinkrathok이 2018년에 설립한 지속가능한 관광 사업이다. 회사의 임무는 전국의 지역사회를 대상으로 하는 지속가능한 관광을 통해 경제적, 사회적, 환경적 압력의 균형을 맞추는 것이다. 2023년 중반, Find Folk는 Tha Tien Fest 설정을 포함하여 방콕의 Tha Tien 커뮤니티를 위한 관광 브랜드 개발에 대해 컨설팅했다. Find Folk의 핵심 조직 원칙은 개인의 재능 개발, 자원 개선, 기업가적 사고 자극을 중심으로 하며, 모두 관광 경험의 질을 높이고, 가능한 최고의 환경 및 보존 관리를 보장하며, 지역사회에 대한 책임 있는 행동과 영향을 최소화하는 것을 목표로 한다. Find Folk는 3년 동안 운영한 후 UNWTO 글로벌 농촌 관광 스타트업 2021 대회 마지막 라운드에 진출했다.

3. 국내 기업 ESG경영 투자 유치를 통해 성공한 스타트업 사례

1) 런드리고(LaundryGo)

비대면 모바일 세탁 서비스 '런드리고'를 운영 중인 의식주컴퍼니(대표 조성우)는 2018년 설립되었으며 2019년 3월 비대면 모바일 방식의 세탁 서비스 런드리고를 국내 최초로 출시함으로써 코로나 19 펜데믹 속에서 연평균 약 300%의 매출을 신장을 기록하였다. 이 회사는 강남, 서초, 송파 등 서울 강남 3구에서 세탁 수거함 런드리고를 통해 헌옷 수거 베타 캠페인을 실시해 총 5,356벌, 1,500kg에 달하는 의류를 수거하고 내부 서비스 개발을 거쳐 제3국으로 전달해 의류 순환을 하고 있다. 의식주컴퍼니는 2022년 11월 H&Q코리아를 비롯한 다수의 투자사로부터 총 490억 원 규모의 시리즈 C 투자를 유치하는 등 지금까지 누적 투자유치액만 1,225억 원을 기록하며 이를 기반으로 적극적으로 사업을 확대하고 있다.

2) 브리즘(Breezm)

브리즘(박형진, 성우석 공동대표)은 개인의 얼굴에 최적화된 맞춤 아이웨어(Eyewear)를 제조하고 판매하는 아이웨어테크 스타트업 회사이다. 퍼스널 아이웨어 브랜드를 통해 기존 안경산업의 낙후된 방식을 개선하고 안경 착용자들의 고민을 해결하고자 하였다. 브리즘은 로 3D프린팅 기술을 접목한 안경을 만들고자 2017년 5월 설립되었으며 여러 시행착오를 거쳐 얼굴에 딱 맞춘 퍼스널 아이웨어로 방향을 잡고 약 1년 6개월간 준비과정을 거쳐 2018년 12월 역삼 1호점을 시작으로 본격적으로 브랜드를 성장시키고 있다.

얼굴 스캔을 통해 안면 분석, 안경 스타일 추천, 안경 가상 시착, 시력 정보 분석 및 자동 렌즈 추천 등 다양한 정보기술(IT)을 활용해 안경 설계·제조·판매에 이르는 전 과정을 수직 계열화하였다. 현재 8곳의 매장을 운영하고 있으며 2023년 4월까지 약 3만 4,000명의 이용자가 브리즘 안경을 구매했으며 누적 판매액은 120억 원을 돌파하였다.

안경 설계, 제조, 온·오프라인 판매를 모두 인하우스로 해내는 수직 계열화 능력을 브리즘의 가장 큰 경쟁력으로 꼽았다. 대부분의 안경 업계 플레이어들은 제조와 판매 역할이 나뉘어 있어 판매 가격 및 고객정보 전달 측면에서 비효율성이 크다. 이에 반해 브리즘은 자체적으로 생산한 퍼스널 아이웨어를 직접 판매하는 D2C 모델을 완성했다. 때문에 기존의 유통망을 거치지 않아 합리적인 가격에 안경을 제공할 수 있다.

고객 니즈를 빠르게 제품 및 서비스에 반영·개선하며 높은 고객 만족도를 기록하고 있다. 제조과정에서 원재료의 90%가 버려지는 기존 뿔테와 달리 브리즘은 꼭 필요한 원재료만 사용해 3D 프린팅으로 제작하기 때문에 원재료 낭비를 최소화하였다. 선주문 후 생산 방식을 채택해 악성 재고 발생까지 제거하는 등 친환경적인 안경 브랜드 입지를 확고히 하고 있다. 퍼스널 ESG경영 성과를 인정받아 스마일 게이트인 베스트먼트로부터 15억 규모의 투자를 유치하며 시리즈 A 라운드 총 69억 원, 누적투자유치액은 115억 원을 기록하였다.

3) 토마토(Tomato)

소비자는 토마토를 통해 집 근처 슈퍼에서 생필품을 구매하면 1시간 이내에 상품을 집으로 배송받을 수 있다. 전국에 있는 슈퍼마켓을 활용

해 퀵커머스 서비스를 구현했다. 컬리와 쿠팡 등이 물류센터를 짓는데 대규모 투자금을 투입하는 것과 달리, 동네 슈퍼를 배송 거점으로 활용하는 게 특징이다. 리테일앤인사이트는 주먹구구식으로 운영되던 동네 슈퍼에 정보기술(IT) 기반 전사적자원관리(ERP), 고객관계관리(CRM), 판매시점관리(POS) 시스템 등을 지원해 디지털화도 돕고 있다. 제조사가 동네 슈퍼에서도 대형마트처럼 프로모션을 펼칠 수 있도록 둘 사이를 연결하는 역할도 한다.

리테일앤인사이트는 시리즈 C로 조달하는 투자금을 시스템 고도화를 위한 투자와 마케팅 비용 등으로 사용할 계획이다. 토마토는 별다른 광고·마케팅 없이도 지난해 말 기준 89만 명의 토마토 앱 회원 수를 확보했다. 회원 수가 2021년 말(26만 명)보다 세 배 이상 늘었다. 하반기 투자 유치가 마무리되면 더욱 공격적인 마케팅을 통해 이용자 수를 늘려나가겠다는 구상이다. 리테일앤인사이트는 IPO도 준비하고 있다. 목표는 2026년이다.

리테일앤인사이트는 지난해 305억 원의 매출을 올렸다. 전년(183억 원) 대비 66.7% 늘었다. 영업손실은 108억 원, 순손실은 109억 원을 기록했다. 내년에 흑자 전환에 성공한 뒤 2026년 총거래액을 3조 7,000억 원까지 키우고, 매출 2,770억 원, 영업이익 1,098억 원을 달성하겠다는 계획을 세웠다. 리테일앤인사이트는 2019년 12월 시리즈 A에서 99억 원의 투자금을 유치했다. 당시 기업 가치 400억 원을 인정받았다. 2022년 1월 시리즈 B에선 169억을 조달했다. 기업 가치는 2,000억 원으로 뛰었다.

리테일앤인사이트 성준경 대표는 "이번 하이서울기업 선정은 소외된 지역마트 시장을 돕는 토마토의 ESG경영가치를 평가받은 중요한 의미로 생각한다"며 "앞으로도 미래형 유통기술의 개발과 다양한 플랫폼 서비스 확산을 통해 지역마트와 상생할 수 있는 생태계 모델 구축을 위해 노력하겠다"고 밝혔다.

4) 어반랩스(Urban Labs)

출처: 어반랩스

어반랩스(대표 김선현)는 커피를 내리고 남은 커피박을 사용해 육류 대체식품을 개발하며 떠오르는 푸드 업사이클링 스타트업으로 주목받고 있다. 그저 버려지기는 것이 당연했던 커피 찌꺼기를 업사이클링하는 데 성공하면서 다양한 투자자들의 관심도 이어지고 있다. 어반랩스는 커피박을 수거해 식용으로 가능한 단백질 및 유효 성분을 추출하고, 추출한 단백질로 각 용도에 맞는 성분 배합을 통해 맞춤형 원료 및 소재, 제품을 생산하는 기술을 개발하고 있다. 커피 원두가 함유하고 있는 단백질 비율은 달걀과 비슷한 수준으로 알려져 있다. 이러한 고단백

재료를 그동안 버려왔던 것에 집중한 어반랩스는 커피박에 가치를 입히는 기술을 고민해 왔다. 어반랩스는 단백질을 잘게 쪼개는 가수분해 공법으로 커피박을 가공해 가수분해 단백질로 만들어 식품 원료로 사용하기 위한 기술개발을 이어왔다.

어반랩스는 가수분해 공법을 기반으로 커피박 단백질을 만들어내는 데 성공했다. 분말 형태뿐만 아니라 액상으로도 만들 수 있어 음료 시장까지 공략할 수 있는 수준으로 발전했다. 어반랩스의 사업모델 중 가장 큰 경쟁력은 원가 비용이 없다는 것이다. 오히려 돈을 주고 처리하는 폐기물인 커피박을 무상으로 수거하면서 국내 프랜차이즈 카페들로부터 활발한 협업제의도 이어지고 있다. 처치 곤란한 폐기물로 여겨진 커피박을 재활용하면서 쓰레기와 탄소 배출량을 줄이면서 완벽한 ESG(환경·사회·지배구조) 사업모델로도 주목받고 있다. 차별화된 사업모델과 기술력을 갖춘 어반랩스를 향한 투자자들의 관심도 이어지고 있다.

지난해 신용보증기금으로부터 '스텝업 도전 기업'으로 선정되며 시드 투자를 유치하는 데 성공했다. 이를 통해 3년간 10억 원의 지원을 받게 됐다. 최근에는 빅뱅엔젤스·코리아오메가투자금융 등으로부터 시드 투자를 유치하는 등 향후 투자 혹한기를 뚫고 자금 확보에도 성공했다. 기후변화에 따른 식량 생산 및 수급의 불안전성과 탄소 규제 등에 따른 식량 문제가 글로벌 시장에서 화두로 떠오르면서 이 같은 푸드 업사이클링에 대한 투자 열풍은 이어질 것으로 전망된다.

어반랩스는 확보한 투자금을 토대로 기술력 개발에 주력한다는 계획이다. 이미 서울여자대학교 화학과·바이오헬스융합학과와는 단백질 추출과 관련된 기술을 고도화하기 위한 산학협력을 수행하고 있다. 투자업계 관계자는 "자체 기술력을 갖췄고, ESG 열풍과 더불어 향후 커지는 대체육 시장에서 존재감을 입증할 것으로 기대되는 스타트업이기에 투자자들의 관심이 이어지고 있다"고 말했다. 어반랩스는 기술력 고도화를 통해 커피박을 넘어 막걸리 찌꺼기 등 다양한 식품 부산물을 활용해 상품화하는 데 주력하고 있다.

어반랩스는 올해 커피박 단백질 연구개발(R&D)를 완료하고, 내년부터 B2B 판로 개척 및 네트워크 확장에 나설 계획이다. 잠재적 고객사 및 기술개발을 위한 다양한 파트너십도 진행 중이다. 건강기능식품 제조사 일화를 비롯해 대체육 스타트업 디포션푸드 등과 함께 기술개발 업무협약을 체결했다. 특히, 디포션푸드와 함께 커피박과 함께 처리가 어려운 부산물로 꼽히는 막걸리 찌꺼기를 활용한 대체육 상용화 및 제품 출시에 집중할 예정이다.

김선현 대표는 "일상에서 생각 없이 커피에서 버려지는 커피 부산물을 활용해 온실가스 배출량을 저감시킬 수 있는 대체 단백질 원료 개발하는 것이 사회적으로 큰 의미가 있다고 생각한다"며 "기술을 활용해 파우더, 대체육, 대체유, 대체란, 비건 식품 등 다양한 식품 분야에 우리 기술을 접목하는 것이 궁극적인 목표"라고 밝혔다.

5) 제클린(Jeclean)

2018년 설립된 ESG 스타트업 제클린은 제주도 내 대량으로 버려지고 소각되는 숙박용 침구 폐기물에 주목, 이를 면화 기반의 원료, 원사, 원단으로 재생하는 업사이클링 솔루션을 통한 산업적 해결책을 제공하고 있다. 이를 통해 각종 폐린넨 제품에 대한 원료화와 함께 전략적 제휴를 통해 섬유 신소재로 개발, 면 100% 기반 재생타올을 출시하고 GRS 인증이 가능한 수준까지 재생원료를 공급할 수 있는 체계도 구축하였다.

특히 면 기반 제품의 대량 생산과 폐기 중심의 선형경제 모델도 순환경제로의 이행이 가능하다는 점을 보여주는 효과적인 솔루션이자 전례 없는 밸류체인이라는 점에서 큰 주목을 받으며, 최근에는 숙박 침구의 공급에서부터 세탁, 케어, 재생까지 연결하는 시스템 개발을 주제로 중기부 팁스(TIPS)에 선정되기도 하였다. 팁스 선정을 통해 2년간 5억 원의 연구개발 자금을 지원받으며 향후 사업화 및 해외 마케팅을 위해 최대 7억 원까지 받을 수 있게 되었다.*

　2023년 모두의 사회적경제 & ESG콘퍼런스가 고양시 킨텍스에서 열렸다. 이날 '지속가능경영을 실천하는 ESG 스타트업 토크 콘서트'에서 제클린의 대표 차승수 대표는 "우리에게 폐침구류를 제공한 호텔 사업자들에게 우리가 재활용을 통해 얼마나 이산화탄소를 줄이고, 환경적 가치를 만들고 있는지에 대한 데이터를 제공하고 있다"고 설명하며 "앞으로는 침구 분야에서 의류 분야까지 확대할 생각이고, 인공지능(AI)을 활용해 소재를 분류하여 최종적으로(별도의 염색이 필요 없는) 유색 재생 소재를 만드는 단계까지 준비하고 있다"고 말하였다. 이날 입은 정장이 2012년도부터 입어 온 옷임을 밝히며 "버려진 물건을 재생하여 사용하는 것도 중요하다. 하지만 물건을 버리지 않고 오래 쓰는 것이 더 중요하다고"고 당부의 말을 전했다. ESG경영은 오너의 마인드와 사업적 가치를 보는 안목이 있어야지만 가능하다.

6) 119레오(REO)

　119레오의 의미는 '서로가 서로를 구한다(Rescue Each Other)'이다. 폐방화복을 리사이클링해서 어려움을 겪는 소방관을 돕겠다는 생각은

* 　출처: 플래텀

2014년 고인이 되신 김범석 소방관의 이야기에서 시작되었다. 소방관으로 재직 중 혈관육종암이라는 희귀 암을 얻었지만, 공무상 질병으로 인정받지 못하였다. 발병 원인이 분명치 않다는 이유에서였다. 유족 측의 소송이 법원에서 기각되고, 재판이 이루어지지 않는 모습을 보면서 잘못됐다는 생각을 버릴 수 없었다는 119레오의 이승우 대표이다. 이때부터 김범석 소방관님을 위한 기부는 물론 암 투병 소방관들께 기부금을 전달하는 여러 프로젝트를 진행하기 시작하였다.

"할 수 있는 것부터 찾아보니 기부가 첫 번째였어요. 하지만 기부는 일회성 기부, 단체나 기업 후원을 하는 방법밖에는 없더라고요. 기부를 할 수 없는 상황이 되면 끊기는 거였죠. 지속가능한 지원이 필요하다고 느끼면서 창업을 생각하게 됐어요. 그리고 2018년 9월 '119레오'를 창업하게 됐죠."

"소방관의 가치를 전달할 수 있는 게 무엇인지 고민하던 중 폐방화복 리사이클링에 관심을 갖게 됐어요. 오랫동안 어려움에 처한 사람을 지키기 위해 함께한 폐방화복에 대한 가치를 전달하고 싶었거든요. 그래서 폐방화복으로 어떤 것을 만들 수 있는지 많이 고민했고, 일상생활에서 자주 사용하고 노출될 수 있는 가방과 지갑 등을 만들어보기 시작했어요."

119레오는 수익의 50%를 '소방관 권리 보장'을 위해 사용하고 있다. 대기업과의 협업도 활발한데 최근 롯데호텔과의 협업에서 119레오 제품이 포함된 롯데호텔 숙박상품을 판매하였다. 폐방화복 업사이클링은 폐기할 때 환경에 악영향을 준다. 119레오는 지금까지 방화복 17톤을 업사이클링하였고, 약 40톤의 이산화탄소를 저감하였다.

업사이클링 과정을 지역 자활센터와 연계하여 지역의 폐기물은 그 지역의 자원으로 만들고 있다. 지역 자활센터와의 파트너십을 통해 일자리를 제공하고, 상생할 수 있는 도구를 만들어가고 있다. 현재 인천과 광진, 두 곳에서 총 22명의 자활센터 근로자들이 폐방화복의 세탁과 분해 과정을 맡아서 진행하고 있다.

119레오의 2021년 기준 매출액은 8억 8,754만 원 매출성장률 50.3% 영업이익은 -1억 4,998만 원 당기순이익 1,439만 원 당기순이익률 1.6%이다. 매출은 꾸준히 증가하고 있으나 영업이익은 그에 미치지 못하고 있다. 사회적기업의 한계라 할 수 있다. 많은 사회적기업이 있지만 수익의 많은 부분을 사회에 환원하다 보니 기업으로써의 가치를 인정받지 못한다. 지원대책이 필요해 보인다.

7) 수퍼빈(Super Bin)

수퍼빈은 순환경제모델을 추구하는 리사이클링 벤처기업이다. '생산–소비–폐기'의 선형 구조에 재활용을 더해 순환 구조를 추구한다. 재활용은 폐기물 처리, 환경 오염, 자원 고갈, 지구 온난화 등의 문제를 줄일 수 있는 핵심 고리다. 다만 제품 회수, 재활용 가공, 제품 판매에 다양한 허들이 존재해 그동안 영세한 기업들 중심으로 이뤄져 왔다. 수퍼빈은 인공지능(AI), 빅데이터, 사물인터넷(IoT), 로봇 등 4차 산업혁명 기술을 적극적으로 활용해 대형화에 나서고 있다. AI 로봇으로 폐플라스틱을 선별한 뒤 공장으로 이송한 후 고부가가치 재활용 소재를 만드는 공정을 통해서다. 수퍼빈은 버리는 페트병과 알루미늄 캔 등을 수거하는 AI 회수 로봇 '네프론'을 개발했다. 현재 전국 15개 지자체에 1,000대 가까이 보급되어 있다. 페트병을 물로 세척한 뒤 라벨을 떼어내 네프론에 넣으면 포인트를 제공하는 방식으로 운영된다. 처음에는 투명 페트 또는 캔만 인식해 수거할 수 있었지만, 이제는 우유팩·배달용기 뚜껑(PP소재)까지 인식하고 분리수거할 수 있다. 수거된 페트병은 AI 선별 시스템을 통해 이물질 등을 거르는 작업을 한다. 그동안 플라스틱 재활용 기업들은 이 과정을 사람이 했지만, 수퍼빈은 100% 자동화해 처리 속도와 정확도를 높인 것이다.

김 대표는 "그동안 플라스틱 플레이크 제조 공장들은 페트병을 수거하는 대가로 정부로부터 받는 보조금을 주된 수익원으로 삼아왔기 때문에 품질 경쟁을 할 유인이 적어 저품질의 플레이크가 양산됐다"고 밝혔다. 수퍼빈은 AI 기술을 기반으로 페트병을 재활용해 고품질의 플레이크를 제조하는 곳이다.

2018년 기업가치가 200억 원에서 2023년 약 4,000억 원으로 상승하였다. 2018~2019년 시리즈 A로 휴맥스와 TBT 투자처에서 30억 원 투자를 지원받고 2020~2021년 시리즈 B로 화인PEF, 휴맥스, GS칼텍스, 롯데케미칼 등에서 200억 원 투자를 지원받았으며 2022년 산업은행, IBK투자증권&하나금융투자, 한국투자파트너스 등에서 180억 원을 투자받았다. 2023년 시리즈 C를 추진 중이다.

【 참 고 문 헌 】

- 김재필, 《ESG 혁명이 온다》, 한스미디어, 2022.
- 서울경제, 박진용 기자, '김정빈 수퍼빈 대표 "세계유일 재활용 밸류체인이 2000억 몸값 비결"', 2023.
- 사람인, 기업재무정보 119레오
- K글로벌타임스, 김동현 기자, '어반랩스 커피박 대체육으로 대체 단백질 시장도전', 2023.
- Krungsri연구소, 나타논라타나탐왓(Nathanon Ratanathamwat)
- ESG스타트업, 더 큰 목표를 향한 작은 발걸음, 2023.
- Copyright ©2019 THE GURU. All rights reserved.
- KOTRA, '해외 기업의 ESG 대응 성공사례', 2023.
- BBC뉴스코리아, 크리스틴 탈만, 'ESG는 어떻게 모든 것이자 아무것도 아닌 것이 됐을까?', 2023.
- KDI 경제정보센터, '지속가능한 성장을 위한 기업의 노력, ESG경영', 2021.
- 매일경제, 착한기업에 투자해야 대박난다, 2020.12.28.
- 더스톡, 김동진 기자, 벤처 투자에도 ESG투자 바람불어 ESG실천 스타트업들 투자유치 사업확대 청신호, 2023.
- https://www.krungsri.com/en/research/research-intelligence/esg-startups-2023
- 한국경제 신문기사 박종관 기자
- 인사이드 장원수 기자

【 저 자 소 개 】

최송희 CHOI SONG HEE

학력
- 호서대학교 글로벌 창업대학원

경력
- 전) 삼성물산 주식회사 근무
- 전) (주)에스콰이어 근무
- 전) 브랜드 기획, 런칭 및 VMD
- 전) Interior Designer
- 현) 크리에이터 창업 연구소 대표
- 현) 지혜책장 출판사 대표
- 현) 비올 이사
- 호서대학교 글로벌 창업대학원 원우회장
- 노원구 소상공인 연합회

저서
- 《ESG경영 사례연구》, 브레인플랫폼, 2024. (공저)

기타
- 네이버 블로그: 크리에이터 창업연구소

제9장

DEI를 실천하는 ESG 글로벌 기업 사례

강미영

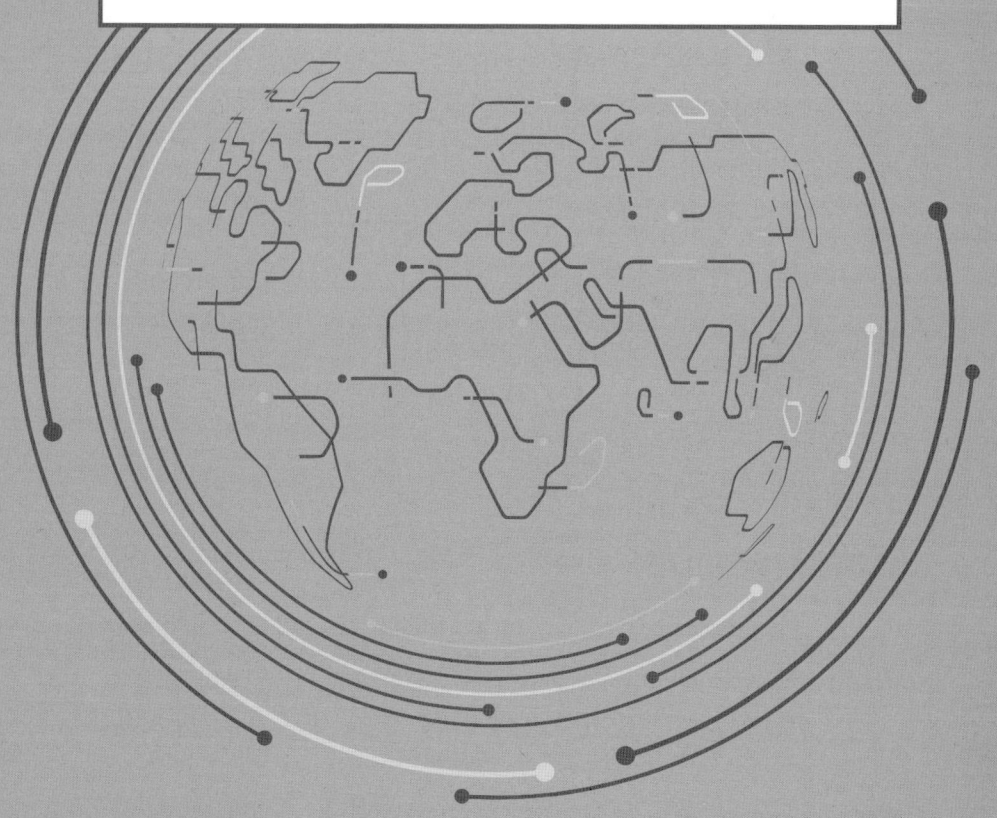

1. ESG경영과 DEI의 상관관계

최근 ESG에서 '사회(S)'에 초점을 맞춘 DEI가 세계적으로 큰 이슈가 되고 있다. S(Social)에 해당하는 사람 즉, 인권이나 노동문제 분야에서 사회적 약자 보호 등의 사회공헌, 법과 윤리를 지키는 회사 경영이라는 비재무적 요소를 통한 기업의 지속가능한 경영 활동의 중요성은 AI가 도입된 최근에 더욱 주목받고 있다. AI가 앞으로 상당 부분 사람들의 일하는 방식과 채용, 기업문화 등을 바꿀 것이 분명한 만큼 다양한 인재영입이 성공 경영의 키워드가 될 것이다.

불과 얼마 전까지 우리 일상을 괴롭히던 코로나19 팬데믹은 우리 사회에 심각한 안전보건 위기와 더불어 불평등, 인종 차별, 공급망 리스크 등의 문제점을 초래하였다. 이러한 리스크에 직면한 각국 정부, 글로벌 투자자와 기업들은 인간의 기본적인 복지와 존엄성을 중심에 둔 제도와 모든 이해관계자의 이익에 부합하는 ESG경영을 더욱 강조하고 있다. 특히, 기업의 사회적 책임과 관련하여 기업의 이미지 관리나 사회적, 윤리적 측면이 강조된 만큼 DEI의 중요성은 더욱 커질 전망이다.

1) DEI란 무엇인가?

DEI는 Diversity(다양성), Equity(형평성), Inclusion(포용성)의 앞글자

를 딴 용어로, 해외에서는 이미 기업들이 우수한 인재영입과 조직문화로 반드시 갖추어야 할 필수요소로 자리잡힌 개념이다. 다양성은 인종, 성별, 종교, 국적, 지위, 언어, 장애, 연령, 성적 취향 등에서 차이를 인정하고 공존하는 것을 의미하며, 형평성은 제도나 시스템 등에서 절차와 분배에 있어 정의, 공정을 추구하는 것을, 포용성은 사회, 조직 등에서 소속감을 느낄 수 있도록 모든 구성원을 포용하는 것을 의미한다.

[표 1] DEI의 정의

다양성 (Diversity)	인종, 성별, 종교 등 개인으로서 본인이 갖고 있는 고유한 여러 가지 속성으로 상호작용에 영향을 미치는 인식의 차이를 인정하는 것
형평성 (Equity)	제도나 시스템에 의한 절차 및 분배에 있어서 모든 사람에 대한 공정한 대우의 개념. 사회 모든 구성원이 동등한 지점에서 평등한 출발이 아니라는 것
포용성 (Inclusion)	개인이 소속감을 갖고 긍정적으로 인정받고 있다는 경험을 할 수 있도록 보장하는 것

구글, 메타, 아마존, 넷플릭스 등 해외 유수의 글로벌 기업과 경제전문지 포춘 글로벌 500대 기업의 80%가 '다양성과 포용성(D&I)' 또는 'DEI'를 주요 가치로 정했다. 해외에서는 ESG에 이어 이미 DEI가 한참 논의되고 있으며, 2021년부터 주요 글로벌 기업들은 이미 DEI 전담 부서를 만들어 DEI 정책을 강화하고 있다.

이 장에서 우리나라에서 이제 초기 걸음마 수준에 진입한 DEI에 대한 개념을 소개하고 이를 정책적으로 도입하여 실천하고 있는 글로벌 기업들의 사례를 제시하고자 한다.

2) 다양성(Diversity)과 포용성(Inclusion)

　기업의 다양성에 대한 시초는 1960년대 케네디 정부로 거슬러 올라간다.* 시민권리운동이 한창일 때 적극적 우대조치를 연방정부가 기업들에게 요구한 것이다. '적극적 우대조치(Affirmative action)'는 차별의 관행을 없애고, 과거와 현재의 차별을 교정 또는 보상하거나 미래에 다가올 차별을 예방하기 위한 모든 조치를 의미한다.

　1964년 민권법으로 미국 평등고용기회위원회(US Equal Employment Opportunity Commission: EEOC)가 만들어졌고, 이후 임신을 이유로 한 차별이 불법이 되었다. 이후 적극적 우대조치의 역차별논란, 낙인효과, 우대축소 등 많은 논의가 있기도 했지만 1980년대 이후 '다양성 관리(Diversity management)'라는 개념 아래 특히 노동 분야에서 인구통계학적 다양성을 꾸준히 추진해온 미국 중심의 글로벌 기업들이 세계화 확산과 더불어 노동시장의 다차원적인 다양성을 주목하였다.

　지멘스, 제너럴일렉트릭(GE), 프록터앤갬블(P&G), 존슨앤존슨, 나이키, 씨티 그룹 등에서는 최고다양성책임자(Chief Diversity Officer)라는 직책을 두어 기업 내 인종, 성별, 종교, 세대, 문화적 다양성을 유지할 수 있도록 조직을 진단하고 관리하는 책임자를 이미 도입하여 운영하였다. 이러한 기업들이 노동시장의 고령화나 직장과 가족돌봄을 병

---

* 15인 이상 고용주의 경우 인종, 피부색, 종교, 성별, 출신 국가 등을 이유로 고용, 해고, 승진, 직무훈련, 취업조건이나 혜택 등의 근로자 차별은 불법으로 규정(1964년)

행해야 하는 여성의 특징, 흑인과 히스패닉 노동자 채용 등 미래 노동시장의 예측으로 노동시장의 다양성이 결국 기업의 생존과 직결된다는 것을 일찍 받아들였다.

특히, 기술혁신의 상징이라는 실리콘밸리에서도 '인재의 다양성'이 혁신의 주요 요소이고 사업영역이 다양한 분야로 확장되면서 다양한 인재가 기업의 생존을 결정하는 핵심이라는 인식을 갖고 인재 다양성 보고서를 발표해왔고, 이를 통해 소수자의 고용차별 해소가 큰 흐름으로 자리 잡았을 뿐 아니라 다양한 인재의 채용 및 관리가 결국 회사의 이익 증가에 도움이 된다는 판단의 각종 연구결과가 회사 정책에 반영되고 있다. 이에 따라, 다양성을 기업 경쟁력의 기반으로 전환시켜 다양성 관리의 능력 증진과 태도 변화를 끌어내기 위해 안간힘을 쓰고 있다. 이후 이러한 다양성에 대한 관점은 ESG를 주목하는 근래에 더욱 꽃을 피우게 되었다.

사실, 미국에서는 2008년 흑인 대통령 오바마가 당선되면서 여러 분야에서 남녀평등이나 인종차별 부분 등이 전반적으로 개선되었다고 평가하지만, 조직의 말단 신입직원 구성만 다양해졌을 뿐 정책이나 제도를 결정하는 임원계층에서 여성이나 소수민족은 매우 적었다. 다양성 관리에도 불구하고 함께 일하는 구성원들의 환경과 다양한 문화적 요소에는 신경을 거의 쓰지 못하였다.

기존에는 조직의 동화에 초점을 맞추었던 조직 관리는 최근 주로 인적자원 관리 분야 인력 구성의 다양성을 확대시킴과 동시에, 구성원들 간의 다양성 포용 능력을 증대시키는 조직 차원의 노력과 문화를 넘어선 리터러시 능력을 HR분야의 핵심주제로 다루고 있다.

2017년 1월 주요 거래소 중 최초로 여성으로서 나스닥 최고경영자(CEO) 자리에 오른 아데나 프리드먼은 "이사회 구성의 다양성은 기업 지배구조 개선 및 재무 성과와 관련이 있다"며 "다양성의 중요성은 모두 인정하면서도 이를 실천하는 기업은 거의 없다는 점을 보고 우리가 먼저 변화를 주도하기로 했다"고 밝혔다. 또한 "상장기업이라면 ESG 중 어느 하나를 택하는 게 아니라 셋을 모두 충족해야 하는 시대"라며 이사회 다양성을 강조했다.*

글로벌 기업들이 다양성 관리에 적극적인 이유는 무엇일까? 무엇보다 회사 이익증가에 기여한다는 점이다. 2015년 한국경제신문 기사에 따르면 여성권익 향상을 위한 비영리법인 캐털리스트가 2004년부터 2008년까지 Fortune 500대 기업 선정된 기업(524개)을 분석한 결과, 이사회에 3명 이상의 여성임원이 있는 자본이익률은 10.4%로 여성 임원이 전혀 없는 기업(6.5%)보다 3.9% 높았다. 이는 여성소비자의 니즈를 파악하여 구매력이 커진 여성소비자 요구에 빠르게 대응할 수 있었던 것으로 분석했다.

* 출처: 임팩트온(http://www.impacton.net)

그밖에 2010년 LG경제연구원 보고서에 따르면 다양성 정책의 효과로는 조직 내 문화적 가치 강화, 기업평판 향상, 고급인재 유치 및 유지, 기존 인력의 동기부여와 효율성 제고, 구성원 간 창의성과 혁신 향상, 서비스 수준과 고객 만족도 향상, 인력부족의 문제 해결, 이직률 저하, 결근율 저하, 새로운 시장에 대한 접근성 향상, 소송비용 회피, 글로벌 역량 향상 등에 긍정적인 효과가 있다고 기술하였다.

누구든 이질적 문화에서 생존을 넘어 번영할 수 있는 환경을 조성해야 한다는 취지 아래 2000년 즈음 '포용(Inclusion)'이라는 가치가 제안되었다. 특히 포용성은 국적, 인종, 여성, 성소수자 등 가치관의 행동의 다름에 대한 포용으로 대표된다. 포용성은 다양한 특성을 가진 개인이 존중받으면서 소속감을 느끼며 일할 수 있도록 환경을 제공하는 것이다.

포용성을 증진하기 위해 중요한 것은 구성원의 심리적 안전감 개념이다. 에이미 에드먼슨의 책《두려움 없는 조직》에 언급된 심리적 안전감이라는 개념은 "조직 내에서 자신의 생각을 솔직하게 말해도 자신에게 피해가 생기지 않을 것이라고 느끼는 마음"이다. 심리적 안전감을 구축하여 개인의 다양한 견해를 솔직하게 표현하게 하고, 존중 및 배려를 통해 팀워크를 높여 기업의 생산성을 극대화하는 것이 결국 포용성의 핵심이라 할 수 있다.

3) 형평성(Equity)

2010년대부터 '형평성(Equity)'이라는 개념이 추가되어 DEI라는 용어가 정착되었다. 형평성은 사회의 모든 구성원이 동등한 지점에서 평등하게 출발하지 않았다는 것을 전제로 모두가 성공할 기회를 만들려면 체계적 변화가 필요하다는 것을 이해하는 바탕에서 마련된 개념이라 할 수 있다.

2020년 후반부터 대부분 기업이 다양성, 형평성, 포용성을 합쳐 DEI라고 보편적으로 부르게 되었는데, 일부 기업은 형평성 대신 정의(Justice)를 써서 DEJ라고 부르기도 한다.

DEI에서 '형평성'은 평등(Equality)과는 다른 개념이다. 예를 들어, 키가 다른 사람이 담장 넘어 관람할 수 있도록 모두에게 똑같은 높이의 받침대를 제공했을 때 이를 평등이라 부르는데, 이는 모두에게 '똑같은' 혜택을 줬기 때문이다. 하지만 받침대를 놨다고 하더라도 키가 작은 사람은 못 볼 수 있다.

형평성은 개인별로 다른 신장을 반영해 모두 경기를 볼 수 있도록 받침대의 높이를 달리하는 것으로 결국, 형평성의 개념이 개인 차이를 인정하며 동등한 결과를 보장하는 방식이라 할 수 있다.

[그림 1] 평등과 형평성*

고용에서 출발선이 동일하지 않은 차별에 대한 연구의 사례를 살펴보자.

Berrand & Mullaninathan의 2004년 연구에서 미국 고용시장에서 백인과 흑인 사이의 고용률과 임금 등에서 불평등이 나타나는 현상을 살펴보기 위해 시카고대학교 연구자들의 기획에서 보스턴과 시카고신문에 구인광고를 1,300여 업체에 5,000장 수준의 이력서를 발송했다. 적힌 이력은 같지만, 이력서 절반에는 에밀리 월시나 그레그 베이커 등 자연스러운 백인 이름을 적고 나머지 절반에는 라키샤 워싱턴, 자말 존스 등 흑인스러운 이름을 적어 보냈다.

실험 결과 고용인, 직종, 업계, 사업체 규모 상관없이 백인이라고 추정되는 이름을 적은 이력서에서 응답이 오는 빈도는 상대 조사 집단보

---

* 출처: https://www.mentalfloss.com/article/625404/equity-vs-equality-what-is-the-difference

다 50%가 높았다. 또한, 경력이나 자질 수준을 높여 그에 따른 변화도 조사했는데 백인 이름 이력서는 응답률이 30%가 높아졌지만, 흑인 이름 지원자들에 대한 응답률은 뚜렷한 변화가 없어 차별이 업무, 지역, 업계와 무관하게 한결같이 나타났다. 결국, 흑인으로 생각되는 지원자의 자질이 높아도 백인보다 불리하다는 사실을 연구결과에서 보여주었다. 또한, 전형적인 흑인 이름은 사회경제적으로 낮은 지위와도 연관이 된다.

이 연구에서 주목한 것은 인사담당자가 이름에 따라 흑인이라고 차별하고 있다는 인식이 없을 가능성이 높고, 차별하지 않느냐고 물으면 부인할 것이니 스스로 차별한다는 것조차 모르는 것은 성장하면서 자연스럽게 학습된 무의식적인 사회화의 힘이라는 것이다.

이력서를 읽는 사람의 인종과는 무관하게 이름에서 인종과 계급을 연상하고, 이런 생각은 대체로 무의식적이지만 어떤 지원자가 다른 지원자보다 적합해 보이게 만드는 데 강력한 역할을 하게 된다. 그 거름망이라는 것이 강력하기도 하지만, 우리는 그런 거름망 자체가 있다는 사실을 우리가 알아차리지 못하고 있다는 점을 인지하고 이러한 불평등한 요소들이 사회구성원들 간에 작용하지 않도록 제도적으로 뒷받침되는 형평성이 더욱 중요해졌다.

특히 우리나라의 경우도 MZ세대들은 공정성과 형평성에 민감하게 반응한다는 연구결과에 근거하면 조직문화에서 기성세대와 갈등하게 만드는 민감한 요소가 될 수 있다.

각 국가의 문화에 따라, 속해있는 기업의 문화에 따라 이 거름망은 다르며 인종, 젠더, 계급, 민족, 종교, 능력, 국적, 섹슈얼리티 등 사람들과의 상호작용을 통해 편견과 차별로 나타나지 않아야 하며 이것은 특별히 기업의 인재채용이나 조직문화에 많이 영향을 미치고, 이러한 상호작용 속에 나타나는 결과물들로 기업의 평판과 사회적 책임에 대한 인식 때문에 앞으로는 더욱더 중요한 이슈가 될 가능성이 많다. 모두에게 공정한 환경을 만들기 위해 정책에 체계적 변화가 필요하다는 인식이 점점 늘어나고 있다.

미국은 대부분 인종과 성별 중심으로 나타나는 부분이었다면 인도는 카스트제도에 따라 사회계층의 서열이 이슈가 되고, 유럽 대부분은 이민자와 시민권자가 쟁점이 되며, 중동지방의 사우디아라비아 같은 국가에서는 여성의 권리가 초점이 된다. 글로벌 기업의 시각에서 다양한 조정과 통합 관점으로 DEI를 바라볼 필요가 있다. ESG 분야와 밀접하게 관련된 다양한 글로벌 기업의 사례를 살펴보자.

2. DEI 관련 ESG 글로벌 기업 사례

147년 역사 이탈리아 기업 바릴라(Barilla)의 위기

1877년 설립된 식품 기업 바릴라(Barilla)는 이탈리아 최대 가족 기업 중 하나다. 100가지 이상 파스타 재료를 생산하며 미국과 유럽 시장 3분의 1 가까이 장악했다. 그런데 구이도 바릴라 회장이 2013년 어느 인터뷰에서 "우리가 생각하는 가족은 전통적인 가족이다. 동성애자 가족에 대한 광고는 하지 않는다"고 발언한 것이 화근이 됐다. 고객은 바릴라의 성 소수자 차별에 엄청난 반감을 보이며 대대적인 불매 운동에 들어갔다. 그사이 경쟁 업체는 차별화된 광고로 바릴라를 따라잡았다. 바릴라 회장의 뒤늦은 사과에도 불은 꺼지지 않았다.

바릴라는 이후 동성애자 권리를 실천하는 비영리집단과 만났고, 전 직원이 다양성과 포용성에 관한 교육을 받았다. 다양성을 담당하는 직책을 신설했다. 2018년 바릴라는 세계 파스타 챔피언십 기간에 동성애 가족을 포용하는 디자인의 제품까지 출시했다. 포장에는 파스타를 다정하게 먹는 두 여성의 모습과 아이와 함께 있는 두 여성, 즉 성 소수자로 이뤄진 가족의 모습을 담았다. 마침내 바릴라는 2015년 미국 '인권 캠페인'이라는 단체로부터 '기업평등지수'에서 최고점을 받으며 위기를 벗어났다. 2019년 블룸버그는 "바릴라그룹이 동성애 혐오증에서 국가적 긍지로 성공적으로 턴어라운드했다"고 보도하기도 했다.

출처: 매경이코노미 제2217호(2023.7.12.~ 7.18.)

펩시콜라 "조직 내 다양성을 높이는 일은 혁신의 원동력"

펩시콜라를 만든 글로벌 기업 펩시코는 조직 내 DEI를 지속적으로 관리하여 성과로 연결시켰다고 평가받는 대표기업이다. 펩시코가 다양성에 눈뜬 것은 2000년대 초반이다. 당시는 미국에서조차 다양성에 대한 논의가 제대로 이루어지지 않았던 시기였으며 대다수 미국기업의 최고경영진은 백인 남성으로 구성되어 있었다. 2003년 기준 미국기업의 임원 중 84.5%가 백인이었고, 성별 격차도 극심했다.

당시 펩시코의 CEO 스티브 라인문트는 "조직 내 다양성을 높이는 일은 혁신의 원동력이 된다"는 주장으로 조직 체질개선을 시작했다.

가장 먼저 유색인과 여성 임원의 비율을 관리하여 6년간 각각 17%, 29%로 비중을 높였다. 또한 다양해진 조직구성을 활용해 상품개발과 마케팅에도 변화를 주었다. 히스패닉 고객 대상 '도리토스 나초칩', 흑인 고객을 대상으로 한 '마운틴 듀 드레드', 아시안 고객을 대상으로 한 '와사비맛 스낵' 등이 그 결실이다. 다양성 노력은 2005년부터 매출성장률의 1% 이상을 기여하기 시작했다. 이런 변화가 바탕이 되어 2006년에는 포춘 500대 기업 최초로 인도계 여성을 CEO로 선임하였다. 현재 '세계에서 가장 뛰어난 CEO'로 평가받는 인드라 누이 전 회장이다. 인드라 누이의 뛰어난 경영능력은 널리 알려져 있다. 펩시코의 성공이 오직 DEI를 통해 이루어졌다고 말하기는 어렵다. 하지만 한 가지 확실한 것은 다양한 배경을 가진 구성원을 존중하고 함께 공존하려는 지속적인 기업의 노력이 혁신의 기반이 되었다는 것이다.

출처: IGM세계경영연구원 홈페이지(https://igm.or.kr/insight/207)

IBM "Be Equal"

IBM은 정부 정책보다 빠른 다양성 접근과 실행으로 다양성 문화를 뿌리 깊게 만들어 왔다. IBM의 다양성 정책의 역사는 1914년으로 거슬러 올라간다. 1990년 미국 장애인법(Disabilities Act)이 통과되기 76년 전부터 장애인을 적극 고용하였다. 1942년 시각장애인 심리학자 마이클 수파를 고용하여, 장애인 고용 교육훈련프로그램을 자사에 도입했으며, 1953년 미 시민권법보다 11년 앞서 미국 최초의 '평등한 채용' 정책을 적용하였다. 또한 1984년 차별금지 공약의 일환으로 성적 지향성(sexual orientation) 포함시킨 최초의 기업으로 주목을 받았다.

무엇보다 IBM은 '다름'은 경쟁력이라는 인식 아래 다양성에 접근한다. 이에 따라 자사의 심벌인 '꿀벌(Bee)'을 다양성 그룹(흑인, 히스패닉, 아시아인, 원주민, 여성, 장애인, 참전용사, LGBTQ)의 역량을 강조하는 8가지의 칼라로 구분해 사용하고 있다. 서로 다른 차이 속에서 경쟁력이 될 수 있는 혁신이 나온다는 것을 강조하는 것이다.

IBM은 다양성 그룹의 역량 실현을 위해 적극 지원하고 있다. 특히, 자사의 다양성 캐치프레이즈인 'Be Equal(동등해지자)'을 브랜드화해 굿즈(Goods)를 온라인에서 판매하고, 수익금 일부를 유색인종이 운영하는 스타트업에 지원하는 등 역량 지원 사업을 활발히 수행하고 있다.

더불어 Be Equal 브랜드는 가치 소비를 지향하는 MZ세대 사이에서 인기를 끌어 IBM을 다양성 기업으로 인식하는 팬덤 형성과 함께 다양성 역량 증진 사업의 파이를 키워나가는 등 일석이조 효과를 거두고 있다.

IBM에서 장애(Disability)는 다양한 능력이라는 다이버스(Divers + Ability)'로 불린다. 장애인의 불편함에서 새로움이 나올 수 있다는 것이다.

IBM의 이러한 다양성과 관련한 노력들이 성과로 이어지고 있다. 2019년 이후 유색인종의 승진률이 기존 3.1%에서 27%로 눈에 띄게 개선되었으며, 전 세계 사업 현장의 여성 승진 비율도 36.6%까지 증가했다.

출처: [SV Hub 칼럼] '다양성 보고서'에 공들이는 글로벌 기업(2022.7.4.)

버라이즌(Verison)

미국 최대의 정보통신회사인 버라이즌(Verizon)은 직원의 다양성부터 챙겨야 한다는 가치관에 따라 직원 중심의 DE&I 보고를 위해 2020년부터 인적자본 보고서(Human Capital Report)를 발간하고 있다.

보고서 내용도 다양성과 형평성에 기초해 미래를 위한 인재 유치(Attract), 직원 잠재력 강화(Develop), 직원 경력 확대(Inspire) 등에 초점을 맞추고 있다. 슬로건도 "우리의 가장 큰 강점은 당신이다(Our greatest strength is you)"이다. 버라이즌이 직원에 대한 다양성과 형평성이 높게 평가되는 이유는 다양한 직원 목소리를 듣고 반영하는 내부 문화 때문이다. 직원들의 목소리를 더 많이 듣고 대응하기 위해 'VZPulse+'라는 2분 설문조사를 갤럽(Gallup)과 정기적으로 실시하고 있다. 짧은 시간 내에 필요한 질문만 제시함에 따라 버라이즌은 더 많은 직원들의 내부 불만과 문제를 놓치지 않고 선제적으로 대응해 나가고 있다. 이 같은 정기적인 직원 대상 설문과 커뮤니케이션 덕분에 버라이즌은 2020년 남녀 및 인종간 임금 형평성을 100% 달성한 것으로 나타났다.

문화적, 사회적 배경에 따라 소통 방식에 차이가 있다는 것을 인식해 다양한 소통 경로 마련하였다. 'Ask Christy'라는 우편함을 마련해 직원들이 직장 내 불편함과 요구사항을 HR부서에 자유롭게 전달한다. 익명으로 의견을 주고

받길 원하는 직원을 위해 'Verizon Ethics' 핫라인도 구축했다. 불만사항이나 문제 제기를 모국어로 할 수 있도록 지원한다.

직원의 다양성을 기술 개발과 경영 혁신으로 연결하고 있다. 'My Edge' 프로그램과 'Competitive Edge' 프로그램을 운영해 직원들이 서로에게 영감을 주어 혁신을 이끌어내도록 교육하고, 상호 협력하여 기술 개발 및 개인 브랜드를 출시하도록 지원한다. 다양성에 기초한 10개의 직원 자원 그룹(ERGs, Employee Resource Groups)에서 직원들이 비즈니스 전략, 고객 서비스, 지역사회 공헌 등의 아이디어를 내고 실행하고 있다. 미국 '인권 캠페인'이라는 단체로부터 '기업평등지수'에서 최고점을 받으며 위기를 벗어났다.

출처: [SV Hub 칼럼] '다양성 보고서'에 공들이는 글로벌 기업(2022.7.4.)

3. 다양성 보고서를 중요시하는 글로벌 기업

2020년부터 D&I Report를 별도로 발간하고 있는 IBM은 자사 홈페이지에 관련 이슈 및 소식을 지속적으로 게재하고 있다. 이 회사의 다양성 보고서의 특징은 뿌리 깊은 사내의 다양성의 역사를 바탕으로 소외된 이들을 위한 연대와 책임 있는 다양성 데이터의 관리와 공개에 있다. IBM은 2021년 글로벌 기업 중 가장 윤리적인 회사로 등극하였다.

FTSE 100대 기업 중 13%가 별도의 다양성 보고서를 발간하고 있다. 그 예로, AT&T는 2014년부터 다양성과 포용성 보고서를 발간해 자사 홈페이지를 통해 게재하고 있으며, 우버(Uber), 구글, 3M 등 굴지의 글로벌 기업들이 매년 다양성 보고서를 발간하고 있다. 그동안 크게 관심을 갖지 않았던 국내 기업들도 이러한 흐름에 올라타는 기세다. 그 중심에 ESG경영에 대한 보편화된 확산 인식이 그 배경에 있다.

[그림 2] 다양성 보고서를 발간하는 글로벌 기업 (*연도: 발간 시작 연도)

기업	다양성 보고서 명칭	연도
AT&T	다양성, 형평성, 포용성 연례보고서 Diversity, equity & inclusion annual report	2014
우버(UBER)	사람과 문화 보고서 People and Culture Report	2017
구글(Google)	다양성 연례보고서 Diversity Annual Report	2018
넷플릭스(Netflix)	넷플릭스 미국 시리즈 및 영화 대본의 포용성 Inclusion in Netflix Original U.S.Scripted Series & Films	2021
IBM	다양성과 포용성 보고서 Diversity & Inclusion Report	2020
3M	글로벌 다양성, 형평성 및 포용성 보고서 Global Diversity, Equity & Inclusion report	2021
월마트(Walmart)	문화, 다양성, 형평성, 포용성 보고서 People and Culture Report	2014
모건 스탠리(Morganstanley)	다양성과 포용성 보고서 Diversity and Inclusion Report	2020
GE	다양성 연례보고서 Diversity Annual Report	2020
스냅챗(Snapchat)	다양성 연례보고서 Diversity Annual Report	2020
이베이(ebay)	다양성, 형평성 및 포용성 보고서 Diversity, Equity & Inclusion Report	2016
PwC	다양성, 형평성 및 포용성 보고서 Diversity, Equity & Inclusion Report	2020
BP	다양성, 형평성 및 포용성 보고서 Diversity, Equity & Inclusion Report	2020
딜로이트(Deloitte)	다양성, 형평성, 포용성의 투명성 보고서 Diversity, Equity, and Inclusion (DEI) Transparency Report	2021
마이크로소프트(Microsoft)	글로벌 다양성과 포용성 보고서 Global Diversity & Inclusion Report	2019
테슬라(Tesla)	다양성, 형평성 및 포용성 임팩트 보고서 Diversity, Equity and Inclusion Impact Report	2020
뉴욕타임스(New york Times)	다양성과 포용성 보고서 Diversity and Inclusion Report	2017

[그림 3] 카카오, 신한금융 다양성 보고서

4. 직장 유토피아를 꿈꾸며

최근 MZ세대들의 일에 대한 가치관은 현재의 기업들의 조직문화에 대한 검토와 혁신을 요구하고 있다. 과거의 효율성과 효과성만을 강조하던 시대에서 벗어나 이제는 고객 외에도 기업의 이해관계당사자인 내부직원들을 얼마나 만족시켜 동기부여를 시키고 업무에 성과를 올리는지가 중요해졌다.

특별히 인구 감소 시대에 접어든 우리나라뿐 아니라, AI가 보편화된 시대에 일자리혁명을 통해 혁신을 가져올 미래는 결국 능력 있는 인재를 어떻게 함께할 수 있는지 앞으로의 접근방법을 예측해 보면 결국 다정한 조직, 즉 직무만족을 넘어서 하루 중 대부분을 보내는 일터에서 편안함을 넘어 몰입하게 만드는 기업문화를 어떻게 구축하는지가 핵심이 될 것이다. 엘라 워싱턴은 저서《다정한 조직이 살아남는다》에서 "다양함을 포용하는 조직일수록 혁신 가능성이 6배나 높아진다"고 하였다. 이는 직장 유토피아가 실현되었을 때 가능하다. 직장 유토피아는 다양성, 포용성, 형평성이라는 요소들로 대표되는 DEI 즉, 다르지만 스스로 가치가 있는 사람들이 온전한 자신의 모습으로 존중받는 문화에서 실현될 수 있다.

【 참 고 문 헌 】

- 박주홍,《글로벌 인적자원관리》, 유원북스, 2016.
- 엘라 F. 워싱턴,《다정한 조직이 살아남는다》, 갈매나무, 2022.
- 오즐렘 센소이 외,《정말로 누구나 평등할까?》, 착한책가게, 2016.
- SV Hub 칼럼, '다양성 보고서'에 공들이는 글로벌 기업, 2022.7.4.
- https://socialvalueconnect.com/community/414.do
- IGM세계경영연구원 홈페이지(https://igm.or.kr/insight/207)

【 저 자 소 개 】

강미영 KANG MI YOUNG

학력

- 강원대학교 경영학 박사(국제경영 및 상학)
- 연세대학교 경영학 석사(인사조직관리)
- 학점은행제 행정학사(사회복지학)
- 홍익대학교 교육학과
- 강원대학교 무역학과 졸업
- 이화여대 최고명강사과정 수료(9기)
- 광운대학교 부동산개발과정 수료(93기)
- 상지대 사회적 경제 리더과정(Semi-MBA) 수료

경력

- 현) 강원대학교 경영회계학부 시간강사
- 현) 일류기업연구소 연구위원
- 현) 리치앤코 금융컨설턴트
- 현) 신한금융투자권유대행인
- 현) (주)삼일글로벌 대표이사

- 현) (주)KSC 선임연구원
- 현) 한국도서관 협회 병영독서코칭 강사
- 현) 위더스평생교육원, 글로벌이노에듀 운영교수
- 전) 국민연금공단 민간노후준비강사
- 전) 한국산업기술대학교 시간강사
- 전) 경기대학교 지식정보대학 겸임교수
- 전) 안보경영연구원 연구위원
- 전) 공군부사관 재무설계 강사
- 전) 키움에셋플래너 센터장
- 전) 대한민국 공군 대위 전역

자격

- 초경량비행장치 드론조종자 및 지도교관
- 성폭력상담원 및 가정폭력상담원
- 요양보호사
- 일반행정사
- 사회복지사 2급
- 심리상담사 2급
- 유통관리사 2급
- 무역영어 1급, 2급
- 증권투자상담사·증권펀드투자상담사
- 생명·손해·변액 보험판매자격

저서

- 《신중년, N잡러가 경쟁력이다》, 브레인플랫폼, 2021. (공저)
- 《창직형 창업》, 브레인플랫폼, 2021. (공저)
- 《N잡러 컨설턴트 교과서》, 브레인플랫폼, 2022. (공저)
- 《ESG경영》, 브레인플랫폼, 2021. (공저)

제10장

관광 ESG경영 우수 사례

김재혁

1. 관광 ESG경영 핵심 트렌드 '지속가능한 여행'

ESG는 Environmental(환경), Social(사회), Governance(지배구조)의 첫 글자를 조합한 단어로, 기업의 친환경 경영, 사회적 책임, 투명한 지배구조 등을 의미한다. 관광 ESG경영은 3가지의 구성요소 중 Environmental(환경)과 좀 더 밀접한 관련을 가진다고 할 수 있다. 여기서는 포스트 코로나 시대의 트렌드로 부상하고 있는 지속가능한 여행이라는 주제로 그 실천 사례들을 살펴보려 한다.

2022년 이후 코로나19 상황이 끝나고 포스트 코로나 시대가 전개되면서 여행업계에서는 지속가능한 여행이 최근 트렌드로 떠오르고 있다. 국내는 물론 전 세계적으로 코로나19의 후유증과 급격한 기후변화로 환경에 대한 관심이 그 어느 때보다 높아지고 있기 때문이다.

네이처 기후변화 연구에 따르면, 2018년 관광산업은 전 세계 온실가스 배출량의 8%를 차지한다고 밝히며, 관광과 여행 활동이 환경에 유의미한 영향을 미치고 있음을 밝혔다. 영국의 '투어리즘 컨썬'은 여행객 1인당 하루 평균 3.5kg의 쓰레기를 배출하고 사하라 남부 아프리카 주민 30명분의 전기를 소비한다고 밝혔다. 여행객이 머무는 호텔 객실에서는 평균 1.5톤의 물이 사용되고 있다고 주장했다. 일상을 떠나 여행을 즐기는 이들이 오히려 일상보다 더 많은 쓰레기와 탄소를 배출하고 있는 것이다.

2022년 3월 국내 숙박 플랫폼의 700명의 2030세대 대상으로 포스트 코로나 이후 여행 트렌드 설문조사에 따르면, 응답자의 78.8%가 친환경 여행 상품에 선호도가 높은 것으로 조사되었다. 그리고 응답자 중 45.3%는 추가 비용을 지불하고 친환경 상품을 구매하겠다고 했으며, 지불금액의 12%를 친환경을 위한 추가금액으로 지불할 의사가 있는 것으로 나타났다. 뿐만 아니라, 응답자 중 55.8%는 친환경 여행을 위해서라면 플로깅, 도보, 자전거 여행, 다회용기 사용 등, 기꺼이 불편함을 감수하겠다고 답했다.

2030세대의 이러한 친환경 여행을 불편으로 인식하기보다는 트렌디하다는 태도를 형성하고 있으며, 앞으로 플로깅 같은 다양한 친환경 여행, 착한 여행의 방법들이 지속가능한 여행이라는 트렌드에 발맞추어 양산될 것이라고 이 설문조사는 말해주고 있다.

이러한 트렌드에 발맞추어 문화체육관광부와 한국관광공사는 2022년 "보여줘 너의 선한 여행력"이라는 슬로건 아래 선한 여행력, 지속가능한 여행 캠페인을 진행한 바 있으며, 국내 관광업계도 관광산업의 미래를 위해 'ESG 추진 실무협의회'를 통해 관광 ESG 실천과제들을 마련하고 실천 중이다.

워커힐호텔은 지난해 국내 호텔 업계 최초로 친환경 객실을 선보였다. 어메니티로는 동물 실험을 거치지 않은 제품들을 비치하고 가죽 대신 닥나무로 만든 식물성 한지 가죽 소재의 쿠션 사용을 사용했다. 침구 커버와 포장재도 친환경 오코텍스 인증 제품을 사용해 친환경 비건 객실을 만들었다.

해외에서도 지속가능한 여행을 위한 노력들이 진행 중임을 드물지 않게 발견할 수 있다. 지난 2019년 미국 캘리포니아에서는 일회용 어메니티를 금지하는 법안을 통과시키면서 오는 2024년 시행을 앞두고 있다.

세계 최대 호텔 체인 '메리어트인터내셔널'과 '인터컨티넨탈호텔그룹'도 "매년 약 2억 개의 어메니티 쓰레기가 발생한다"며 지난 2019년 일회용 어메니티를 대용량 용기에 담아 쓰는 디스펜서식으로 바꾼다고 발표했다.

미국의 델타항공은 지난 2020년부터 '탄소중립을 향한 비행(Flight to Net Zero)'이라는 슬로건으로 탄소중립 항공사가 될 것이라는 목표를 내세웠다. 탄소배출량이 기존 연료에 비해 80%까지 줄일 수 있는 지속가능한 연료(SAF) 도입을 통한 탄소 배출 저감과 동시에 탄소 상쇄를 통해 배출한 탄소도 줄일 것이라고 발표했다.

2. 관광 ESG경영 실천 사례

1) 국내 관광 공공기관 ESG경영 실천 사례

■ 전국관광기관 협의회 ESG경영 실천(2022년)

최근 ESG경영이 세계적 트렌드로 부상함에 따라 한국관광공사를 비롯하여 '전국관광기관협의회(이하 전관협)'는 관광 분야 ESG경영 실천을 위한 친환경 '착한여행' 릴레이 캠페인을 2022년 9월부터 연말까지 추진하였다.

동 캠페인은 지난 6월 말 인천에서 열린 전관협 정기회의에서 관광산업이 전 세계에서 배출되는 온실가스의 약 5~8%를 차지하는 만큼 정부의 탄소중립 정책 적극 이행과 친환경 여행 확산을 위한 사업 추진을 15개 기관이 만장일치로 의결함에 따라 기획되었다. 캠페인은 전국 광역 단위로 진행되었으며 여행자와 지역주민들의 활발한 참여 유도에 초점을 둬 플로깅(쓰레기 줍기 + 조깅), 비치코밍(해변 정화 활동), 에코 트레킹 등 다양한 활동을 전개하였다.

전관협은 탄소 배출량 저감을 위해 공공분야 주도의 친환경경영 추진 체계를 지속 강화해 나가고 있다. 또한 전국 친환경 여행 콘텐츠를 발굴하고, 각 지자체, 여행업계 및 친환경 소재 관광벤처기업 등과 협업한 친환경 여행상품 개발에 힘쓸 계획이다. 또한 공사 신규 여행구독 서비스 '가볼래-터' 등 다양한 채널로 친환경 여행 콘텐츠 및 상품을 홍보해 친환경 여행문화를 확산시키고 있다.

[표 1] 관광 분야 ESG경영 실천을 위한 캠페인

No.	일정	추진기관	캠페인 내용
1	9.6~18	인천관광공사	○ '내가 그린(Green) 인천 여행' 캠페인
2	9.19~22	경북문화관광공사	○ 경북 착한여행 캠페인 'Gyeong Bookmark'
3	10.1~30	경기관광공사	○ DMZ 평화누리길 친환경 트레킹 캠페인
4	10.2~10	대전마케팅공사	○ 대청호 오백리길 스토리형 스탬프랠리
5	10.5~29	전북문화관광재단	○ 친환경 경영 실천 '[쓸기]로운 여행' 캠페인
6	10.9	강원관광재단	○ 강원 "고성 응봉산" 에코 하이킹 챌린지
7	10.11~15	광주관광재단	○ 광주 예쓰(예술+쓰레기줍기) 미션투어
8	10.16~17	울산관광재단	○ 제로 웨이스트 울산 친환경 캠페인
9		전남관광재단	○ 지속가능한 섬여행을 위한 비치코밍 체험여행
10	10.18~22	부산관광공사	○ 저탄소 안심관광 캠페인
11	10.30~31	경남관광재단	○ 캠핑의 성지, 경남에서 친환경 캠핑 이벤트
12	11.8~19	제주관광공사	○ 관광거점 일회용 플라스틱 컵 수거 업사이클링 캠페인
13	11.22~26	대구관광재단	○ 대구 친환경 여행 챌린지
14	11.15~12	서울관광재단	○ 관광정보센터(안내소) 활용 재활용품 수거 캠페인

■ 인천관광공사 ESG 우수 사례

(1) 친환경 컨벤션 육성을 통한 ESG경영 우수 사례

인천관광공사는 친환경 컨벤션 육성을 통한 ESG경영 실천 확산을 위하여 친환경 컨벤션 개최 지원을 하고 있다. 친환경 컨벤션 세부기준

5대 분야의 13개 실천 과제를 수립하고, 주최자 사전 미팅 및 답사 시 이를 안내하고 이행하도록 독려하고 실천과제 5대 분야 중 3개 분야 이상 이행 증빙 시 고객 만족 서비스 지원액을 지원하고 있다. 친환경 컨벤션 세부 기준 5대 분야, 13개 실천과제란 아래 표와 같다.

[표 2] 친환경 컨벤션 세부 기준

5대 분야	13개 실천과제
1. 일회용품 사용지양	① 참가자 개인 텀블러 사용 권장 ② 행사장 내 페트병(일회용병) 미제공 ③ 플라스틱 빨대 대신 분해 가능한 제품 제공
2. Paperless	④ 행사안내자료 제공 시 인쇄물 대신 행사 자체 애플리케이션 활용 ⑤ 프로그램북, 초록집 등 인쇄물 대신 전자파일 활용 ⑥ 현수막 배너 등 인쇄된 사인물 대신 디지털 사인물 활용 ⑦ 행사 등록 시 모바일 등록 시스템 등을 활용한 현장 등록 지원 (종이 문서 작성 지양)
3. 친환경 소재 사용 또는 재활용	⑧ 친환경 종이재질의 인쇄물 제작 ⑨ 재활용 가능한 소재의 부스 설치 및 운영 ⑩ 명찰 제공 시 재생 가능한 종이 사용
4. 친환경 교통	⑪ 참가자 대중교통 이용 권장 ⑫ 친환경차 셔틀버스 이용
5. 지속가능개발목표	⑬ 2015년 UN에서 발표한 'SDG 17'을 전파 확산하기 위한 공공 성격의 행사

2022년 지원 실적은 11th Annual Biologics Manufacturing Korea 2022와 2022 인천 국제 바이오 치의학 종합학술대회 및 기자재 전시회(INDEX 2022) 등이 있다.

(2) 친환경 사회공헌 활동

인천관광공사는 또한 매년 탄소중립 실천 및 사회 환원을 통한 지속가능한 선순환 구축을 위하여 환경 등 지역사회 문제를 개선하고 탄소중립을 실천하는 친환경 사회공헌 활동을 통한 공공기관의 사회적 책임을 실천하고 있다.

환경 기념일 및 여름 휴가 맞이 캠페인을 수행하여 친환경의 의미 및 홍보에 힘쓰고 있으며, 중고 새물품 기증을 통한 장애인 고용 창출과 함께 자원 순환을 통한 사회 환원사업에 지원하고 있다. 이러한 활동은 친환경 여행 실천 및 관광지 정비를 통한 지속가능한 관광실현을 기대하고 있다.

(3) 친환경 축제 개최를 통한 지속가능한 축제 개발

친환경에 대한 사회적 관심 증대에 부응하기 위하여 인천시에서 축제 개최 시, 친환경 요소를 도입 확대하여 환경보호를 선도한 친환경 축제로 육성하고 있다. 2022년 8월 개최한 인천펜타포트음악축제에서는 전기발전차 사용, 다회용기 의무 사용 등의 도입으로 구내 대표 친환경 축제로 자리매김하고 있다.

이는 앞으로 친환경 축제 개최의 모델을 제시하고 있으며, 친환경 축제 요소 도입을 통하여 ESG 대표 선도 공기업으로서의 위상을 보여주고 있다.

2) 국내 관광 사기업 ESG경영 실천 사례

■ 하나투어의 동물 학대 여행 프로그램 운영 폐지

하나투어는 태국과 라오스 등에서 코끼리 트레킹, 우마차, 악어쇼 등을 체험한 고객들에게 "동물을 혹사시키는 것 같아 여행 내내 기분이 좋지 않았다", "동물을 보호하고 자연을 보존하는 여행을 원한다" 등 동물 체험 일정이 불편했다는 의견을 과거로부터 꾸준히 확인해왔다.

[그림 1] 코끼리 체험 현장

그리하여 동물 학대가 사회적 이슈로 대두되고 있는 상황에서 고객의 목소리에 귀를 기울였으며 ESG경영 도입 후 친환경 여행 등 지속가능한 여행상품 개발에 더욱 집중하면서 동물체험 프로그램에 대한 대대적인 개선작업을 진행하였다.

그 결과 코끼리 트레킹, 채찍을 휘두르는 우마차, 열악한 환경의 사육과 동물 쇼, 갇혀있는 동물을 만지는 체험 등 동물 학대로 인지될 수 있는 프로그램을 전 지역 여행 일정에서 제외하기로 하였다. 그리고 이를 대신해 보호구역에서 먹이를 주고 함께 자유롭게 활동하는 동물들을 만날 수 있는 대체 프로그램을 운영하였다.

하나투어는 모든 동물 체험이 문제가 되는 것은 아니지만, 동물을 보호하고 동물과 교감을 나누는 상품을 통해 고객 기대에 부응할 것이며 생태계 보호 활동을 위해 더욱 적극적으로 동물 학대 프로그램을 폐지해 나아갈 계획이라고 전했다.

■ 아시아나항공의 지속가능한 비행

(1) 온실가스 배출량 목표와 관리

아시아나항공은 사내 온실가스 배출량 관리 시스템인 AGIS(Asiana Airlines Greenhouse gases Information System)을 구축하여 사업장에서 배출되는 온실가스를 관리하고 있다. 회사는 온실가스 배출량에 대한 단기 목표에 대해 IATA에서 예측하고 있는 2019년(코로나19 이전) 대비 국제선 여객 회복률 예측치를 기반으로 설정하고 중장기 전략은 IATA의 2050 넷제로(NET ZERO) 계획을 채택하고 있다. 온실가스 배출량은 사업장과 국제선, 국내선으로 분류하고 매년 감축 목표에 대한 성과 분석을 통해 배출량 실적을 관리하고 있다.

(2) 2050 NET ZERO PLAN

전 세계 항공운송산업은 기후변화로 인한 문제를 해결해야 할 필요성을 인식하고 2050년까지 순탄소 배출량 제로라는 장기 기후 목표를 채택하였다. 국제 국경의 재개방과 여행 수요 증가에 따라 항공산업의 글로벌 연결이 회복되는 만큼 기업은 탈탄소화 목표를 위한 자발적인 노력을 기울여야 한다. 이에 아시아나항공은 IATA의 탄소중립 목표를 지지하고 2050 넷제로 계획을 채택하여 기후변화 대응에 적극 참여하고자 한다.

더 나아가 2050년까지 순탄소 배출량 제로라는 기후 목표뿐만 아니라 중장기적으로 배출량을 줄이려는 항공산업의 약속을 뒷받침하기 위해 IATA의 4가지 원칙을 기준으로 2050년까지 순탄소 배출량 제로라는 목표를 충족시키기 위한 운영전략을 펼칠 예정이라고 한다.

2050년까지 항공 분야의 순배출 제로를 달성을 위해 IATA Scenario 바탕으로 정책 방향의 지속적인 모니터링을 수행하고 2050 넷제로 지향점에 따른 주기별 전략을 논의하고 있다. 넷제로 수립의 목표 기간은 5년 주기로 구성되며 탄소중립 비전을 실행하고 구체화하기 위한 '중장기 탄소중립 기본 로드맵' 수립 방안을 통하여 중장기 관점의 직접 감축 활동을 통한 저탄소 중심의 포트폴리오로 구축 방안을 마련할 계획이다.

(3) 친환경 신 기재 도입 및 투자계획

아시아나항공은 차세대 친환경 고효율 항공기인 A350(A350-900)과 A321NEO(A321-251)를 주력 기종으로 하여 기단 세대교체를 진행하고 있다. A350 항공기는 동급 항공기인 B777 대비 연료 효율이 25% 뛰어나며, 이산화탄소 배출은 25% 적은 것이 특징이다.

[그림 2] A350 기종의 연료 효율

아시아나항공은 2017년 4월 A350을 국내 항공사 중 최초로 도입하여, 현재 총 13대의 A350 항공기를 중·장거리 노선에 운항 중이다. 회사는 항공기 운항에서 기인하는 이산화탄소 배출 저감을 위하여 향후 17대의 A350 항공기를 추가로 도입할 예정이다.

차세대 고효율 항공기로 평가받고 있는 A321NEO(A321-251)는 기존 A321-231(Sharklet 장착) 대비 시간당 연료 소모량이 약 15% 향상된 항공기이다. 아시아나항공은 2019년 7월 국내 항공사 중 최초로 A321NEO 항공기를 도입하여, 2023년 상반기 기준 총 7대의 A321NEO 항공기를 중·단거리 노선에 운항 중이다. 회사는 향후 총 18대의 A321NEO를 추가로 도입하여 항공기 운항 효율을 개선할 계획이다. 아시아나항공은 향후에도 지속가능한 비행을 우선 가치로 삼아 친환경·고효율 항공기에 대한 투자가 이루어질 수 있도록 최선을 다하고 있다.

3) 국외 관광 ESG경영 실천 사례

■ 미국 애리조나주 세도나의 세도나 서약

세도나는 미국 애리조나주의 베르데 밸리 북부의 코코니노 카운티와 야바파이 카운티 사이를 가로지르는 도시로 인구수 약 1만 명의 작은 도시이다.

세도나는 한해 600만 명 이상의 관광객이 찾을 정도로 유명한 관광도시이며 이 지역이 많은 관광객을 끌어들일 수 있었던 이유는 지역의 독특한 자연풍경과 함께 인디언들의 역사와 문화가 녹아 있기 때문이다. 이러한 세도나 지역에서 지속가능한 관광을 위하여 방문객들에게 세도나 서약(Sedona Care Pledge)을 받고 있어 세간의 이목을 끌고 있다.

[그림 3] 미국 애리조나주 세도나

<세도나 서약>

1. 세도나의 공공장소와 주민들의 생활권에서 소음을 줄일 것을 맹세합니다.
2. 세도나의 건조한 자연환경에 유념하여 물과 에너지 사용을 줄이고 화재를 조심하겠습니다.
3. 환경에 내가 머문 흔적을 남기지 않고 여행의 추억을 남기겠습니다.
6. 여행 중 흔적을 남기지 않고 쓰레기를 가방에 되담아 오겠습니다.
7. 나무나 돌에 무언가를 새기거나 돌을 쌓는 등 자연을 훼손하는 행위를 하지 않겠습니다.
8. 자동차 경적을 자제하겠습니다.
9. 내가 방문하는 모든 장소를 아끼고 배려하겠습니다.

■ 대만의 지속가능한 호텔이 되기 위한 노력

(1) 르위에탄 윈핀온천호텔(日月潭雲品溫泉酒店)

2019년 '글로벌 지속가능 여행협회(GSTC)'의 호텔 부문 GSTC 인증을 획득한 대만 최초의 5성급 호텔로서 2020년부터 친환경을 제창하며 전 호텔 일회용품 미사용, 저탄소 스페셜룸(일회용품 미제공, 침대 시트 미교환) 등을 운영하고 있다. 특히 일월담을 활용한 지역관광과 일월담 환경정화 프로그램도 꾸준히 운영하고 있다.

[그림 4] 윈핀온천호텔 일월담

(2) 화롄 한핀호텔(花蓮翰品酒店)

화롄 한핀호텔은 '녹색 호텔(Green Hotel)'의 개념으로 설계된 호텔로서, 독일의 외벽단열 시스템을 이용해 60~90%의 열에너지 유입을 차단, 에어컨 사용량을 줄이는 효과를 내며, 태양광 패널을 이용한 발전 시스템으로 전력을 공급한다. 또한 수영장 물이나 빗물 재활용 등을 통해 호텔 용수의 순환을 도모, 자연스러운 물 절약을 실천한다.

(3) 쟈오시 쟈오핀호텔(礁溪兆品酒店)

호텔 외관을 층층 계단구조로 설계하여 호텔 주변 공원에 태양광을 흡수, 녹지공간의 자연스러운 광합성을 유도한다. 특히 건축 당시 무독성 환경 소재의 건축자재를 사용하여 환경보호를 실천하였다.

■ 영국의 지속가능한 농촌관광 사례

[그림 5] 영국 잉글랜드 북서부 컴브리아(Cumbria) 지역

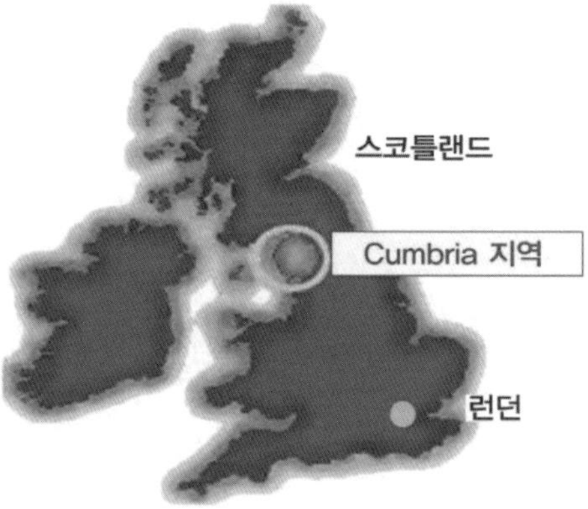

영국 잉글랜드 북서부 컴브리아(Cumbria) 지역은 호수 지역(Lake

District)이라고 불릴 만큼 호수가 많고 경치가 빼어나다. 원래 소, 양을 주축으로 한 축산 주산지이다. 그런데 2001년대 구제역이 발생하면서 지역경제가 초토화될 정도로 큰 피해를 입었다.

주민들은 논의 끝에, 지역경제를 부흥시키는 데 '지속가능한 농촌관광'이 적합하다고 결론 내리고, 이를 추진하게 되었다. 지속가능한 농촌관광을 실현하기 위해 그들이 지향한 목표는 다음과 같다. 첫째, 자연환경, 어메니티, 전통, 문화유산을 효율적으로 활용하되, 여기에 스토리텔링을 잘 가미하여 관광 자원화한다. 둘째, 조용하고 여유 있는 여행(Slow travel) 트렌드를 반영한, 다양하고 재미있는 관광상품을 개발하여 관광만족도를 향상시킨다. 셋째, 주민이 함께 참여하는 농촌공동체 문화를 확산시킨다. 넷째, 농촌다움을 최대한 살리면서 소규모 비즈니스(Small business)로 연결시킨다. 다섯째, 전체적으로 아래 표와 같이 환경적, 사회·문화적, 경제적으로 지속가능한 농촌관광 시스템을 구축하였다.

[그림 6] 지속가능한 농촌관광 시스템

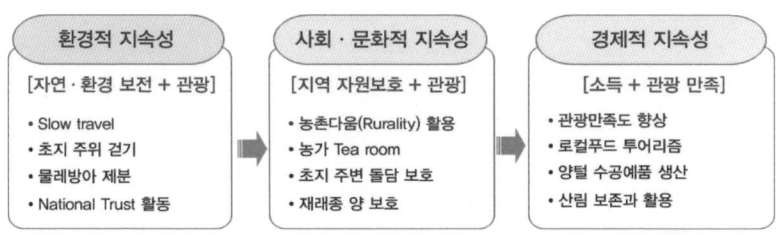

이 지역은 지역자원, 농촌다움, 지속가능성(환경적, 사회·문화적, 경제

적)을 잘 살리면서, 차별화된 관광자원과 프로그램들을 적절히 조화시켜 관광만족도를 높이고 있다.

3. 관광 ESG '지속가능한 여행' 트렌드의 시사점

지속가능한 여행이란 여행·관광산업이 환경, 사회, 문화에 미치는 영향을 고려하여 관광 및 여행을 계획하고 수행하는 것이다. 지속가능한 여행을 추구함으로써 우리는 환경 보전, 지역사회 발전, 문화 보존 등을 도모할 수 있다.

앞서 살펴본 지속가능한 여행 사례들의 공통점은 기후변화에 따른 지속가능한 환경 유지와 자원의 절약 그리고 사회 문화의 지속성이다. 이처럼 지속가능한 여행을 기획하고 관광지를 개발하기 위해서는 첫째, 환경보호에 대해 실천하는 마음가짐이 중요하다. 대중교통, 자전거, 보행 등 친환경 교통수단을 활용하여 이동하거나, 친환경 자동차를 선택하여 대기오염을 줄일 수도 있을 것이다. 숙박시설에서는 에너지 및 자원을 절약하고 재활용하는 노력을 기울이고, 여행자는 에너지 소모를 최소화하는 습관을 가져야 하겠다.

둘째, 지역사회에 혜택을 주는 여행 관광지 개발과 여행의 기획이 이루어져야 한다. 지역에서 생산된 제품을 구매하고, 지역 식당이나 상점을 이용하여 지역경제에 기여해야 하며, 지속가능한 관광을 통해 지역사회의 발전을 도모하고 현지 문화를 존중해야 한다. 여행자들은 문화적으로 중요한 유적지나 역사적인 장소를 방문할 때, 이를 보호하고 보존하기 위해 적절한 행동을 취하여야 할 것이다.

셋째, 사례와 같은 지속가능한 여행에 대한 경험을 공유하고, 여행을 기획하고, 다른 여행자들에게 영감을 주는 지속가능한 여행의 중요성을 알리는 행동을 멈추지 않아야 한다.

이러한 시사점을 고려하여 여행을 계획하고 실천함으로써 우리는 지속가능한 여행 문화를 촉진하고 지구 환경 및 사회에 긍정적인 영향을 미칠 수 있을 것이다.

【 참 고 문 헌 】

- 여기어때 젊은이 공식 블로그 [설문조사] "여행도 착하게"…2030 '친환경 여행'에 돈 쓴다
- 데일리 e 뉴스 [ESG 지구생활] "엔데믹 휴가 트렌드는 지속가능한 여행"
- ESG경영관리 플랫폼 'Click ESG'
- 인천관광공사 홈페이지(https://www.ito.or.kr/main)
- 아시아나항공, 2023_Asiana_Airlines_ESG_Report_KOR
- 하나투어, 2023 지속가능경영보고서
- 한국관광공사 뉴욕지사, 미국 관광분야 ESG 현황조사
- 대만 ESG 관광 트렌드 보고서(https://datalab.visitkorea.or.kr)
- 이병오, 세계의 농업 2020년 3월호 "영국의 지속가능한 농촌관광 사례와 시사점"
- 한국관광공사, 뜨는 관광에는 이유가 있다 ESG 관광의 모든 것

【 저 자 소 개 】

김재혁 KIM JAE HYEOK

학력

- 현) 경영지도사 마케팅 분야 2013년 9월 취득
- 현) 콜라보마케팅 대표 [소상공인마케팅.kr]
- 캐롤라인 대학교 MBA 과정 2024년 4월 졸업예정
- 현) (사)온라인 유통MD협회 이사
- 현) 한국관광공사 관광두레 컨설턴트
- 현) 희망리턴패키지 경영개선사업화 컨설턴트
- 2023년 세종시 희망리턴패키지 경영개선 사업화 강사
- 전) (주)야놀자엠엔디 (유통) 전략 마케팅 본부장
- 전) (주)야놀자비즈 전무이사
- 전) 대우증권(미래에셋증권) 근무

기타

- 이메일: elegate9@naver.com

제11장

이커머스 시장의 ESG 대응 성공 사례

김주성

1. 이커머스 시장에서의
ESG경영 핵심 트렌드

　전 세계적으로 이커머스 시장이 엄청나게 커지고 있다. 특히 국내의 이커머스 시장은 2022년 기준 200조 원을 넘어서는 시장 규모를 가지고 있다. 이렇게 급성장하는 이커머스 시장에서도 마찬가지로 ESG경영의 여러 트렌드를 살펴볼 수 있는데, 글로벌 이커머스 기업인 아마존을 필두로 월마트나 이케아, 국내의 쿠팡이나 당근마켓 등 많은 이커머스 기업들이 ESG경영에 대응하며 국내의 온라인 유통을 이끌어 가고 있다.

　이커머스 시장의 유통 특성상, 유통에 까다롭다고 여겨졌던 중고거래나 리퍼브 등의 시장 규모도 점점 커지고 있고, 고객들도 해당 시장에 적응해 나가고 있다.

　온라인 유통에서의 ESG의 핵심 트렌드는 크게 리퍼브 시장, 중고거래 시장, 라스트 마일(Last mile) 전략 등으로 나누어 볼 수 있을 것 같다. 특히 대부분의 판매가 택배거래를 활용한 유통이기 때문에, 단지 ESG경영에 대처하기 위함일 뿐 아니라, 기업의 비용 절약, 보다 빠른 물류 체계 확립이라는 부분에서 라스트 마일 전략이 중요한 경영 대처의 핵심이라고 볼 수 있다.

유통·소비재 산업의 ESG 비즈니스 트렌드는 유통 분야에서는 재고 비즈니스를 통한 자원의 순환과 폐기물 감축, 지속가능 라스트 마일 실현 등을 들 수 있으며, 식음료 부분에서는 푸드 업사이클, 푸드테크와 대체식품, 파트너사와의 상생경영 등을 들 수 있고, 패션과 의류에서는 패션 업사이클, 비건 패션, 패션 리세일과 순환경제 등이 있으며, 화장품 분야에서는 비건 뷰티, 동물 실험 금지, 플라스틱 아웃과 친환경 패키징, 공정무역 화장품 등을 들 수 있다.

유통·소비재 중심의 판매에서 ESG경영의 중점 사항은 첫째, ESG경영 실행 체계의 정립 부분에서 ESG 비전 및 ESG 전략 방향성 수립, ESG 추진을 위한 의사결정 조직 신설 및 전담 조직 체계 구축, ESG경영 전략 내재화 등을 들 수 있고 둘째, ESG 정보공시 체계화 부분에서 유통·소비재 산업 적합 지속가능 인증 모니터링 및 제품에 적용, 지속가능보고서 발간으로 ESG 정보공시 강화, ESG 정보공개 기준 및 국제표준 모니터링 등에 중점을 두고 있으며, 셋째, ESG 핵심관리지표 설계의 측면에서 유통·소비재 산업의 ESG 리스크 관리 체계 구축 및 핵심 관리지표 설계, ESG 핵심 관리지표와 연계한 KPI 도출 및 관리, MSCI 등 외부 평가기관의 주요 평가 기준을 관리 체계에 반영하는 것 등에 중점을 두고 있다.

유통산업은 코로나 19와 맞물려 전 산업적으로 ESG가 기업의 필수 경영으로 부상하고 있으며, 소비자 행동주의가 급속도로 확산되며 ESG 활동에 대한 기업 자체적인 이니셔티브 설정 및 투명한 정보 공개

등을 요구받는 유통, 소비재 기업도 더욱 늘었다. 유통 소비재 기업에게 ESG경영 활동은 기업의 단순한 마케팅이나 사회공헌 활동의 일환이 아닌 경영의 핵심으로 부상하고 있는 시점이다.

2. 국내외 유통기업의 ESG경영 대응 사례

1) 리퍼브 실천 사례

■ 이케아 자원순환 허브

생활용품 브랜드인 이케아는 35개국 355여 개 매장을 가지고 있는 스웨덴의 DIY 인테리어 전문점이다. 침대, 소파, 조립식 가구, 패브릭, 커튼, 조명, 그릇, 욕실용품에서 문구류까지 생활용품에 관련된 모든 것이 있다. 국내에는 2014년 12월 18일 경기도 광명시에 1호점을 개장하면서 한국에 진출했다. 고양시에 2호점이 있으며, 경기도 용인시 기흥구에 3호점을 개장했다. 이케아의 상표권과 프랜차이즈 회사는 네덜란드 델프트(Delft)에 위치한 '인터 이케아 시스템즈(Inter IKEA Systems)가 소유하고 있다.

이케아에서는 자원순환의 목적인 ESG경영의 일환으로 알뜰코너를 운영하였고 현재는 자원순환 허브라는 이름으로 운영 중에 있다. 누구나 쓰레기가 지구에 미치는 영향을 줄이도록 도울 수 있으며, 아껴 쓰던 제품을 버리기보다는 고치고, 바꾸고, 업그레이드하고, 물려준다면 자원순환을 통하여 지속가능한 미래를 만들어 갈 수 있다는 모토로 운영 중에 있다.

자원순환 허브는 가구와 자원이 낭비되지 않도록, 새로운 주인을 찾아주는 비즈니스이다. ESG의 순환적 비즈니스를 체험하게 만들어 둔 공간이다. 자원순환 허브는 오늘의 추천제품, 안내데스크, 제품판매 도는 체험 전시 구역등으로 나누어져 있다.

IKEA의 순환적 비즈니스로의 전환은 2030년까지 기후변화에 적극적으로 대처하기 위한 IKEA의 가장 큰 목표이며 과제이다. 자원순환 허브로 전환함으로써 자원순환을 IKEA 비즈니스 및 고객 매장 경험의 일환을 만들고, IKEA 제품의 재활용, 수리, 재사용에 대한 부분을 강화해 나갈 예정이다.

자원순환 허브는 IKEA 제품을 보다 합리적인 가격에 제공하고, 고객이 조금 더 지속가능한 선택을 할 수 있도록 영감을 줄 계획이다. 다만 이런 IKEA의 계획과 운영의 원대한 계획에 비해 현재 운영되고 있는 상황은 단순한 재고 처리에 초점이 맞추어져 있는 시점이다. 최대 80%가 넘는 할인율을 통하여 판매한다는 컨셉 자체가 재고 처리에 끝나서는 안 되며, 효율적인 자원순환을 끌어내기 위해서는 보다 체계화된 시스템을 도입하여 운영해 나가는 것이 가장 중요해 보인다.

■ 쿠팡 박스훼손 제품 할인판매

통계청이 발표한 2022년 이커머스 거래액 규모는 209조 8,913억 원이며, 이는 2021년 대비(187조 784억 원) 12.2%나 성장한 규모이다. 여기서 2022년 쿠팡의 매출은 205억 822만 달러(약 27조 원)로 26% 성장했으며, 하나증권이 분석한 쿠팡의 거래액은 43조 7,210억 원 규모로 추산한다. 통계청의 이커머스 연간 거래액 데이터를 바탕으로 산출한 쿠팡의 이커머스 시장점유율은 20.8%나 차지하고 있다.

앱 설치 및 활용 부분도 국내에서 1위이며, 결제 금액 기준으로도 국내 1위의 기업이다. 쿠팡에서도 ESG경영의 일환으로 여러 가지 부분을 진행 중에 있는데 그중 박스훼손 제품 판매 부분을 살펴보려고 한다. 쿠팡의 구매페이지에 보면 새 상품과 중고상품의 수를 볼 수 있는데, 그중 중고 상품을 클릭하게 되면, 중고-중, 중고-상, 중고-최상, 박스훼손 등으로 볼 수 있다.

중고(최상) 제품은 반품된 상품 중 새 상품과 동일하고, 정상작동 되며, 모든 구성품 등이 있는 상태이며, 상품을 뜯어보거나 이미 활성화 되었던 상태였을 수 있다. 중고(상) 제품은 반품되었던 상품 중 정상작동 되며, 모든 구성품이 있고, 흠집이나 자국이 있는 제품으로 구성되어 있다. 중고(중) 제품은 반품되었던 상품 중 정상 작동되고, 눈으로 보이는 작은 흠집이나 자국이 있는 제품이다. 그리고 마지막으로 박스훼손 제품은 외부 포장에 경미한 파손으로 포장이 개봉되거나 사용되지는 않은 상품이다.

쿠팡은 ESG경영의 일환으로 박스만 훼손된 제품도 재판매를 진행하고 있는데 제품의 상태는 새 제품이나 거의 다를 바가 없다. 물론 가격의 할인율도 높지 않지만 최근 많은 구매자가 박스훼손제품을 구매하는 경향이 커지고 있다.

■ 국내 최대 규모의 리퍼브 사이트 이유몰

주식회사 이유비즈글로벌은 2014년 7월 법인을 설립하여 이유몰(www.eyoumall.co.kr)을 오픈하였다. 1,000평 이상의 물류창고를 가지고 있으며 2020년 기준 110만 명의 회원과 매출 135억 이상을 달성하고 있는 회사이다.

이유몰은 정상적인 상품이지만 다양한 이유로 일반 유통시장에서 거래되지 못하는 상품들을 판매하고 있다. 유통기한 임박상품, 리퍼·전시·반품상품, 스크래치·용기불량상품, 못난이상품, 이월 상품, 납품중단 상품, 홈쇼핑 상품 등을 판매하고 있다. 이유몰 뿐만 아니라 떠리몰, 임박몰, 킴스닷컴 등의 리퍼브 상품 전문 온라인 쇼핑몰이 있다.

리퍼브 제품은 고객의 변심으로 반품되었거나 백화점 또는 모델하우스에 전시한 제품, 미세한 스크래치가 있는 제품, 유통기한이 임박한 식품 등을 되파는 제품을 의미한다. 리퍼브제품은 새 제품이 아닌 중고

제품으로 분류되지만 오래 사용하지 않고 구성품이 재포장됐다는 점에서 해외에서는 그 시장과 제품에 대한 인식이 성립돼 하나의 제품군으로 차지하고 있다.

2023년 코로나 이후 경제는 더욱 나아지지 않고 전 세계적인 인플레이션으로 가격이 급등하며 경기 불황이 지속되고 있다. 지속적인 경기 불황 속에 리퍼브 제품에 대한 인기는 계속해서 급상승하고 있다.

과거 리퍼브 제품은 가전이나 가구 위주였으나, 최근엔 생활용품에서 패션, 액세서리까지 품목을 다양화하고 있다. 다만 이런 리퍼브 제품은 재고 처리 성격의 상품이 대부분이므로 물건의 상태나 성능에 하자가 없는지 꼼꼼하게 확인해야 하며, 교환이나 환불 여부도 확인하고 구매해야 한다. 주식회사 가자에서 운영하는 리퍼브샵의 경우에는 리퍼브 제품 중 가전제품 위주의 판매만 진행하고 있다.

리퍼브 제품에 대한 분류가 더욱 전문화되고 있다는 것은 그만큼 리퍼브 시장에 대한 고객의 수요가 늘어나고 있으며, 점점 확대되어 간다는 것을 의미하기도 한다.

ESG경영에 있어 국내 리퍼브 실천 현황을 살펴보았다. 이케아의 자원순환 허브나 쿠팡의 박스훼손 제품, 국내의 리퍼브 사이트인 이유몰, 리퍼브샵 등은 국내 ESG의 좋은 사례로 앞으로 더욱 전문적인 리퍼브 전문몰들과 보다 체계적인 시스템들이 도입될 것으로 기대감이 크다.

2) 중고거래 활성 기업 당근마켓

당근마켓은 판교 기업을 대상으로 한 물품의 교환, 직거래 서비스 앱으로 판교장터로 시작하였다. 그러나 기업이 아닌 주변 거주자들의 물품 직거래 문의를 계속해서 받게 되고, 중고 직거래를 할 수 있는 중고거래 스마트폰 애플리케이션 서비스로 변경하게 되었다. 그전에 중고거래 플랫폼은 중고나라, 번개장터 등이 있었으며, 그에 비해 인지도는 낮았으나 입소문을 타면서 11번가, 지마켓 같은 커머스 앱을 제치고 전체 쇼핑 앱 카테고리에서 쿠팡에 이은 2위에 오르게 되었다.

2023년 공식 홈페이지 기준으로 누적 가입자 수는 3,500만 명, 월간 1,800만 명이 이용할 정도로 빠른 성장세를 보이고 있다. 2023년 8월 28일 서비스명을 당근으로 바꾸었다. 지역 기반의 서비스 플랫폼으로 중고거래를 넘어 알바, 동네 생활 등 지역 기반 서비스를 계속해서 확장해 나가고 있다.

이런 당근마켓은 우선 기존 택배 거래의 온라인 유통이 아닌, 이웃끼리 채팅으로 장소와 시간을 정해 물품을 교환하는 방식이다. 택배 박스 사용을 최소화할 수 있으며, 중간 거래를 제외하는 방식을 통하여 중간 유통의 여러 분야에 대하여 효율적으로 운영할 수 있다는 장점이 있다.

또한 무료 나눔 등을 통하여 자원의 재활용이 가능하며, 이런 지역사회 기반의 오프라인 거래가 하나의 트렌드처럼 자리 잡게 되어 유통에 있어 ESG의 좋은 사례가 되어가고 있고, 또한 당근마켓을 이용하는 유저들에 의해서 점점 더욱 다양한 형태로 발전되어 가고 있다는 점이 고무적이다.

3) 라스트 마일 전략

라스트 마일은 유통산업에 있어서 주문한 물품이 고객에게 배송되는 마지막 단계를 의미하는 용어이다. 이것은 고객과의 마지막 접점으로, 상품을 받으면서 만족도가 결정되는 중요한 단계이다. 라스트 마일 딜리버리는 이러한 고객 만족도를 높이기 위해 유통업체들이 서비스의 차별화를 위해 배송품질에 주안점을 두면서 생겨난 신조어이다. 참고로, 이와 반대되는 개념은, 제조사에서 물류 센터로 물품을 인도하는 물류 프로세스의 첫 단계로 퍼스트 마일이라고 부른다.

라스트 마일 딜리버리가 중요한 이유는 고객에게 사용자 경험의 첫 번째 단계이기 때문이다. 온라인 쇼핑 시장이 확대되고, 고객의 니즈도 변화며, 신선식품 수요도 확대되고, IT 기술도 발달하게 되면서 라스트 마일 전략은 점점 더 발전해 나가고 있다.

주요서비스로는 쿠팡이나 SSG 등에서 운영하는 당일 배송을 들수 있다. 오전 11시 이전에 주문하면 당일 저녁까지 배송해 주는 서비스이다. 편의점 픽업서비스는 SSG에서 이마트 익스프레스와 결합하여 더욱 활발히 운영하게 될 것으로 예상된다. 주문한 상품을 편의점에서 픽업하는 서비스이다.

신선식품의 경우는 로켓 프레쉬나 마켓컬리처럼 오전 7시 전까지 배송해 주는 서비스이다. 부재중일 경우 집 안까지 택배를 전달해 주는 인홈 배송도 있다.

라스트 마일(Last mile)은 원래 사형수가 집행장으로 걸어가는 마지막 길을 뜻하는 용어였으나, 물류, 유통업계에서 상품이나 서비스가 고객에게 배송되기 바로 직전의 거리인 유통의 마지막 단계를 뜻하는 의미로 사용하고 있다.

라스트 마일은 고객과 직접 만나는 최접점이자 사용자 경험이 형성되는 첫 단계이기 때문에 어떤 배송서비스를 제공하느냐에 따라서 고객의 만족도가 달라진다. 상품이 마음에 들어도 배송 경험이 좋지 않으면 상품에 대한 만족도가 절감되지만, 좋은 배송 경험은 상품에 대한 호감을 더욱 높이는 효과가 있다. 이것은 나아가서 브랜드의 이미지를 결정하는 데도 큰 영향을 끼친다.

특히 최근 고객은 과거 물류기업이 일방적으로 배송해 주는 상품을 기다리는 데에서 벗어나, 자신의 상황에 맞게 배송을 선택할 수 있는 옵션을 제공받기를 원하고 있다. 이에 라스트 마일 전략의 배송형태가 계속해서 다양화되어가고 있다.

또한 라스트 마일은 소비자 입장에서는 만족도를 평가하는 척도라고 한다면 유통기업에게는 비용을 절감할 수 있는 단계이기도 하다. 라스트 마일에서의 비용을 절감할 수 있을 경우 가격 경쟁력의 향상으로 이어질 수 있다.

기존에 물류센터를 풀필먼트센터로 전환하는 추세 역시 라스트 마일 배송기간 단축과 효율성 향상을 위한 것으로, 배송 전 단계인 물류센터 처리 능력을 향상하기 위한 노력이다.

고객의 배송 니즈가 복잡해지면서 라스트 마일 배송 형태 역시 다양해지고 있다. 대표적인 유통기업 아마존은 부재중인 고객의 물건 도난 파손 등의 방지를 위해 2001년부터 편의점, 지하철역, 아파트 입구 등에 아마존 락커를 설치한 데 이어, 2006년부터 유료 프라임 멤버십 제도를 도입해 무료배송서비스를 시작했다. 이후 당일배송, 즉시배송 등의 다양한 배송 옵션을 제공하고 있으며, 온라인 유통의 한계를 극복하기 위해 오프라인 픽업 매장인 아마존 프레시 픽업 매장을 마련하고 픽업서비스를 제공하고 있다.

최근에는 부재중인 고객을 위한 적극적인 배송방식인 인홈 배송인 '아마존 키(Amazon Key)'와 고객의 차량까지 배송해 주는 '인카 딜리버리(In-Car Delivery)' 서비스도 실시하고 있다. 아마존 키는 고객이 주문한 물품을 집안까지 배달해 주는 서비스이며, 인카 딜리버리는 배송지에 차량이 있는 곳을 입력하면 배송기사가 차 트렁크에 물품을 넣어주는 서비스이다.

아마존은 이처럼 다양하고 유연한 배송 옵션을 통해 미국에서만 40%에 달하는 시장점유율을 차지하고 있다. 국내는 쿠팡의 로켓배송을 시작으로 마켓컬리의 샛별배송이 등장하면서 라스트 마일 배송 경쟁이 본격화됐다. 신세계 쓱배송, 롯데의 바로배송 등 기존 오프라인 유통기업들도 라스트 마일 배송을 시작하면서 경쟁은 더욱 심화되고 있다.

최근에는 핵심 상품을 중심으로 1시간 이내 배송하는 퀵커머스 배송이 주목받고 있다. B마트가 대표적으로, 도심에 물류거점을 구축하고 서울 및 수도권 일부 지역에 즉시배송서비스를 제공하고 있다. 업계에서는 새벽배송 시장과 마찬가지로 퀵커머스도 시장 참여자가 늘고 편리함을 경험한 소비자들이 많아지면 대세가 될 가능성이 클 것으로 보고 있다.

그러나 아직 라스트 마일에서는 뚜렷한 시장지배자가 없는 상황으로, 경쟁력 강화를 위해 네이버와 CJ대한통운의 업무제휴, GS홈쇼핑의 메쉬코리아 지분 인수 등 기업 간 업무제휴가 활발히 진행되고 있는 상황이다.

특히 주목해야 할 기업은 '부릉' 브랜드를 운영하는 메쉬코리아다. 이륜차와 소형차, 화물트럭뿐 아니라 자전거, 도보 등 다양한 이동수단을 유기적으로 활용해 라스트 마일 배송 서비스를 제공 중으로, 7만 명 이상의 제휴 배송기사를 보유하고 있다.

최근에는 풀필먼트센터(FC), 마이크로풀필먼트센터(MFC)를 포함한 전국 450여 곳의 촘촘한 물류거점을 기반으로 패션·유통·식품·전자·통신 등 다양한 기업들과 업무제휴를 맺고, 실시간·당일·새벽·익일배송 등 다양한 배송서비스를 제공하고 있다.

라스트 마일 배송시장은 최근 친환경 추세에 따라 1톤 전기트럭으로 빠르게 전환될 것으로 전망된다. 아마존은 미국에서 테슬라 대항마로 떠오르는 전기차 스타트업 리비안에 투자하고 있고, 2024년까지 배송용 전기밴 10만대를 공급받는다는 전략을 가지고 있다. 또한 1톤 트럭이 단순히 배송수단으로서 그치지 않고 그 자체가 '이동형 마이크로풀필먼트센터' 역할로 진화될 것으로 예상된다.

스타트업 '로지스트'는 1톤 트럭에 재고를 보관하면서 서비스지역에서 대기하고 있다가 고객이 상품을 주문하면 즉시 배송을 시작해 고객에게 상품을 전달하는 '즉시배송을 위한 이동형 풀필먼트서비스' 시범사업을 시작했다. 1톤 트럭이 '도심 내 움직이는 창고'가 되는 것으로, 이를 통해 쉽게 온라인 배송채널을 구축하고 빠른 배송을 제공할 수 있는 새로운 비즈니스 모델이 구축될 것으로 기대된다.

향후 라스트 마일 배송서비스는 점점 진화해 배송 옵션과 지역 밀도,

고객 선호도에 따라 여러 가지 배송 모델이 나올 것으로 전망된다. 대표적인 모델이 자율주행 셔틀 및 로봇과 드론이다. 인구밀도가 낮은 지역은 드론이, 인구밀도가 높은 지역은 자율주행차와 로봇이 라스트 마일 배송을 책임질 것으로 예상된다.

국내의 경우 드론은 도서·산간 등 인구 비밀집 지역을 대상으로 물품 배송 테스트가 활발히 진행 중이며, 자율주행 로봇은 아파트 층간 이동을 통한 배송까지 실증테스트를 진행하는 등 상용화가 코앞에 와 있는 상황이다. 자율주행차의 경우 이마트가 2019년 '일라이고(eli-go)'를 시범 운영한 바 있다.

전문가들은 물류비용의 절반 이상을 차지하는 라스트 마일 배송이 향후 자율주행과 로봇 등의 기술 주도로 변화할 것으로 전망하고 있다.

■ 쿠팡 인공지능 활용 동선 최적화-이동 거리 단축

쿠팡은 특히 라스트 마일 전략에 있어 AI와 기술혁신을 활용하여 동선을 최적화하고 있고, 이동 거리를 단축시키고 있다. 인공지능(AI)와 머신러닝 기술을 이용해서 고객의 수요를 예측해서 주문이 들어오기 전에 미리 상품을 준비한다. 또한 인공지능과 자동화 기술을 활용해 상품과 사람과 동선을 실시간으로 최적화 설계한다. 이를 통하여 더 빠른 서비스, 더 넓은 선택의 폭, 더 낮아진 비용 등을 이루어 가고 있다.

AGV(Automated Guided Vehicle) 기술은 바닥의 바코드를 읽으며 움직이는 로봇이 수백 개의 상품을 작업자에게 빠르게 전달해 준다. 무인지게차(Driverless Forklift)는 지게차와 작업자의 경로를 분리해 안전한 작업환경을 만들고 레이저 스캐너를 사용해 사물의 위치를 파악하고 안전하고 효율적으로 물건을 옮긴다. 소팅 로봇(Sorting Robot)은 바포장이 끝난 제품을 분류로봇 위에 올려놓으면 로봇들이 운송장의 주소를 스캔해 단 몇 초만에 지역별로 분류한다.

또한 PDA기술을 통해 본인에게 맞는 업무량과 배송지역을 한눈에 볼 수 있으며, 그 날의 물량과 출근 인원 등을 고려해 시스템에서 개인마다 적합한 물건을 배정한다. 피킹 알고리즘은 제품의 배치뿐 아니라 직원들에게 최적의 이동 경로를 제시한다. AI 기반 피킹 알고리즘이 작업자의 노동강도를 낮춰주기도 한다.

쿠팡은 친환경 생태계를 만들어가기 위해 여러 가지 정책을 운영 중에 있다. 쿠팡의 로켓배송은 쿠팡이 직매입한 상품을 전국의 고객에게 쿠팡카로 직접 배송하는 서비스로 온라인 쇼핑의 모든 과정을 쿠팡이 직접 운영하며 각 단계마다 친환경 생태계를 구축하기 위하여 노력하고 있다. 유통의 간소화를 통해 친환경 생태계를 유지하고 있다. 풀필먼트 및 물류 프로세스 전 과정을 직접 관리해 중간 유통사들의 불필요한 이동을 걷어내고 이를 통해 전체 물류 프로세스가 절반으로 줄어들었다.

더 나아가 자체망을 통해 반품 상품을 수거함으로써 반품을 위한 고객의 이동을 100% 없애게 되었다. 이는 전체 탄소발자국을 줄이는 동시에 라스트 마일의 측면에서 고객에게 더 큰 편리함을 제공하게 되었다. 전달과정의 단축 효과는 포장재 절감 효과로도 이어지고 있다. 로켓배송의 85%는 별도의 택배박스 포장 없이 상품의 원래 포장으로, 혹은 단순한 비닐백에 담겨 배송된다.

또한 쿠팡의 로켓 프레시의 같은 경우는 식료품을 재사용이 가능한 프레시백으로 배송하고 있다. 사용된 프레시백은 배송 직원이 회수해, 세척 및 살균을 거친 후 다음 배송에 재사용된다.

또한 배출 제로(Zero-emission) 통합 배송으로 국내 최초로 전기차 통합 배송센터를 구축하였다. 국내 최초의 천장형 트럭 충전 시스템을 비롯한 전용 시설을 보유해 전기자동차를 이용한 로켓배송을 24시간, 365일 지원하고 있다.

■ 현대백화점 이동형 마이크로 풀필먼트

(1) 도심 안에 소형 물류센터(MFC-Micro Fulfillment center)

MFC의 효과는 첫째, 외곽 물류센터에서 시작되는 배송과정에서 나오는 온실가스 배출을 감축할 수 있다. 일반적으로 외곽에 위치한 풀필먼트 센터는 소비자와 20km 정도에 있다. 소비자가 10km 이내인 도심

내 마이크로 풀필먼트 센터를 설치하면 배송과정에서 발송되는 온실가스 배출이 감축된다.

둘째, 물류 효율화 제고를 들 수 있다. MFC에 로봇과 드론배송 등의 상용화도 추진될 예정이다. 대표적인 사례로써, CJ 대한통운과 SK 에너지 두 기업은 도심 주유소를 전기차 충전 플랫폼을 갖춘 마이크로 풀필먼트센터로 전환하는 업무협약을 체결하였다.

또한 현대백화점은 콜드체인 시스템을 탑재한 이동형 전기차 형태의 이동형 MFC를 활용해 프리미엄 신선제품을 주문하면 30분 이내로 배송할 수 있도록 퀵커머스 서비스를 제공하고 있다.

아마존의 경우에도 미국 브루클린에 있는 자사 계열 식료품 전문점인 홈푸드마켓(Whole Foods Market) 매장을 소비자가 퇴근 시 매장에서 직접 픽업하는 시스템인 다크스토어 전용 매장으로 오픈했다.

■ 매장 내 PP(Picking&Packing) 센터 확대하는 이마트

오프라인을 비롯한 모든 유통업체는 현재 물류센터 확보에 촉각을 곤두세우고 있다. 쿠팡은 현재 전국 160개 이상 물류센터를 가지고 있다. 2023년 쿠팡은 신규 물류센터 관련 누적 투자규모 1조 원을 넘겼다. 쿠팡의 목표는 전국 모든 지역에서 로켓배송이 가능하도록 오는 2025년까지 물류센터를 짓는 것이다. 이마트도 이베이코리아 인수 후

4년간 물류센터에 1조원 이상 투자할 계획이다. 수도권에 집중된 물류센터를 지방으로 확산해 전국 단위의 배송 경쟁을 실시하겠다는 것을 의미한다.

그러나 한국과 같이 특정 대도시에 인구가 밀집되어있는 경우는 다르다. 라스트 마일 서비스에 대한 경쟁이 더욱 심화될 것이라고 예상하며 "MFC(,마이크로풀필먼트센터)와 같은 도심형 물류센터, 물류시설로 활용 가능한 매장 등 오프라인 자산을 보유한 유통기업에게 유리한 환경이 조성될 것이다.

이마트는 현재 110여 개 오프라인 매장 내 PP센터를 보유하고 있다. 이마트는 하남 등 수도권 동부에 4번째 물류센터 설립을 추진했지만 주민들의 반대로 무산됐다.

이에 지연된 물류센터 설립 대신 올해 매장 리뉴얼을 통해 PP센터를 10여 곳 확충할 계획이다. 이마트는 2022년 기준 SSG닷컴 일 평균 처리 물량 13만 건 중 50%에 달하는 6.2만 건을 이마트 PP센터를 통해 처리했다. 즉, 이마트는 신세계그룹의 도심형 물류센터의 전진기지인 것이다.

이마트는 지난 2014년부터 온라인 전용 물류센터인 네오(NEO)를 도입했다. 현재 이마트는 보정, 용인, 김포에 온라인 전용 물류센터를 가지고 있다. 이마트의 온라인 전용 물류센터의 차별화 포인트는 '신선식품 특화센터'라는 점이다. 이마트는 신선식품에 강점을 두고 운영 중에 있다. 이마트는 전용 물류센터인 네오의 투자를 재개하며 전국 11개 지역까지 새벽배송을 확대할 예정이다. 물류센터 물량도 늘릴 계획이다.

현재 세 곳의 물류센터에서 처리하는 SSG닷컴의 하루 물량은 약 8만 건이다. 이마트는 이를 오는 2025년까지 하루 36만 건으로 늘리겠다는 계획을 세웠다. 이는 이베이코리아 인수로 오픈마켓 물량과 신세계그룹 내 물량을 합하면 가능한 수치다.

3. 이커머스 ESG경영 우수 사례의 시사점

유통, 특히 이커머스에 있어서 ESG경영의 우수 사례들에 대해 살펴보았다. 특히 환경에 있어 리퍼브 실천과 중고거래의 활성화를 통해 유통에 있어 가장 기본이라고 할 수 있는 '상품'에 대한 순환을 통해 ESG경영을 효율적으로 운영할 수 있다.

또한 유통의 핵심인 물류에서도 풀필먼트 서비스에서 마이크로 풀필먼트를 도입하고, 로봇이나 드론 등 AI 기술들을 활용하여 에너지 효율을 더욱 극대화할 방안에 대해 알아보았다.

리퍼브나 중고 상품을 통한 폐기물 감축 및 더 나아가서 업사이클 까지 가능할 수 있도록 ESG를 실천하고, 생활폐기물 제로화까지 실천해 나간다면 ESG의 선두 기업이 유통업체가 될 수도 있을 것이다.

또한 라스트 마일 전략은 AI 기술과 접목하고 특히 전기 사용을 통한 화물 및 배송 시스템은 고객 만족뿐 아니라 기업의 효율적인 운영에도 큰 도움이 될 것으로 생각된다.

경영부문의 전략으로 라스트 마일을 운영하기 위한 CJ 대한통운과 SK 에너지의 업무협약 예시처럼, 기업들이 다양한 업무 협약을 통해 보다 적극적으로 ESG경영을 운영해 나갈 수 있을 것이다.

유통업계는 특성상 플랫폼, 풀필먼트, 택배사, 창고운영 같이 여러 기업이 연관되어 있다. 이는 이커머스 유통도 마찬가지이며, 오히려 더욱 많은 기업이 연관되어 있다. 기업들과 경영부문의 전략으로써 ESG를 더욱 연구하고 새로운 방식을 도입해 나가면서 업무협약을 만들어 간다면 ESG경영을 유통에 매우 다양한 방식으로 적용할 수 있을 것이다.

ESG경영은 기업의 롱런을 지탱할 중요한 토대가 될 것이다. 그러니 지금 당장 쉽지 않더라도 끊임없이 고민하며 각 기업에 가장 적합한 시스템을 구축해 나갈 수 있었으면 좋겠다.

【 참 고 문 헌 】

- Samjong INSIGHT, 삼정KPMG경제연구원 vol.80-2022
  (https://assets.kpmg.com/content/dam/kpmg/kr/pdf/2021/kr-insight80-retail-ESG-20211230.pdf)
- 컨슈머와이드(https://www.consumerwide.com/news/articleView.html?idxno=50074)
- 소비자평가(http://www.iconsumer.or.kr/news/articleView.html?idxno=2240)
- 이케아헤커스(https://ikeahackers.co.kr/17)
- 매일경제(https://stock.mk.co.kr/news/view/152222)
- 한국 금융
  (https://www.fntimes.com/html/view.php?ud=202107110624206805dd55077bc2_18)
- 쿠팡 뉴스룸(https://news.coupang.com/tech)
- 이유몰(https://www.eyoumall.co.kr/shop/cscenter/info_new.pdf)
- 블로그 현대 트럭앤 버스
  (https://post.naver.com/viewer/postView.naver?volumeNo=32810337)

【 저 자 소 개 】

김주성 KIM JOO SEONG

학력
- 캐롤라인 유니버시티 경영학 석사(MBA)

경력
- (사)온라인유통MD협회 수석이사
- 구리남양주 평생교육원 원장
- 서민금융진흥원 컨설턴트
- 서울시자영업지원센터 서울신용보증재단 컨설턴트
- 제주경제통상진흥원 컨설턴트
- 남양주소상공인 뉴스 발행인
- 온라인 판매, 온라인광고 전문가 '에그써티' 대표
- 고용노동부 HRD강사
- 소상공인시장 진흥공단 강사(온라인 유통, 마케팅)
- 경기도 시장상권 진흥원 강사(온라인유통, 마케팅)
- 콜라보마케팅 이사
- JSPDE 마케팅 회사 고문

기타
- 이메일: jsdavidkim@naver.com

제12장

ESG경영과 기업 위험 관리

진미경

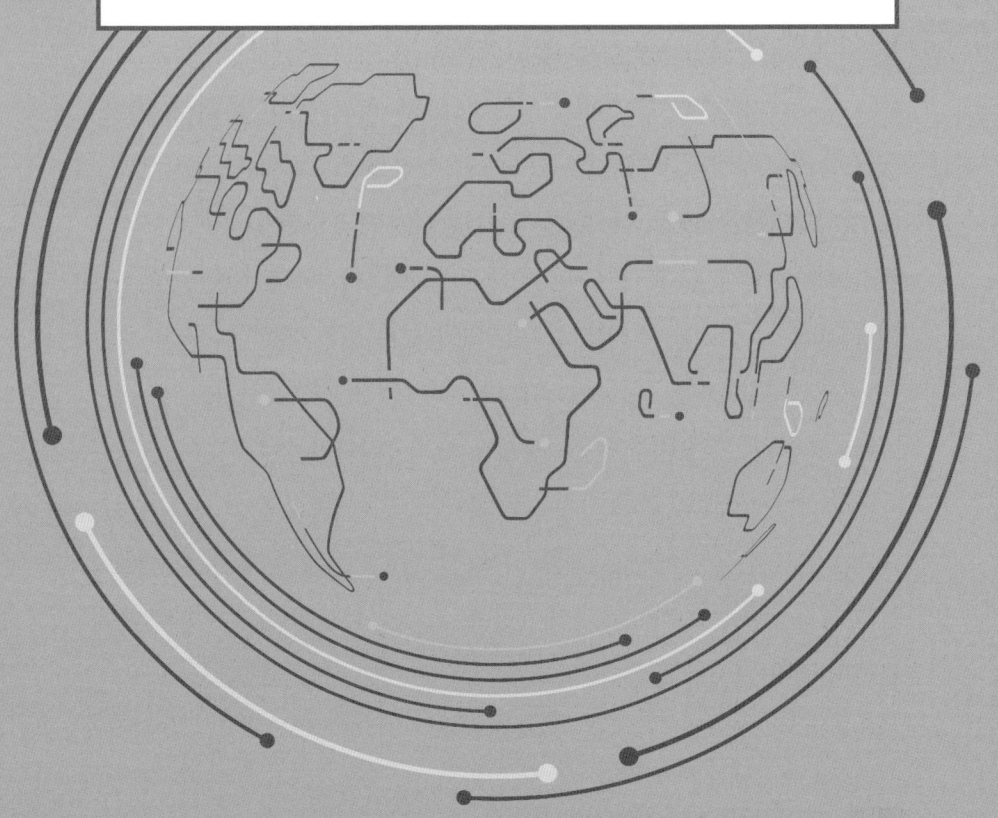

1. 들어가며

ESG는 기업이 활동하는 데 있어서 기업의 비재무적 요소인 환경(Environmental), 사회(Social), 지배구조(Governance)를 고려하고 개선하여야 지속가능한 발전을 이룰 수 있다는 철학을 가지고 있다. 환경과 사회 그리고 지배구조와 관련된 투자 위험을 관리하는 것이 과거 ESG의 개념이었다. 그러나 2000년 이후 그 개념이 발전하여 최근에는 ESG가 경영, 경제, 정책 등 사회 전반에 걸쳐 다양한 영향을 미치고 있다.

2020년 8월 24일, 한때 애플과 시총 1위를 두고 싸웠던 엑슨모빌(Exxon Mobil)은 92년 만에 다우존스 산업평균지수에서 퇴출당했다. 그 이유는 온실가스 감축에 대한 주주들의 요구사항을 엑손모빌이 거절하였고, 이에 엑손모빌의 투자자들이 회사의 잠재된 위험이 크다고 판단하면서 주가가 하락했기 때문이다. 결국 2021년 2월 엑손모빌은 온실가스 배출량 감소를 위해 차후 5년간 30억 달러의 투자의사를 밝혔다. 이렇듯 요즘 나타나는 기업위험은 종전과 달리 분식회계, 불법행위 등의 내부통제 범위에 국한되지 않는 친환경, 인권 보장, 건전한 지배구조와 같이 대내외적이고 종합적이며 포괄적인 경영위험이다.

이러한 기업경영 위험의 확장은 오늘날 기업의 환경적, 사회적 책임을 기업경영의 주요 이슈로 등장시켰고, 그러한 기업의 책임은 피할 수 없는 시대적 과제가 되었다. 지난날 사회공헌 활동에 머물렀던 CSR에서 최근에는 환경경영, 사회경영, 그리고 지배구조의 개선을 요구하는 ESG 활동으로 확장되었다. 기업의 지속가능한 성장에 기반을 둔 ESG 개념이 더욱 확고해졌으며, 자산운용사, 연기금 등 금융과 정부의 주요 기관들이 비재무적 가치 실현에 눈을 맞추고 있다.

변화하는 시대에서 기업은 수많은 위험에 노출되어 있으며, 그러한 위험들 속에서 적응하고 생존하기 위해 무수한 노력을 기울여 왔다. 이런 기업에 있어 가장 큰 위험은 시대의 흐름에 발맞추지 못하고 역행하는 것이라고 할 수 있다. 현재 ESG를 모르는 기업의 경영 활동은 불가능할 뿐만 아니라 기업위험 또한 크게 증대되는 시대가 도래한 것이다.

이러한 시대적 위기에 발맞추어 기업도 ESG경영을 시작했다. ESG경영이란 기업의 경영 활동에서 발생하는 비재무적 요소인 ESG 문제를 기업 스스로 내재화한 것이다. 또한, 기업의 목적에서 사회적 가치와 경제적 가치를 공동으로 제고하고 이해관계자의 효용 증대를 목표로 하는 것이다.

따라서 기업은 이해관계자 효용 제고를 실행 목표로 두지 않으면 기업의 지속가능한 성장이 어려울 뿐만 아니라 환경·사회·지배구조와 관련한 규제 등에 대응하기 위해서 ESG경영을 추구하고 있다. 이러한 ESG경영이 기업위험에 어떠한 영향을 주고 있는지 살펴보고자 한다.

2. 지속가능경영의 새로운 맞춤복, ESG경영

1) 지속가능경영

　지속가능경영이란 지금까지 기업들이 중요하게 추구했던 매출, 이익과 같은 재무적 성과뿐 아니라 경영 활동에 영향을 미치는 환경문제, 사회문제, 윤리문제 등의 비재무적 성과도 함께 고려하는 것이다. 기업의 가치상승과 지속가능성을 동시에 추구하는 경영 활동이다.

　지속가능경영은 기존의 기업성과 기준인 재무성과에 비해 장기적 성과를 목표하며, 잠재 고객인 미래 고객을 포함한다. 특히 커뮤니케이션을 기업 내부에서 외부로 확장하고, 정보 공개도 전략적으로 실시한다는 점에서 발전성이 존재한다. 이러한 지속가능경영은 오늘날 국내외 대다수 기업이 주요 경영전략으로 채택하여 경영관리에 적극적으로 반영하고 있다. 또한, 지속가능경영은 ESG의 근원적인 개념이며 지금의 ESG는 사회적 책임과 지속가능경영이 진화하여 규범화 및 제도화된 것으로 이해할 수 있다.

　인류의 지속가능성에 기여할 수 있는 지속가능경영이 글로벌 기업 중심의 새로운 경영 패러다임으로 급속히 확산됨에 따라 중·소기업 경영방식에도 변화가 필요한 시기이다. 이러한 변화는 환경오염, 심각한 빈곤 문제를 포함한 사회적 갈등, 이해관계자들의 인식 제고 등이 기업

경쟁력에 새로운 척도가 되고 있기 때문이다.

2) ESG경영

지속가능경영의 새로운 맞춤복은 'ESG경영'이라 할 수 있다. ESG는 현재만의 환경, 사회적 이슈에 국한되지 않고 계속 그 영역을 확장해 나가고 있으며, 지속적인 발전을 통해 ESG경영도 가속화될 전망이다. 지금의 기업들은 ESG를 새로운 경영 패러다임의 핵심 개념으로 인식하고 있다. ESG는 대기업, 중견기업, 중소기업이라는 분류를 넘어 기업이 필수적으로 고려해야 할 요소가 되었다. 성공적인 ESG경영을 위해서는 ESG경영의 특징을 이해해야 한다.

■ 소비자의 변화

[그림 1] ESG경영에 대한 국민인식조사 결과

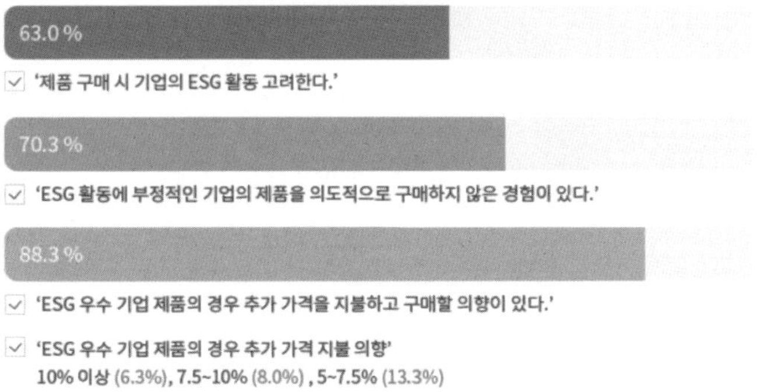

63.0 %
✓ '제품 구매 시 기업의 ESG 활동 고려한다.'

70.3 %
✓ 'ESG 활동에 부정적인 기업의 제품을 의도적으로 구매하지 않은 경험이 있다.'

88.3 %
✓ 'ESG 우수 기업 제품의 경우 추가 가격을 지불하고 구매할 의향이 있다.'

✓ 'ESG 우수 기업 제품의 경우 추가 가격 지불 의향'
10% 이상 (6.3%), 7.5~10% (8.0%) , 5~7.5% (13.3%)

출처: KRX ESG포탈

예전과 달리 오늘날의 기업 관계자들은 사회적 가치 제고에 많은 니즈를 가지고 있다. 또한 소비자들은 사회적 책임을 소홀히 한 기업의 저렴한 제품보다 적극적으로 사회적 책임을 다하는 기업의 제품을 가격이 다소 높더라도 선호하고 수용하는 추세이다.

2021년 대한상공회의소의 조사에 따르면, 제품 구매 시 기업의 ESG 활동을 고려한다고 응답한 소비자들이 63%였고, ESG 활동에 부정적인 기업의 제품을 의도적으로 구매하지 않는 경험이 있다고 응답한 비율도 70.3%로 나타났다. 기업의 사회적 책임에 대한 소비자들의 민감도가 높아지면서 제품에 대한 소비자의 우선순위에도 변화가 일어나고 있다.

■ 'ESG 공급망' 핵심 화두로 부상

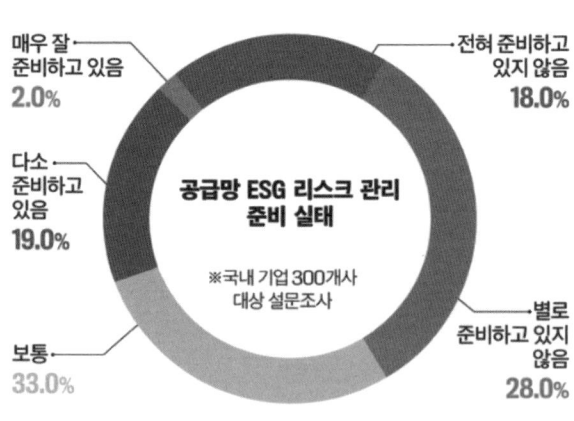

[그림 2] 공급망 ESG 리스크 관리 준비 실태

출처: 대한상공회의소

대한상공회의소가 한국생산성본부와 공동으로 국내 300개 상장사를 대상으로 한 설문조사에 따르면, EU의 공급망 실사 의무화에 실제 대응하고 있는 기업은 21%에 그쳤다.

이러한 현실과 대조적으로 EU에서 추진하는 '공급망 실사 의무화 법안'의 ESG 관리 범위는 공급망 전체 영역으로 확대되고 있다. EU의 공급망 실사법이 가시화된 현재에 해당 기업들은 법안 대응을 위한 공급망 실사를 더욱 강화할 것으로 전망된다. 따라서 중견·중소기업들은 공급망 실사법의 해당 여부를 확인하고 실사 범위를 구체적으로 파악하여 대응 방안과 대비책을 모색해야 한다.

■ 정부 규제 강화

국제사회의 ESG에 대한 요구는 점진적으로 증대되고 있다. 국내에서도 이미 ESG와 관련하여 정부가 직접 개입할 수 있는 근거와 소송의 근거가 될 수 있는 다양한 법률들이 시행되고 있으며, 환경안전 규제, 산업안전 규제 등이 이에 포함된다.

추가적인 정부의 제도적 규제는 경영의 투명성에 관한 것으로 ESG 정보공시 의무화와 규제 강화를 들 수 있다. ESG 의무공시의 원안은 2025년부터 자산 2조 원 이상의 상장회사, 2030년부터 전 상장회사에 대한 공시 의무화였지만, 2023년 10월 금융위원회에서 ESG 의무공시 도입 시기를 2026년 이후로 연기했다.

현재 기업의 지배구조보고서는 이미 도입되어 순차적으로 적용하고 있으며, 2026년부터 모든 상장회사에 의무화된다. 이처럼 정부에서도 세계적인 추세에 대응하여 ESG와 관련된 정책을 강화하고 있다.

3. 기업 위험 관리

1) ESG와 기업위험

1984년 인도 마디아프라데시주 보팔의 화학공장 유독가스 누출 사고와 1990년 미국 알래스카주 프린스 윌리엄 사운드 일대의 엑슨발데즈 원유 유출 사고 등의 재앙 같은 대형 참사가 시차를 두고 연이어 발생했다.

이러한 사고는 그동안 기업과 이해관계자들이 오로지 기업의 이윤에만 매몰되었기 때문에 발생한 결과였다. 이에 기업은 기업경영과 관련하여 환경과 사회에 영향을 주거나 줄 수 있는 정보의 공개를 더욱 강력히 요청받게 되었고, 초기에 몇몇 기업이 해당 요청에 대한 응답으로 기업의 사회적 책임 보고서를 극히 제한적인 자료로 공개하기 시작했다.

이와 같은 변화는 2000년대에 들어서 기업의 건전한 지배구조가 결국 기업가치 향상의 공감대로 확대되었다. 기업에 투자하는 투자자들은 기업가치 측정에 기업의 지배구조 요소를 산입하기 시작했다. 더 나아가 기업의 환경, 사회적 책임, 지배구조까지 변혁의 요구도 계속해서 증가했다. 이를 바탕으로 ESG 이슈는 기업 주가 흐름에 직·간접적으로 영향을 주는 주요한 요소로 자리매김하였다.

전 세계적으로 ESG를 고려한 투자 원칙이 확산함에 따라 이제 기업은 ESG 요소들을 관리하여 발생 가능한 위험을 최소화하고, 중장기적인 관점의 기업가치 향상에 목표를 두고 있다.

과거의 기업 위험 관리는 재무적 위험이 주된 내용이었다. 그러나 코로나19 팬데믹과 이상기후로 인한 쓰나미 등 기존의 상식과 경험을 초월하는 전무후무한 재해 및 사건들을 경험하면서 재무적 위험뿐만 아니라 다른 영역의 기업위험도 인식하기 시작했다.

기업이 인식하는 위험에는 물리적 위험(기후변화로 인해 실물 부분에서 발생), 공급망 위험(제품이나 서비스가 소비자에게 전달되는 과정 전체에서 발생), 평판 위험(기업의 평판이 악화함에 따라 발생), 규제 위험(규제 변화에 적절히 대응하지 못해 발생), 소송 위험(소송의 발생으로 부담), 이행 위험(기후변화에 대응하기 위해 저탄소 경제로 이행하는 과정에서 발생), 인적자본 위험(인적자본과 관련하여 발생) 등이 있다.

[그림 3] 기업이 인식하는 위험

유형	정의	사례
물리적 리스크	기후변화로 인해 실물부분에서 발생하는 직·간접적인 물적 피해 리스크	폭우 등으로 인한 시설물, 공장 손상
공급망 리스크	제품 및 서비스가 생산되고 소비자에게 전달되는 과정 전체에서 발생 가능한 리스크	협력업체 직원의 안전사고
평판 리스크	기업이 평판이 악화됨에 따라 발생하는 리스크	오너일가의 갑질로 인한 평판 하락
규제 리스크	규제 변화에 적절히 대응하지 못해 발생하는 리스크	제·개정된 리스크를 준수하지 못해 부담하게 되는 제재, 벌금 등
소송 리스크	소송이 발생하여 부담하게 되는 직·간접적 비용에 관한 리스크	공사 소음 등으로 인한 지역사회 주민과의 분쟁
이행 리스크	기후변화에 대응하기 위해 저탄소 경제로 이행하는 과정에서 발생하는 리스크	정부의 탄소배출 억제 정책의 시행으로 화석연료 관련 자산의 가치하락
인적자본 리스크	인적자본과 관련된 리스크	높은 이직률 등

출처: Running the Risk(CERES, 2019)

현재 전 세계적으로 저탄소 경제와 연관된 이행 위험을 해소하기 위한 정부와 기업의 노력이 활발히 진행되고 있다. 2019년 세계경제포럼(World Economic Forum)의 자료에 의하면, 10년 전 글로벌 위험은 재무적 위험이 대부분이었으나 현재는 환경적 위험, 사회적 위험 등 비재무적 위험이 대부분을 차지하고 있다. 이런 비재무적 위험의 증가는 기업의 전사적 위험 관리에서 비재무 위험을 포함하는 계기가 되었다.

2018년 MSCI(Morgan Stanley Capital International index) 자료에 따르면, ESG 관리 수준이 높은 기업은 관리 수준이 낮은 기업에 비해 기업의 고유 위험과 영향을 받는 시장 위험이 모두 낮게 나타났다. 특히 ESG 관리 수준이 높은 기업은 위험 관리와 준법 수준이 높은 양상을 보인다. 그러한 기업들은 횡령, 부패 등 기업의 고유위험과 관련된 부정적 사건이 일어날 가능성이 적다. 더 나아가 ESG 수준이 높은 기업은 시장 위험에도 덜 취약하다. 예를 들어, 에너지 사용이 효율적인 기업은 기후변화로 인해 에너지 가격이 폭등하더라도 다른 기업보다 시장 위험에 더 잘 대응할 수 있다.

결국 기업은 다양한 비재무적 위험들을 기업의 내외부 환경, 비즈니스 모델 등에 반영하여 고려하고 중요한 비재무적 위험들을 선별한 뒤 위험의 우선순위를 정하여 관리해야 한다.

2021년 세계경제포럼은 경제, 환경, 지정학, 사회, 기술 등 5개 영역에서 글로벌 리스크를 예측하였다. 그 결과 극심한 기후변화, 감염병 확산, 생계 위기 등의 사회와 환경 위험이 상위에 자리매김했다. 이 같은 글로벌 리스크와 함께 투자자의 관심 증가, 정보공개 및 규제가 빠르게 증가하고 있어 기업의 리스크 관리가 더욱 중요해지는 추세이다.

[그림 4] ESG 리스크 관리의 필요성

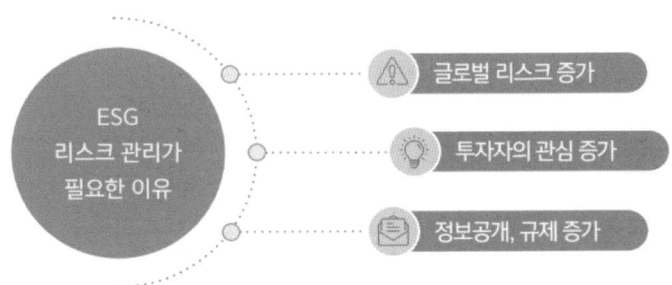

출처: 대한상공회의소

2) 기업 리스크 관리 사례

■ SK하이닉스의 '물 리스크 관리'

물은 '반도체 산업의 쌀'로 불릴 만큼 중요한 자원이다. SK하이닉스는 반도체의 다양한 제조과정에서 대량으로 사용되는 물을 집중적으로 관리하고 있다.

2018년 UN이 공개한 '세계 물 보고서'의 '국가별 물 스트레스 수준'에서 한국은 물 스트레스 지수 25~70%로 '물 스트레스 국가'로 분류되고 있다. SK하이닉스의 사업장이 있는 이천 지역도 '물 스트레스'가 높은 지역이다. 이에 SK하이닉스는 이천 사업장에 이원화된 용수 공급 체계를 갖추어 물의 재이용을 촉진하고 있다.

이 밖에도 SK하이닉스는 다양한 방법으로 '물 스트레스'를 관리하고 있다. 먼저 일반 스크러버 대신 냉각수가 파이프 내부를 이동하면서 열을 식히는 워터 프리 스크러버를 개발하고 이를 채택함으로써 기존에 사용한 스크러버 방식보다 물 사용량을 대폭 절감했다. 또한, 고도화된 정수 처리 시스템을 표준화시켜 제조과정에서 사용된 오·폐수를 생활용수 또는 수영용수의 하천 수질로 재이용할 수 있도록 관리하고 있다.

이처럼 SK하이닉스는 각 사업장의 개별적 특성을 분석하고 '물 리스크'의 유형과 수준에 따라 대응책을 마련하여 관리하고 있다.

[그림 5] SK하이닉스 '물 스트레스' 관리

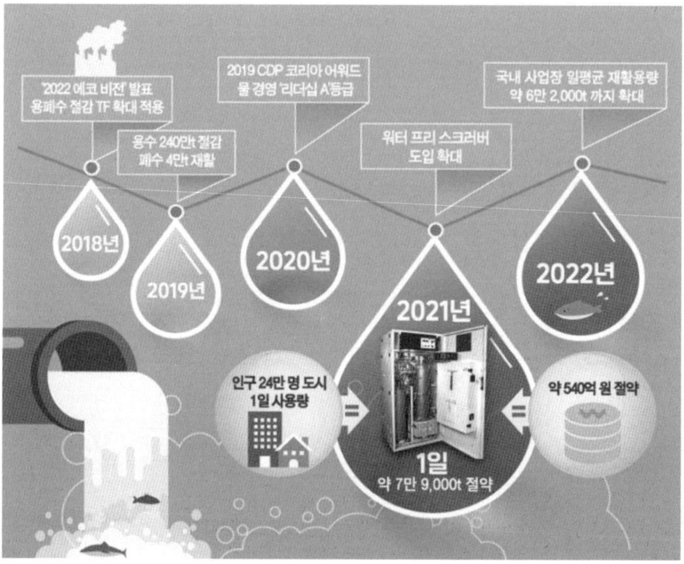

출처: MEDIA SK

4. 나가며

2023년 6월 국제 ESG 정보 공개 기준인 ISSB 최종안이 확정되었다. 이제는 각 국가의 법제화와 해당 기업의 대응 준비가 숙제로 남아 있다. 연결 기준의 ESG 공시 의무화 대응을 위해 대기업은 물론 협력업체인 중·소기업도 그 운신이 자유롭지 못하다. 그렇기에 기업이 주목해야 할 일은 ESG를 바라보는 관점과 대응 방안을 더 구체화하는 것이다.

ESG는 변화의 소용돌이 한가운데 자리 잡고 있다. ESG경영이 중요하다고 대부분 인식하지만 무엇을 어떻게 준비하고 실천해야 할지 그 명확한 답안이 부족한 실정이다. 일각에선 ESG에 대해 회의론적인 시각도 존재하며, 여러 ESG 평가 기관들의 상이한 평가는 일관성이 떨어져 모두를 혼란스럽게 만들기도 한다. 어떤 이는 ESG를 기회라고 부르고 어떤 이는 위협이라고 부른다. 그러나 지금의 시대에서 진짜 위험은 ESG에 대한 무지와 미비한 대응력이라고 볼 수 있다.

앞서 본 바와 같이 ESG는 점점 표준화와 법제화로 그 옷을 갈아입고 있다. 또한, 수많은 논문과 사례에서 ESG경영이 기업의 위험을 감소시킨다 평가하고 있다. 즉 현재의 기업과 경영자는 ESG경영을 통해 기업의 대내외 위험에서 기업을 지켜내고, 더 나아가 미래를 지향하여 발전된 기업으로 도약할 수 있도록 위험을 관리하여야 한다.

【 참 고 문 헌 】

- 박옥희, 김영기, 홍승렬, 최효근, 이승관, 김세진, 전수진, 이장우, 조재익, 박상문, 이성몽, 장승 외 5명, 《ESG경영》, 브레인플랫폼, 2021.
- 이주헌, 〈지속가능경영과 국내외 사례〉, 《융합경영연구》, 32(3), 117-154, 2017.
- 박현성, 〈기업의 환경경영이 기업가치에 미치는 영향 분석〉, 중앙대학교 대학원 박사학위논문, 2010.
- 이명기, 〈기업지배구조가 경제적 부가가치와 경영자 보상에 미치는 영향〉, 경북대학교 대학원 박사학위논문, 2018.
- 진미경, 〈기업의 ESG 활동이 기업위험에 미치는 영향에 관한 연구〉, 한성대학교 대학원 박사학위논문, 2022.
- https://news.skhynix.co.kr/ SK hynix NEWSROOM
- https://www.cgs.or.kr/ 한국ESG기준원
- https://www.korcham.net/ 대한상공회의소
- https://www.ceres.org/sites/default/files/reports/2019-11/running-the-risk-full-report-vinal%20%281%29.pdf

【 저 자 소 개 】

진미경 JIN MI KYOUNG

학력
- 경영학 학사
- 경영학 석사
- 경영컨설팅학 박사

경력
- 제이에스경영컨설팅 대표
- NCS 블라인드 채용 공공기관 전문 면접관
- 중소벤처기업부 비즈니스지원단 전문위원
- 경영지도사협회 원가 강사
- 전) (주)이누스 재무이사

자격
- 경영지도사
- 원가분석사
- ESG 심사원

- 1급 채용면접관

저서
- 〈기업의 ESG 활동이 기업위험에 미치는 영향에 관한 연구〉, 박사학위논문, 2022.

제13장

대형마트의 ESG경영 활동 사례와 시사점

박종현

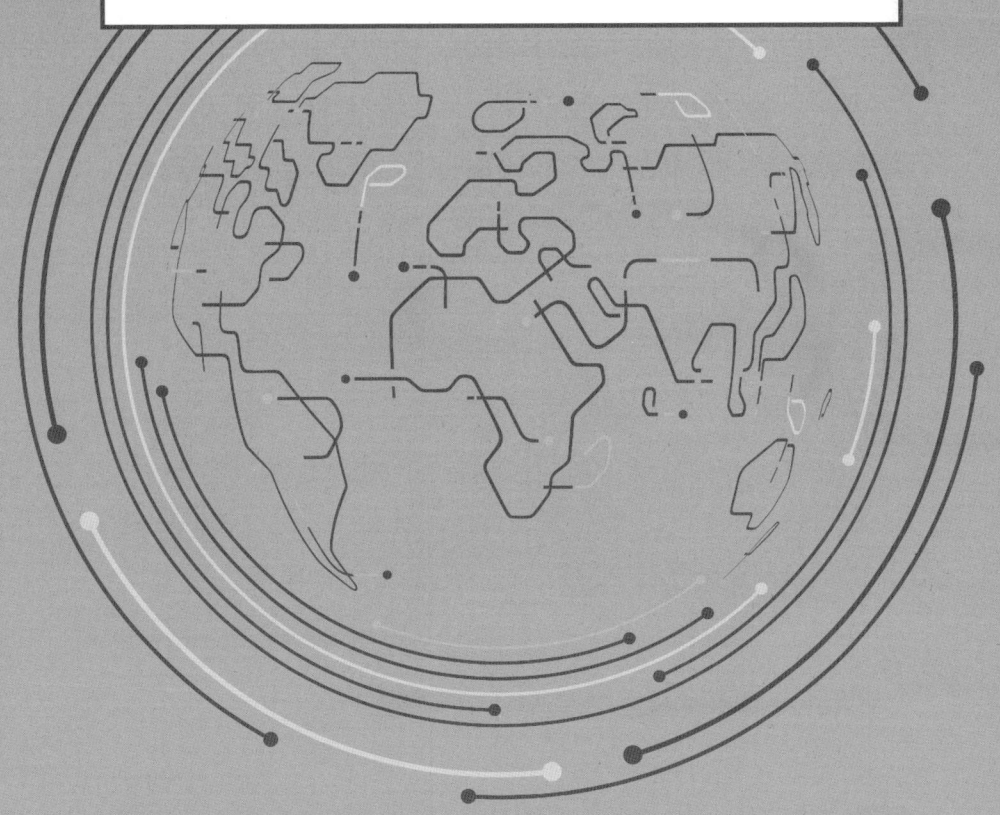

1. 대형마트의 정의

우리나라의 '유통산업발전법' 대규모 점포의 종류(제2조 3호)에서는 대형마트를 '대통령령으로 정하는 용역의 제공 장소를 제외한 매장 면적의 합계가 3천 제곱미터 이상인 점포의 집단으로서 식품, 가전 및 생활용품을 중심으로 점원의 도움 없이 소비자에게 소매하는 점포의 집단'으로 규정하고 있다.

2023년 2월, 산업통상자원부 업태별 매출 구성비 보도자료에 의하면 대형마트의 매출 구성비가 2021년에는 15.7%에서 2022년에는 14.5%로 하락하는 추세이지만, 온라인과 백화점, 편의점 매출 구성비가 상대적으로 증가하고 있는 흐름은 시사하는 바 크다 할 수 있다.

[그림 1] 업태별 매출 구성비

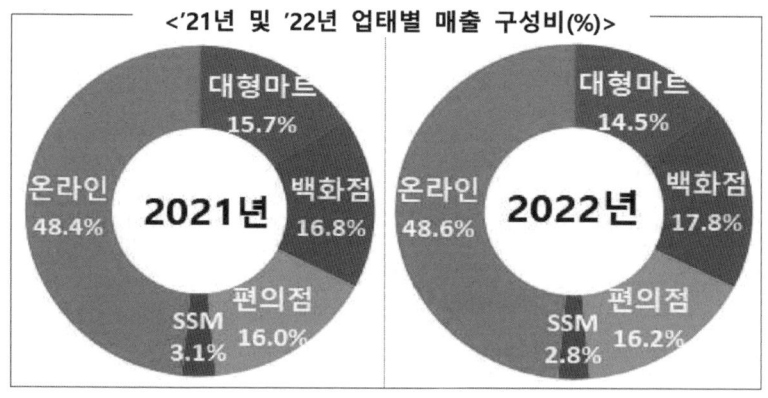

출처: 산업통상자원부 보도자료(2023.2.2.)

우리나라 대형마트의 효시는 1993년 11월 신세계 그룹(당시 신세계 백화점)이 서울 도봉구 창동에 1,280평 규모의 1호점으로 개점한 '이마트 창동점'이다. 그 후 월마트, 까르푸, 코스트코 홀세일 등 외국계 기업이 우리나라에 진출하여 국내 대형마트와 함께 오랜 기간 한국 유통 산업 발전에 중요한 역할을 해왔다. 하지만 2024년 현재, 국내 대형마트 시장은 월마트가 2006년 5월, 신세계 그룹에 매각하고 완전히 철수하면서 이마트, 홈플러스, 롯데마트의 3대 대형마트와 18개 점포를 운영하는 '회원제 창고형 할인매장'인 '코스트코 홀세일', 가구 할인 전문매장인 '이케아' 중심으로 경쟁적 관계를 유지하고 있다. 따라서 글로벌 이슈이자, 기업에게 선택의 여지가 없는 필수 생존 전략이라 할 수 있는 ESG경영이 코로나19 이후 소비자의 온라인 구매가 증가하고 있는 시장 환경에서 국내 대형마트의 주류인 이마트, 홈플러스, 롯데마트에서는 어떻게 추진되고 있는지 살펴보았다.

2. 이마트

국내 대형마트 매출 1위 기업인 이마트는 '지속가능경영보고서'를 통해 ESG 정책을 소비자에게 알리고 있다. 해당 보고서는 이마트(136개)와 2010년 이마트가 론칭한 '트레이더스 홀세일 클럽'(21개) 그리고 전문점의 ESG경영 활동을 보여주고 있으며, ESG 공시 국제표준 가이드라인 GRI(Global Reporting Initiative)를 기반으로 작성되었다. 이마트는 '지구의 내일을 우리가 함께'라는 비전으로 고객의 쇼핑 여정 전반에 ESG경영 실천을 통해 편의성과 가치 소비를 충족시킬 새로운 쇼핑문화 제안을 목표로 하고 있다.

이마트의 ESG경영은 1999년에 선포한 윤리경영에서 출발했으며, 2003년 윤리경영 캐릭터인 '바리미'를 만들며 실행 의지를 보였다. 2005년에는 윤리경영의 구체적인 '윤리헌장'을 제정해 이마트 구성원들이 가져야 할 윤리경영 실천 방안을 제시하였다. 이는 2021년 4월에 설치한 'ESG 위원회'의 기반이 되었고, 유통업에서는 이마트 외에 롯데쇼핑, 홈플러스, GS리테일이 운영 중이다.

[그림 2] 지속가능경영 전략 체계도

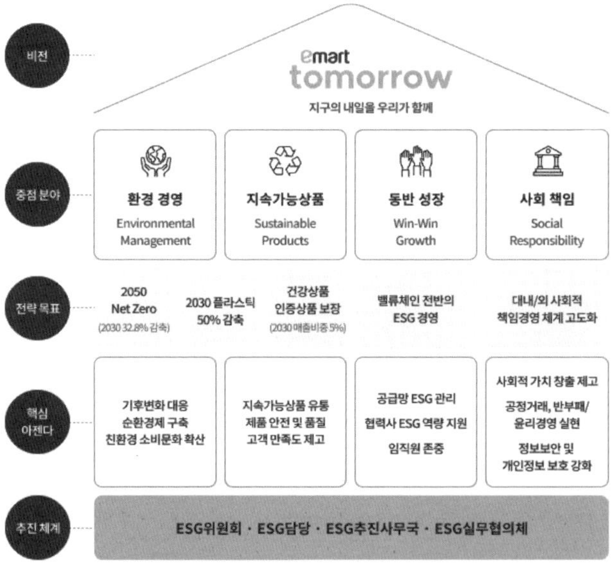

출처: 이마트 홈페이지

대형마트 중 ESG 활동 내용을 '지속가능경영보고서'로 소비자와 적극적으로 소통하는 기업은 이마트와 롯데쇼핑이다. 이마트는 이사회 산하에 'ESG 위원회'를 두고, 반기별로 정기회의를 개최하고 있으며 위원회 활동 관련 내용을 상세하게 공지하고 있다. 또한, 대표이사 직속으로 'ESG 담당'을 두고 ESG경영 실천을 진두지휘하고 있다. 'ESG 담당' 아래의 'ESG 추진사무국'은 'ESG 실무협의체'를 두고 '탄소중립', '패키지혁신', '지속가능상품', '동반성장', '사회책임경영' 등의 핵심 과제를 추진하고 있다. 이마트의 ESG경영 활동은 사회적 책임에 관한 국제표준인 'ISO 26000'을 기반으로 하고 있다.

1) 환경 활동

[그림 3] 이마트 친환경 경영 3대 부문

출처: 이마트 홈페이지

이마트의 친환경 경영의 3대 축은 'Green Store', 'Green Product', 'Green Culture'이다. 'Green Store'는 친환경 녹색 매장을 구현하고, 'Green Product'는 친환경 소비 활성화에 'Green Culture'는 친환경 녹색 문화를 전파하고자 하는 것이 핵심이다.

환경 활동의 또 다른 예는 'Plastic free tomorrow' 캠페인 '이달의 바다'를 들 수 있다. 해당 캠페인은 연안 정화 활동으로 기존에 일회성으로 진행하던 행사를 전국적인 캠페인으로 확대하였다. 전국의 바닷가를 대상으로 매월 바닷가 하나를 선정해 이마트 임직원과 협력회사가 함께 주변의 쓰레기를 줍고, 분리하는 활동이다.

또한, MD 측면에서는 이마트의 '지속가능상품' PL 브랜드인 '자연주의'를 한국 내 대표적인 친환경 브랜드로 육성하기 위해 PL 상품 3단계 개발 기준을 마련하였다. 개발 원칙은 PSI(Product Sustainability Initiative)를 기반으로 원재료, 제조, 포장 단계별로 기준을 제정하였다. 원재료는 유기 가공식품 개발을 우선하여 5대 인증 원료(유기농, 무농약, 저탄소, 무항생제, 동물복지) 사용을 권장하고 있다. 제조 단계에서는 첨가물 사용과 가공 과정을 최소화하고 있다. 마지막 단계에서는 포장을 최소화하고 포장재는 되도록 재활용할 수 있는 재료를 사용하고 있다. 그 밖에 신세계와 공동으로 '3R' 개념인 'Remove', 'Rechange', 'Reduce'를 기반으로 환경 영향을 최소화하는 방식의 ESG경영 활동을 실천하고 있다.

2023년 9월에는 유통업계 최초로 'Net Zero Report 2023 이마트 탄소중립 보고서'를 발표하는 등 2030년까지 자체적으로 탄소 배출량 32.8% 감축을 목표로 에너지 효율 제고와 자원순환 시스템 확대에 전사적 역량을 집중하고 있다.

2) 사회 활동

사회공헌 활동은 크게 5가지 테마로 나뉜다. 예컨대, '희망나눔 프로젝트', '이마트 옐로카펫', '희망배달 캠페인', '희망 배달마차', '희망나눔 주부봉사단', '여자축구 후원'이다. '희망나눔 프로젝트'는 이마트의 대표적 지역사회 공헌 프로그램으로써 지역사회의 도움이 필요한 어린이, 장애인, 독거노인 등을 대상으로 테마에 맞게 연간 다양한 공헌 활동을 전개하며 소외된 이웃들에게 따뜻한 희망을 전하고 있다.

'이마트 옐로카펫'은 어린이 교통사고 방지 캠페인으로써 아동이 횡단보도를 이용할 때 안전하게 대기할 수 있는 아동 안전 공간을 말한다. '희망배달 캠페인'은 기존의 기업 중심형 기부가 아닌 개인의 자율적 참여를 기반으로 하는 프로그램으로써 바람직한 사회공헌 모델로 인정받고 있다. 조성된 기금은 희망 배달마차, 희망 장난감 도서관 건립, 후원 아동 대상으로 생활비·교복비 지원, 환아에겐 치료비·수술비 후원 그리고 소외 청소년 대상으로는 여성 위생용품을 지원하는 등 다양한 사업에 사용하고 있다.

'희망 배달마차'는 지역사회의 소외 계층을 찾아서 꼭 필요한 물품들을 지원하여 실질적인 도움을 드리는 이마트의 사회공헌 활동으로써 물품지원과 냉동탑차, 제반 비용 등을 기부하고 있다. '희망나눔 주부봉사단'은 동네를 가장 잘 아는 주부들이 모여서 구성되었고, 매년 1만 2천여 명의 봉사단원이 마을 곳곳에서 봉사 활동을 진행하는 고객과 함께하는 사회공헌 활동이다.

마지막으로 이마트는 사단법인 대한축구협회(KFA)와 업무협약을 맺고 비인기 스포츠 분야의 저변 확대를 위해 여자축구를 후원하고 있다. 또한, '동반성장펀드'를 활용해 시중은행과 연계하여 협력회사가 은행 대출을 받을 때 대출 금리를 감면받게 하고, 2023년에는 동반성장위원회와 ESG 지원사업 협약을 맺고 중·소 협력회사의 ESG 역량을 강화하기 위한 상생협력기금을 출연하였다.

임직원의 안전과 건강을 위한 활동으로서는 '안전하고 건강한 이마트'라는 모토로 선제적인 리스크 관리를 통해 임직원이 자부심을 느낄 수 있는 일터를 만들고 있다. 18개 점포와 본사에는 임직원과 사원의 건강 유지를 도와주는 'e-Care 센터'를 운영하고 있다. 최근 '중대재해처벌법'이 강화되고 있는 상황에서 이마트는 모든 이해관계자에게 산업재해와 질병 발생 위험을 최소화하고, 생산성 향상에 도움이 되는 국제표준의 '안전보건경영시스템'(ISO45001) 인증을 획득하였다. 'ISO45001'은 안전 보건에 대해서 기업의 의지와 법률 규제 사항을 효과적으로 관리하고 있다는 것을 입증해 주는 국제 표준인증 제도이다.

3) 지배구조 활동

 지배구조 활동으로서는 투명한 기업 문화 정착을 위해서 기업의 사회적 책임(Corporate Social Responsibility, CSR) 전담 조직 운영, 전자 회계 시스템 도입, 3대(클린신고, 신세계페이, 지인거래신고) 신고제도, 사외이사 선임, 내부회계 관리제도를 운영하고 있다. '신문고' 제도를 활용하여 임직원, 협력회사, 고객 등의 잘못된 관행이나 임직원의 부정부실, 비윤리적 행위 등을 모니터링하고 있다.

 그룹 차원에서는 신세계 리스크 관리 시스템인 'SRMS(Shinsegae Risk Management System)'을 구축하여 그룹 내 전 사업장에서 사건·사고가 발생할 때 'SRMS'에 등록하여 체계적으로 리스크를 관리하고, 예방하고 있다. 우리나라의 대표적 ESG 평가기관 중의 하나인 한국ESG기준원(KCGS)에서는 이마트의 2023년 'ESG 등급'을 환경 'A+', 사회 'A', 지배구조 부문에서 'B+', ESG 종합 등급은 'A'로 각각 평가하였다.

3. 홈플러스

 국내 대형마트 매출 2위 기업이자 2023년 현재 135개 점포를 운영하는 홈플러스는 사모펀드인 MBK 파트너스가 2015년 영국의 테스코로부터 홈플러스를 인수했다. MBK 파트너스는 2012년 국내 운용사 최초로 유엔 책임투자원칙(UN PRI)에 참여했고, 2014년에는 ESG 책임투자 정책과 내부 기준을 만들었다.

이마트와 롯데마트는 '지속가능경영보고서'를 발행하여 소비자와 이해관계자에게 ESG경영 활동 내용을 적극적으로 소개하고 있다. 하지만 홈플러스의 ESG경영 활동 관련 정보는 홈플러스 'e파란재단'을 통해서 ESG 관련 정보를 공지하고 있기에, 다른 두 기업보다 상대적으로 적다. 홈플러스는 '다음 세대를 위한 더 나은 세상을 만드는 책임 있는 유통회사'를 비전으로 'ESG 위원회'를 출범시키고, 대표이사가 위원장을 맡아 ESG 중·장기 전략 과제를 수립하고, 목표 이행 현황을 심의하며 각 부문의 ESG 활동을 지원하는 'ESG경영'을 실천하고 있다.

[그림 4] ESG경영 전략 체계도

구분	내용			
	MISSION 나눔과 친환경의 가치 확산을 통해 지속 가능한 세상 구현			
	VISION 다음 세대를 위한 더 나은 세상을 만들어가는 책임 있는 유통회사			
22/23 Objectives	따뜻한 세상을 만드는 관심 더하기		건강한 지구를 만드는 폐기물 줄이기	
Core Value	나눔 더하기	마음 더하기	플라스틱 줄이기	온실가스 줄이기
Key Initiatives	교육 지원 사업 확대	ESG 프로그램 외연 확대	플라스틱 사용 줄이기	친환경 에너지 인프라 강화
Goal by 2025	· 100개 지역아동센터 교육 지원 사업 참여 · 익스프레스 전 매장 1점포 1가정 결연		· 플라스틱 폐기물 1만톤, 종이 550톤 감축 · 온실가스 15% 감축 (2016년 대비)	
ESG Brand	Homeplus ALL FOR ZERO 함께 나누고, 함께 줄이고			

출처: 홈플러스 홈페이지

홈플러스는 지속가능한 미래를 위한 ESG 브랜드로서 'Homeplus All for Zero'를 슬로건으로는 '함께 나누고, 함께 줄이고'의 방향성을 확정하고 추진 중이다. 이것은 100만 고객과 함께(All) 긍정적 변화를 추진하고, 폐기물과 사회적 무관심을 줄여(Zero) 더 나은 세상을 추구하여, 지역사회에 대한 따뜻한 관심을 '함께 나누고', 폐기물을 '함께 줄여' 다음 세대가 더 살기 좋은 깨끗한 자연환경과 따뜻한 세상을 만들어 나가려는 의도라 할 수 있다.

ESG 5개년 목표로써 2022년부터는 '따뜻한 세상을 만드는 관심 더하기'(교육 기부, 나눔 활동), '건강한 지구를 만드는 폐기물 줄이기'(플라스틱 사용 줄이기, 온실가스 줄이기)로 설정하고, 홈플러스만의 차별화된 생활밀착형 ESG경영 활동을 실행하고 있다. 또한, 2025년까지는 10개 지역아동센터 교육지원 사업 참여, 익스프레스 1점포 1가정 결연 맺기, 플라스틱 폐기물 1만 톤, 종이 550톤, 온실가스 15%(2016 대비)를 각각 감축하는 것을 목표로 하고 있다.

1) 환경 활동

환경 활동으로서는 고객이 상품 구매만으로 친환경 활동에 동참하는 시그니처 무라벨 '맑은 샘물' 생수를 출시하면서 기존의 생수 페트병에 브랜드와 상품정보를 인쇄해 재활용을 간소화하였다. PB 상품 개발에 친환경 기준을 적용해 플라스틱과 비닐 소재 사용을 최소화하는 등 친환경 포장재를 확대하였다. 대표적으로 '핸드워시'와 같은 금속 스프링 펌프를 사용하는 제품에 메탈 ZERO 펌프를 도입해 플라스틱 재활용을 늘렸다. 온실가스 감축과 탄소중립 실천을 위해 전 매장의 노후 형광등을 고효율 LED 조명으로 교체했다. 2000년부터는 유엔환경계획(UNEP)과 함께 'e-파란 어린이 환경 그림대회' 행사를 개최하면서 어린이들에게 기후변화 대응의 중요성을 공유해 오고 있다.

2) 사회 활동

사회 활동은 2012년부터, 백혈병 소아암 어린이를 대상으로 치료비와 환아 자립을 위한 프로그램 연구와 심리치료를 지원하는 소아암 국민 인식개선 캠페인도 함께 진행하고 있다. 또한, '가파도 찰보리'를 전량 매입, 판매하여 판로 확보에 어려움을 겪고 있는 농가에 힘을 보태고 있고, 대구 성서점의 옥상을 공원으로 조성하여 지역사회로부터 큰 호응을 얻기도 하였다. 문화센터를 활용해서는 소외 계층을 위한 교육 프로그램인 '배움 튜더링'을 지원하고 있다.

2019년에는 홈플러스 계열 무기 계약직 임직원 1만여 명을 정규직으로 전환하여 전체 임직원의 99%인 22,900여 명이 정규직이 되었다. '나눔과 상생'을 주제로 2022년에는 지점별로 지역사회와 협력회사 공동으로 저소득층 삶의 질 향상을 위한 '릴레이 캠페인'을 시행하였다. 임직원이 만든 '나눔 플러스 봉사단'에서는 점포별로 봉사단을 운영하여 지역 내 소외 계층을 대상으로 생필품과 과자 키트를 정기적으로 제공하고 있다.

3) 지배구조 활동

지배구조 활동으로서는 경영 최고 의사결정 기구인 'ESG 위원회'를 매월 개최하여 전략을 논의하고 있으며, 직원의 참여율을 높이기 위해 대의 기구인 '한마음협의회'를 통해 현장 직원들의 다양한 의견을 전달함으로써 ESG경영 활동 제반을 지원하고 있다.

다만, 우리나라의 대표적 ESG 평가기관 중의 하나인 한국ESG기준원(KCGS)에서는 홈플러스의 'ESG 평가 등급'이 이마트, 롯데마트와는 달리 확인이 안 되고 있다.

4. 롯데마트

롯데쇼핑은 2021년 11월을 'ESG 원년'으로 선포하고 '고객의 첫 번째 쇼핑 목적지가 되는 것'이라는 비전과 'Dream Together for Better Earth' 슬로건을 기반으로 'ESG 5대 과제'를 추진해 오고 있다. 세부 계획으로는 첫째, 2040 탄소중립 추진과 자원순환 체계를 구축하고,

둘째, 협력사와 지속가능한 공급망을 구축하여 함께 성장하는 생태계를 만들고, 셋째, 건전한 지배구조 구축과 '컴플라이언스' 준수로 신뢰받는 기업이 되겠다는 것이다. 또한, ESG경영 활동을 담은 '지속가능경영보고서'를 발간해 주요 이해관계자들과 소통하고 있다.

[그림 5] ESG경영 전략 체계도

구분	내용
ESG 캠페인 브랜드 및 슬로건	RE:EARTH — Dream Together for Better Earth
ESG Priorities	책임 있는 상품 유통 / 지속 가능한 환경조성 / 다양한 포용 사회 구축 / 함께 가는 파트너십 강화 / 기업 투명성 제고
5대 과제	RE:EARTH / RE:NERGY / RE:USE / RE:JOICE / RE:VIVE (가치 창출을 목표로 전략적 프로젝트화 하여 추진 중)
리스크 관리	책임 있는 조달 정책 수립 / 판매·유통 탄소 배출량 목표 수립 / 직무·직급별 교육체계 고도화 / 협력사 ESG 가이드라인 수립 / 행동강령 및 정보보호 정책 수립 / 친환경 제품 확대 / 업스트림 탄소 배출량 측정 / 인권 정책 수립 / 협력사 ESG 리스크 관리체계 구축 / 이사회 구성 검토

출처: 롯데쇼핑 홈페이지

이 보고서에는 롯데쇼핑의 사업 부문인 롯데백화점, 롯데마트, 롯데슈퍼, 롯데 e-커머스가 각각 진행하고 있는 ESG 추진 사업 내용과 성과가 기록되어 있으며, ESG 공시 국제표준 가이드라인 GRI(Global Reporting Initiative)를 기준으로 작성되었다. 롯데쇼핑의 '지속가능경영보고서'는 미국의 머콤사가 주관하는 '2023 갤럭시 어워즈' 연간 보고서 인쇄물 분야의 '지속가능보고서' 부문에서 금상을 수상했고, 미국의 커뮤니케이션연맹(LACP)이 주관하는 '2022 비전 어워즈'에서 'ESG REPORT' 부문에서 대상과 '지속가능경영보고서' 부문에서 금상을 동시에 수상하였다. 롯데마트는 해당 보고서 기준으로 국내 111개 점포, 베트남 15개 점포, 인도네시아 50개 점포로 총 176개 점포를 운영 중이다.

1) 환경 활동

먼저, 환경 활동으로서는 'Dream Together For Better Earth' 슬로건을 기반으로 소비자, 임직원, 주주, 파트너사 등 이해관계자와 함께 지속가능한 세상 만들기를 목표로 하고 있다. 에너지, 순환 경제, 공급망 등 ESG 3대 핵심 과제를 바탕으로 액션플랜을 설정하여 추진하고 있다. 롯데마트는 2018년, 환경점검 시스템(FEMS)을 도입해 전사 차원의 시설물 안전 점검과 최적의 에너지 사용··유지·관리를 하고 있다. 내부에 환경 담당 부서를 조직하고, 환경 전문인력을 육성하여, 온실가스 배출량을 관리하고 있으며, 롯데 환경 에너지 통합서비스(LETS)를 통해서는 온실가스 배출량과 에너지 사용량을 관리해 환경경영을 실천하고 있다.

또한, 에너지 경영시스템의 국제표준인 'ISO 50001' 인증을 획득하여 에너지 관리를 국제표준에 맞게 운영하고 있으며, 에너지 효율화를 위한 실천 활동으로 2021년부터 전 사업장의 노후화된 LED 조명을 고

효율 LED로 전부 교체하였다. 2023년에는 냉장 쇼케이스 도어를 설치해 냉기 유출에 따른 에너지 손실을 방지하였다. 신재생 에너지 확산을 목적으로 점포 옥상이나 주차장 유휴 부지를 활용하여 태양광 발전소를 구축하는 등 친환경 유통기업으로서의 브랜드 포지셔닝(Brand Positioning)을 확실하게 하고 있다.

환경 분야에 특별하게 관심이 많은 롯데는 2023년부터 매장 내 발생하는 지류를 최소화하고자 종이 영수증, 가격표, 전단지를 모두 전자화하였다. 여기에 이산화탄소 발생 저감을 목적으로 2016년부터 고객이 직접 참여하는 'RE:EARTH 공병무인회수기', 2021년 '플라스틱 회수기'와 2022년 '즉석밥 용기 수거함' 등 자원순환 촉진 시설을 전국 점포에 설치하여 소비자의 친환경 활동 참여를 유도하고 있다.

또한, 2022년, 롯데마트 송파점은 서울시, 라이트브라더스와 업무협약을 체결하고 폐자전거를 재활용해 판매하는 '재생자전거 팝업스토어'를 오픈하였다. 버려진 자전거를 수거해 상품화하고, 주민들에게 판매하여 발생한 수익금을 지역 재활센터에 지원하고 있다. PB 상품인 생수 4종에 대해서는 무라벨로 교체하여 플라스틱 폐기물을 줄이고 재활용 편의성을 높여 '환경성적표지인증'을 획득하는 등 제품의 생산 및 판매에 이르는 전 과정에서 환경에 미치는 영향이 적은 녹색 제품을 활성화하는 발판을 마련하였다. 전국 55개 점포에서는 녹색 제품을 판매하는 환경부의 '녹색 매장'을 운영하고 있다.

그 밖에 하천에서 쓰레기를 줍는 '플로깅' 친환경 캠페인을 임직원과 시민들이 함께하는 행사를 진행하는 등 롯데마트의 다양한 노력으로 한국경영인증원(KMR)으로부터 '2023 그린스타' 인증을 2022년에 이어 2년 연속 받았다. 대형마트 중에서 롯데마트만이 유일하게 '그린스타(친환경성을 인정받은 상품과 서비스를 선정하는 인증제도)' 인증을 획득하였다.

2) 사회 활동

사회 활동은 협력사 동반성장과 지역의 소상공인 및 중소기업 판로지원, 지역민 사회공헌 활동에 관심을 두고 있다. 예컨대, 롯데마트와 거래하는 중·소파트너사의 자금 운용을 원활하게 지원하기 위해 800억 규모의 '동반성장펀드'를 조성하였고, 파트너사의 ESG 역량 제고를 위해 ESG 컨설팅 지원과 직무역량 강화를 위한 교육 플랫폼을 구축하고, 83개 협력사를 대상으로 ESG경영 교육을 시행하였다.

이러한 노력으로 롯데마트는 '2022년 동반성장지수 체감도 조사'에서 도·소매업종 부문 1위를 차지하였다. 또한, 과학기술정보통신부 산하 연구개발특구진흥재단과 업무협약을 체결해 특구 5개 지역(대구, 전북, 광주, 대구, 부산) 내 ESG 친환경 제품을 생산하는 중·소기업에게 판매지원을 하고 있다. 지원 기업에 선정되면 상품화 과정에서 전문가의 컨설팅을 통해 상품의 전문성을 높이고, 롯데마트 매장과 '팝업 스토어' 입점을 지원해 주고 있다.

또한, 2022년에는 펫 전문 브랜드인 '콜리올리'와 공동으로 유기견 지원 프로그램인 '걷기 기부 챌린지'를 개최하여 걷기 플랫폼인 '워크온' 앱을 설치하고, 반려견과 함께 산책하면서 참여자가 목표한 누적 걸음을 달성하게 되면 유기견 지원 시설에 기부금을 지원하는 제도를 운영하고 있다.

소외 계층을 위해서는 매월 매장에서 발생하는 유통기한 임박 상품을 모아 '푸드뱅크'에 기부하여 결식아동, 독거노인 등 저소득 계층에게 전달하고 있다. 지점별로 결성된 '샤롯데봉사단'에서는 자매결연을 한 지역 아동 복지시설을 대상으로 월별 물품지원과 봉사 활동을 하고 있다.

3) 지배구조 활동

지배구조 활동으로서는 투명하고 공정한 인사 시스템과 협력적 노사문화, 임직원 인권, 이사회 활동에 주안을 두고 있다. 인사 프로세스, 채용, 이동배치, 교육 훈련, 승진·승격, 보상, 퇴직으로 구분해 개별 관리를 하고 있다. 대표적인 사례가 '경력개발제도'로써 이것은 내부적으로 공석이 발생할 때 임직원을 대상으로 지원을 받아 직무 적합도를 검증한 후에 직무를 변경시키는 제도이다. 정년퇴직자와 희망 퇴직자를 대상으로는 진로 설계와 취업 알선을 지원하는 '재취업 지원 서비스'도 운영 중이다.

롯데쇼핑은 2007년 업계 최초로 UN Global Compact에 가입하여 인권, 환경, 반부패와 관련한 인권 정책을 추진하고 있다. 점포 내 '행복상담실'을 운영하고, 임직원과 파트너사의 인권 침해 사례를 조사하여 관련 조치를 하고 있다. 협력적 노사문화를 만들기 위해 2020년부터는 다대다 익명게시판인 '마트통'을 운영 중인데, 임직원의 건의 사항, 고충, 불만, 요청 등을 여러 임직원이 토론하여 건설적인 해결책을 찾는 자리이다.

또한, 고용노동부의 '근로 혁신 10대 제안'을 현장에 적용해 수요일과 금요일은 '회의 없는 날'로 지정하여 업무 효율성을 높이고자 하였다. 이러한 노력으로 2022년 유통업계 최초로 안전보건경영의 국제표준인 'ISO 45001'을 획득하고, 국제기준에 기반한 '안전보건경영시스템'을 수립하였다. 이사회 운영과 구성, 이사 선임은 독립적이고 다양성과 전문성을 기반으로 다양한 이해관계자들의 권익을 보호하고 있다.

우리나라의 대표적 ESG 평가기관 중의 하나인 한국ESG기준원(KCGS)에서는 롯데쇼핑의 2023년 ESG 등급을 환경 'A', 사회 'A+', 지배구조 부문에서 'A', ESG 종합 등급은 'A'로 각각 평가하였다.

5. 시사점

이상으로 이마트, 홈플러스, 롯데마트의 ESG경영 활동에 관한 내용을 각 사의 '지속가능경영보고서'와 홈페이지를 기반으로 살펴보았다. ESG 평가 등급은 우리나라의 대표적 ESG 평가기관 중의 하나인 한국 ESG기준원(KCGS)의 평가를 참조하였다.

유통업은 플랫폼 사업이다. 수많은 협력회사로부터 공급받은 상품과 서비스가 한 곳으로 모이는 곳이 소매 유통업이기에 'ESG경영'을 현장에서 실천하기가 쉽지 않은 업태이다. 하지만 영국의 소매 유통업체인 막스&스펜서(Marks&Spencer)는 1996년 3월, 영국을 진원지로 유럽을 강타한 광우병 파동으로부터 공급망 관리의 중요성을 경험하고, 공급망 관리와 환경의 지속가능성 확보만이 기업의 '지속가능경영'의 핵심 경쟁력이 될 것으로 판단했다.

[그림 6] Marks&Spencer 매장

이에 그동안 사회공헌 수준에 머물던 기업의 사회적 책임(Corporate Social Responsibility, CSR)을 공급망 전체에 사회, 환경적 책임 관리로 확대하는 전략을 수립하는 계기가 되었다.

2007년 이후 막스&스펜서는 오랜 기간 준비하면서 100개 이상의 프로젝트를 공급망 전체에 하나씩 하나씩 적용하여 오늘날 막스&스펜서의 '지속가능경영' 시스템을 구축하였다. 국내 대형마트의 ESG경영 활동도 타당한 성과를 내기 위해서는 혼자만이 할 수 있는 프로젝트가 아니다. 따라서 대형마트의 ESG경영 활동이 단순 홍보나 'ESG 워싱'이 되지 않기 위해서는 막스&스펜서의 사례처럼 중·장기적 차원에서의 진정성 있는 ESG경영 활동을 공급망 전체에 정밀하게 적용해야 한다. 또한, 임직원, 협력사, 소비자, 유관기관 등 다양한 이해관계자들과 ESG 관련 정보를 함께 공유하고, 지속적으로 추진, 확산하는 큰 비전과 전략이 필요하다.

【 참 고 문 헌 】

- 〈지속가능경영보고서〉, 이마트, 홈플러스, 롯데마트 홈페이지.
- 김영길, 〈ESG가 경영성과에 미치는 영향〉, 경영컨설팅연구, 2023.
- 강준모, 박철, 〈기업의 ESG 활동이 기업 신뢰도를 매개하여 고객충성도에 미치는 영향〉, 2022.
- 백지연, 김수연, 구혜경, 문주옥, 오우흠, 이설, 〈한·중 유통기업의 ESG경영에 대한 2030 소비자 인식 연구〉, 2021.
- 원용춘, 박연정, 김성주, 〈기업의 지속가능경영이 기업신뢰에 미치는 요인에 관한 실증연구: ESG를 중심으로〉, 2022.
- 박윤나, 한상린, 〈기업의 ESG 활동이 기업 이미지, 지각된 가격 공정성 및 소비자 반응에 미치는 영향. 경영학연구〉, 2021.
- 백내용, 김호석, 〈외식기업의 ESG경영 활동이 기업평판, 기업 이미지 및 재구매 의도에 미치는 영향〉, 2023.
- 백채환, 강준모, 〈커피전문점의 ESG경영에 대한 소비자의 평가〉, 2023.
- 《ESG경영》, 브레인플랫폼, 2021.
- 《AI 메타버스시대 ESG 경영전략》, 브레인플랫폼, 2022.
- 《소비자변화와 ESG경영》, 크레파스북, 2022.
- 《지금 당장 ESG》, 천그루숲, 2022.
- 《ESG 혁명이 온다》, 한스미디어, 2021.

【 저 자 소 개 】

박종현 PARK JONG HYUN

학력
- 경제학사, 경영학 석사, 경영학 박사

경력
- 현) 경기대학교 산학협력(인문사회계열) 교수
- 현) KCA(한국컨설턴트 사관학교) 전임교수
- 현) 대한민국 ESG위원회 교육위원
- 현) 공공기관 용역제안서 평가위원
- 현) NCS 공공기관 블라인드 채용 면접위원
- 현) 공무원 채용 면접위원
- 현) 한국교통공단 전문위원
- 현) 한국산업인력공단 HRD 능력개발 전문위원
- 현) 경기도 경제과학진흥원 전문위원
- 현) 한국콘텐츠진흥원 전문위원
- 현) 창업진흥원 전문위원
- 현) 대구전통시장진흥재단 전문위원

- 현) 한국데이터산업진흥원 전문위원
- 전) 대한민국 ROTC 23기 임관
- 전) 삼성그룹 공채 28기 입사
- 전) 신세계 이마트 지점장
- 전) 삼성전자(판) 마케팅기획 그룹장
- 전) 전자랜드 마케팅본부장
- 전) SK네트웍스 IM총괄 MD 고문

자격
- 전경련 ESG 전문가(전경련국제경영원), ESG 컨설턴트
- AACPM(미국 상담심리치료학회) 인증 국제 조직코치
- Professional Interviewer(PI), 선발면접어세서(SIA)
- 심리상담사 1급, 창업지도사 1급, 상권분석사, 창직컨설턴트 1급
- AI 역량검사(면접) 컨설턴트 1급, 노인심리상담사 1급
- 빅데이터 전문가, 방송SNS콘텐츠 전문가
- 사주애널리스트

저서
- 《AI 메타버스시대 ESG 경영전략》, 브레인플랫폼, 2022. (공저)
- 《신중년, N잡러가 경쟁력이다》, 브레인플랫폼, 2021. (공저)
- 《공공기관 채용의 모든 것》, 브레인플랫폼, 2021. (공저)
- 《공공기관·대기업 면접의 정석》, 브레인플랫폼, 2020. (공저)
- 《인생 2막 멘토들》, 렛츠북, 2020. (공저)
- 《창업과 창직》, 브레인플랫폼, 2020. (공저)
- 《공공기관 합격 로드맵》, 렛츠북, 2019. (공저)
- 《이마트에서 배우는 장사 노하우》, 무한, 2010.
- 《장사를 잘하려면 이마트를 배워라》, 무한, 2004.

기타
- 블로그: 사주마케팅 전략연구소
- 유튜브: 사주마케팅TV

제14장

공공기관 및 금융기관 ESG경영 사례

김민규

1. 공공기관의 ESG경영 사례

1) 공공기관의 정의 및 의사결정시스템

공공기관 정보공개시스템인 알리오(ALIO)에 의하면, 공공기관이란 공공기관이란 정부의 출연·출자 또는 정부의 재정지원 등으로 설립·운영되는 기관으로서 공공기관의 운영에 관한 법률 제4조 1항 각호의 요건에 해당하여 기획재정부장관이 지정한 기관을 의미한다.

■ 공공기관의 유형 분류

공공기관의 운영에 관한 법률 제5조에 따라 공공기관은 다음과 같이 분류된다.

[그림 1] 공공기관의 유형 구분(요약)

유형구분		공통요건	지정요건(원칙)
공기업	시장형 공기업	직원정원 ≥ 300인 총수입액 ≥ 200억원 자산 ≥ 30억 자체수입비율 ≥ 50%	자체수입비율 ≥ 85%인 기관 (& 자산2조원이상)
	준시장형 공기업		자체수입비율 50% ~ 85%
준정부기관	기금관리형 준정부기관	직원정원 ≥ 300인 총수입액 ≥ 200억원 자산 ≥ 30억 자체수입비율 < 50%	중앙정부 기금을 관리하는 기관
	위탁집행형 준정부기관		기금관리형 아닌 준정부기관
기타공공기관		공기업·준 정부기관을 제외한 공공기관	

출처: JOB-ALIO 웹사이트(https://job.alio.go.kr)

공기업이란 직원 정원이 300명, 총 수입액이 200억 원, 자산규모가 30억 원 이상이면서, 총 수입액 중 자체수입액이 차지하는 비중이 50%(기금관리기관은 85%) 이상인 공공기관을 의미합니다. 이중 시장형 공기업은 자산규모가 2조 원 이상이고, 총 수입액 중 자체수입액이 85% 이상인 기관이며, 준시장형 공기업은 자체수입비율이 50% 이상 85% 이하인 기관이다.

준정부기관이란 직원 정원이 300명, 총 수입액이 200억 원, 자산규모가 30억 원 이상이면서, 총 수입액 중 자체수입액이 차지하는 비중이 50%(기금관리기관은 85%) 미만인 공공기관이다. 준정부기관은 기금관리형 준정부기관과 위탁집행형 준정부기관으로 나뉜다. 기타공공기관은 공기업, 준정부기관이 아닌 기관이다.

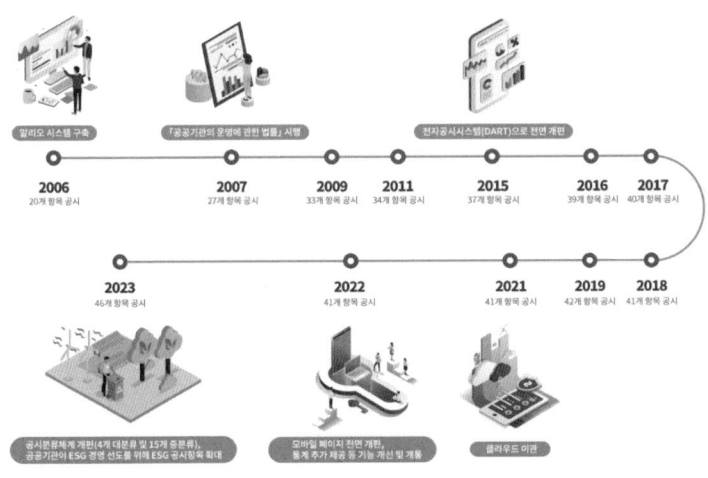

[그림 2] 알리오(ALIO) 연혁

출처: JOB-ALIO 웹사이트(https://job.alio.go.kr)

위의 정부기관 정보공개시스템인 알리오(ALIO) 연혁에 보면 '2023년도에 공공기관이 ESG경영 선도를 위해 ESG 공시항목을 확대한다'라고 공공기관도 ESG경영 공시를 공개적으로 요구하고 있다.

2023년 2월 3일 기획재정부의 보도자료 〈공공기관 통합공시(Alio) 전면 개편_ESG 공시 강화를 위한 분류체계 개편 및 공시점검제도 개선〉의 [ESG 공시 강화]에 따르면 아래와 같다.

[ESG 공시 강화]

□ 국제기구 및 주요국(EU, 미국)을 중심으로 논의 중인 ESG 국제 공시기준에 맞춰 공공기관이 선도적으로 대응할 수 있도록 관련 공시 항목을 신설하는 등 ESG 공시를 지속 강화*

* ('21년) 온실가스 배출, 녹색제품 구매실적, 중증장애인 생산품 구매실적 등 10개 항목 신설, ('22년) 에너지 사용량 등 E(5개), 인권경영 등 S(3개), 청렴도 평가결과 등 G(2개) 항목 신설

❶ 기후공시(E, 환경) 강화 등을 고려하여 온실가스 감축실적 항목의 공시를 현행 직·간접배출(Scope1·2)에서 외부배출(Scope3)까지 단계적으로 확대*

* '23년에는 자율공시로 하되, 국제기준 및 「온실가스 목표관리 운영 등에 관한 지침(환경부)」 확정시 全 공공기관으로 확대

(Scope1) 제품생산단계에서 배출되는 직접배출(화석연료, 운송수단 사용시 등)
(Scope2) 사업장에서 에너지 사용(전기, 열, 물) 등으로 발생하는 간접배출
(Scope3) 기업활동 결과로 기업이 소유하거나 통제하지 않는 시설(협력사 등), 공급망(운송 등)에서 발생하는 기타 간접배출(외부배출 또는 금융배출)

❷ 공공기관 ESG 공시 강화를 위해 국회 등에서 필요성이 제기된 사회(S) 항목, 기관운영 투명성 및 ESG 추진체계와 관련하여 보강이 필요한 지배구조(G) 항목을 추가 신설

< 사회(S) 항목 >

(장애인 고용률) 「장애인고용촉진 및 직업재활법」에 따른 공공기관의 장애인 의무 고용률 현황 공시(7월)
(중소기업제품 구매실적) 「중소기업제품 구매촉진 및 판로지원에 관한 법률」에 따른 공공기관의 중소기업 생산품 구매율 현황 공시(7월)

< 지배구조(G) 항목 >

(비상임이사 활동내용) 기관운영 투명성 강화를 위한 공공기관의 비상임이사 활동내용(출석률, 안건별 찬·반 현황 등) 공시(수시공시)
(ESG 운영위원회) 「ESG 추진체계와 관련 공공기관의 ESG 위원회 설치 및 운영현황(위원명단, 근거규정, 회의록 등) 공시(4월)

❸ 'ESG 경영 현황' 항목을 신설하여 기관별 ESG 관련 추진사항, 경영전략, 추진체계 등을 'ESG 경영보고서' 형태로 공시하되, ESG 운영위원회 항목과 함께 '24년까지 자율공시 후 '25년부터 단계적 의무화 추진

2) 공공기관 ESG경영 선행연구

공공기관에 대한 ESG경영에 대하여 그동안 선행 연구된 사항을 살펴보면, 2022년 11월 대외경제정책연구원이 발간한 '공공기관 ESG 현황과 경영전략'으로 다음과 같다.

한국 공공기관의 ESG경영 현주소를 진단하고, 앞서 분석한 선진국 공공기관의 ESG경영 사례를 한국의 공공기관에 적용해 보았다. 아직 한국 공공기관의 ESG경영은 도입단계이며 답보상태다. 특히 환경분야에서 넷제로를 선언했거나, RE100과 SBTi 등에 참여한 공공기관도 소수에 불과하다.

국내 RE100 선언 기업 63개 중 공공기관은 13개다(2022년 4월 현재). 넷제로를 위한 과학적 방법론인 SBTi에 가입한 공기업은 한국농수산물유통공사 하나뿐이다.

다만 사회부문은 2018년부터 공공기관 경영평가에서 사회적 가치의 비중을 대폭 상향 조정하면서 나름 상당한 실행 노력이 있었다. 그러나 아직도 종업원, 소비자, 공급망, 사회공헌 전반에 걸친 ESG경영은 체계화되지 못한 모습을 보이고 있다. 더구나 최근 정부가 공공부문 경영평가에서 사회적 가치 부문의 배점을 다시 대폭 줄이는 결정을 내려 귀추가 주목된다.

한국 공공기관 ESG경영의 아킬레스건은 바로 지배구조다. 무엇보다 공공기관 경영이 여전히 이사회 중심이 아닌 기관장 중심으로 이뤄지고 있다는 사실이다. 그나마 공공기관의 기관장이 능력이나 전문성 위주로 선임되기보다는 관료 출신 낙하산이나 선거에서의 공헌도에 따른 보상 차원으로 임명되는 사례가 많다.

이를 개선하기 위해선 무엇보다 공공기관의 경영 목표와 미션을 재정립해야 한다. 여기에는 유엔의 지속가능발전목표(SDGs)가 중요한 기준으로 쓰일 수 있다. SDGs 17개 목표는 ESG에 정확하게 매핑될 수 있다. 17개 목표 중 자기 조직의 설립 목적에 맞는 목표를 선정하여 경영에 접목하는 것은 바로 선진 각국의 공공기관들이 ESG경영을 실행하는 방식이다. 목표를 선정한 다음으로는 지배구조와 환경, 사회의 각 분야별로 글로벌 가이드라인을 따라 세부 실천 방안을 만들어가야 한다.

3) 공공기관 ESG경영 사례

■ 한국전력공사

한국전력공사의 환경(E)경영은 "KEPCO는 세계최고의 종합에너지그룹을 달성하기 위해 환경방침을 설정·준수합니다. KEPCO는 국가 경쟁력의 원동력입니다. 한국전력은 국가 경쟁력의 원동력인 전력을 생산·공급하는 기업으로, 환경친화적인 경영관리를 구현하고 이해관계자와의 상호 신뢰를 확보함으로써 환경 보존에 대한 사회적 책임을 충족시키는 지속가능한 글로벌 에너지 그룹으로서 책임과 노력을 다하고 있다"고 환경방침준수기준을 제시하고 있다.

출처: 한국전력공사 웹사이트

한국전력공사의 사회(S) 책임경영으로는 "KEPCO는 사회책임경영을 통해 모두가 함께 상생하는 지속가능한 미래를 만들어가도록 항상 노력하겠습니다. KEPCO는 글로벌 기업에 걸맞은 사회적 책임을 완수하기 위하여 사회책임경영의 비전 및 추진 체계를 재정립하여 일시적·산발적으로 시행되어 온 공헌 활동의 전략적 추진기반을 마련하고 사랑받는 기업으로 도약하기 위해 노력하고 있습니다. KEPCO는 체계적이고 지속적인 사회공헌 활동 전개를 통해 취약계층 및 지역사회와 동반성장을 위한 CSR 선순환 체계를 구축하고 국내 대표 기업으로서

Role-Model을 제시하고자 합니다"라고 명시하고 있다.

한국전력공사의 지배구조(G)경영은 윤리경영과 인권경영을 강조하면서 지속가능경영보고서의 일환으로 기업지배구조보고서를 발간하고 있었다.

■ 한국도로공사

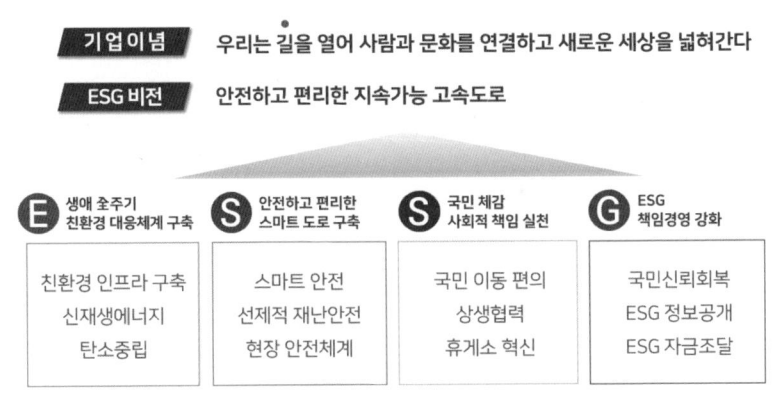

출처: 한국도로공사 웹사이트

한국도로공사는 ESG 비전으로 '안전하고 편리한 지속가능 고속도로'로 공시하고 환경(E)경영으로 '생애 전주기 친환경 대응 체계 구축'으로 친환경 인프라 구축, 신재생에너지, 탄소중립을 실천과제로, 사회(S)책임경영으로는 '안전하고 편리한 스마트 도로 구축'과 '국민 체감 사회적 책임 실천'으로 스마트 안전, 선제적 재난안전, 현장 안전 체계, 국민 이동 편이, 상생협력, 휴게소 혁신을 실천과제로, 지배구조(G)

윤리경영으로는 'ESG 책임경영 강화'로 국민신뢰회복, ESG 정보공개, ESG 자금조달을 실천과제로 선정하였다. 지속가능경영보고서는 매년 공시하고 있었다.

■ 한국토지주택공사(LH)

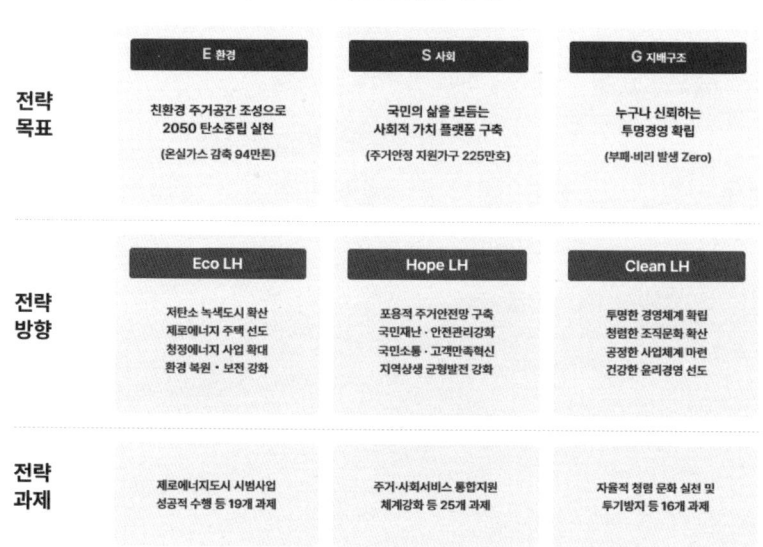

출처: LH한국토지주택공사 웹사이트

한국토지주택공사의 ESG경영 추진 체계를 살펴보면 다음과 같다. ESG경영 비전으로 '미래를 여는 신뢰, LH와 함께하는 희망 내일'로 환경(E)경영으로 '친환경 주거공간 조성으로 2050 탄소중립 실현(온실가스 감축 94만 톤)'목표로 하고 있으며, 사회(S)책임경영으로 '국민의 삶을 보듬는 사회적 가치 플랫폼 구축(주거안정 지원가구 225만호)'을 목표로 하며, 지배구조(G)윤리경영으로 '누구나 신뢰하는 투명경영 확립(부패·비리 발생 Zero)'를 목표로 하고 있다. ERG경영 전략 방향으로는 12가지 방향을 제시하고 있으며, 전략과제로는 환경(E)경영으로 19개 과제, 사회(S)책임경영으로 25개 과제, 지배구조(G)윤리경영으로는 16개 과제를 제시하고 있다. 한국토지주택공사의 경우 지배구조윤리경영(G)을 주로 강조하였으며, '부패·비리 발생 Zero'를 내세우며 신뢰와 투명경영에 중점을 두는 것이 특징이었다.

2. 금융기관의 ESG경영 사례

국내 금융기관들은 선도적으로 ESG경영을 도입하고 실천하고 있다. 신한금융지주, 우리금융지주, KB국민금융, 농협금융을 중심으로 금융기관의 ESG경영 실전 사례에 대해 알아보겠다.

1) 신한금융지주

신한금융지주는 국내 금융사 최초로 ESG경영을 도입했다고 한다. 홈페이지 첫 화면만 보아도 ESG경영을 얼마나 중요시하고 있는지 알

수 있다. 특히 가장 큰 메뉴에서도 기업지배구조, ESG, 윤리경영 등이 신한금융이 ESG경영을 잘 보여주고 있다. ESG 세부항목에서도 ESG 추진 체계, ESG경영, ESG 성과, ESG Reporting, ESG Key Issue 순으로 체계화되어 있었다.

출처: 신한금융지주 홈페이지

신한금융지주의 ESG경영 세부사항을 살펴보면 다음과 같다. 먼저 환경경영(Environmental)은 녹색경영, ESG 리스크관리, ESG 인게이지먼트, 친환경경영, 친환경 리더십, ESG경영 인프라를 지향하고 있다.

ENVIRONMENTAL

01 녹색금융
- 친환경 대출 및 투자 확대
- ESG 채권 발행
- 지속가능금융(SDGs Financing) 프레임워크
- 신한자산운용 ESG 투자지침
- 신한금융투자 ESG 블루북(테마편)
- 신한금융투자 ESG 블루북(기업편)

02 ESG 리스크 관리
- 금융배출량 산출 시스템 및 ESG평가모형 구축
- SBTi 탄소감축목표 승인 획득
- 적도원칙 운영 (신한은행)
- 신한금융그룹 SBTi 승인 목표

03 ESG 인게이지먼트
- 탄소중립 주주서한 및 질의서 발송
- 친환경 실천을 위한 고객 ESG 상품 (신한은행)
- 그린인덱스 서비스 (신한카드)
- 그룹 환경사회 리스크관리 모범규준
- 그룹 환경사회 영향 평가서 체크리스트
- 신한은행 적도원칙 연간 보고서

04 친환경 경영
- 에너지 전략 '에너지에 진심인 신한금융그룹' 선언
- 디지털 RE100 선언 및 글로벌 RE100 가입
- REC 구매계약 체결
- 기후변화 대응원칙
- 신한은행 탈석탄 선언문

05 친환경 리더십
- UNEP FI 책임은행 및 지속가능보험원칙
- SBTi, PCAF 가입을 통합 그룹 탄소중립 추진
- 생물다양성(TNFD, PBAF) 이니셔티브 가입
- 환경경영규범
- 탄소중립 Commitment

06 ESG 경영 인프라
- ESG 데이터 플랫폼 구축
- 그룹 ESG리스크관리규칙 운영
- 사회적 가치 측정 모델 (신한 ESG Value Index)
- TCFD보고서
- 생물다양성 보고서
- 신한은행 기후금융보고서
- UNEP FI PRB (영문)
- UNEP FI PSI (영문)

출처: 신한금융지주 홈페이지

사회경영(Social)은 성장 금융 및 지원, 포용 금융 지원, 지역사회지원, 인적 자원 개발, 다양성 프로그램, 안전/보건을 실천하고 있었다.

SOCIAL

01 성장 금융 및 지원
- 스타트업 육성 플랫폼 운영
- 벤처 생태계 조성 전용 펀드 운용
- 디지털 금융 역량 강화

04 인적 자원 개발
- 인재 포트폴리오 시뮬레이션 운영
- 맞춤형 전문가 및 디지털 인재 육성 학위 연계 프로그램
- 임직원 만족도 조사: 신한 Culture Index

02 포용 금융 및 지원
- 신한 동행 프로젝트
- CSSO 산하 상생금융기획실 신설 (신한은행)
- 서민 중금리대출 선도

05 다양성 프로그램
- 그룹 여성리더 육성 프로그램 '신한 쉬어로즈'
- 블룸버그 양성평등 지수(GEI) 편입
- 가족친화 정책 추진
- 다양성과 포용_신한금융그룹의 약속
- 다양성 보고서

03 지역사회 지원
- 장애인 일자리 창출: 사회적협동조합 '카페스윗'
- 돌봄 자각지대 해소: 신한 꿈도담터
- 교육지원 프로그램: 희망학교 SW교실, 신한 GYC
- 신한금융희망재단 사회책임보고서

06 안전/보건
- 안전·보건 경영방침 수립
- 사업장 위험성평가 실시
- ISO 45001 인증 (신한은행)
- 안전·보건 미션/목표/경영방침

출처: 신한금융지주 홈페이지

지배구조윤리경영(Governance)은 기업지배구조, 윤리/준법, 리스크 관리, 금융소비자 보호, 정보보호, 인권, ESG 거버넌스를 중심으로 촘촘하게 시행하고 있다.

GOVERNANCE

01 기업 지배구조
- 이사회 전문성 강화
- 이사회 다양성 원칙 수립
- 정관
- 이사회 규정
- 지배구조 연차보고서

05 정보보호
- 그룹별 CISO 지정
- 정보보호 시스템 인증 (ISO 27001 등)
- 사이버 해킹 대응 및 인프라 보안

02 윤리/준법
- 그룹 준법감시인 협의회, 내부통제위원회
- 그룹 윤리강령/행동기준/내부자 신고제도
- 자금세탁방지 체계
- ISO 37301(컴플라이언스경영시스템), ISO 37001(부패방지경영시스템) 인증
- 그룹윤리강령
- 공정거래 자율준수 규정
- 그룹 세무경영원칙

06 인권
- 인권선언서
- 제3자 인권영향평가 실시 (신한은행)
- 이해관계자 소통 채널 운영
- 인권선언서
- 협력회사 행동 규범
- 협력회사 사회책임경영 진단 설문지
- 내부자 제보제도
- 현대판 노예제 방지법 선언문 (영문)
- 인권보고서

03 리스크 관리
- 리스크 관리체계 수립
- 통합 리스크 모니터링 시스템 구축
- 조세정책

07 ESG 거버넌스
- 그룹 사회책임경영 거버넌스 구축
  - ESG 전략위원회 (舊사회책임경영위원회)
  - ESG 추진위원회 (그룹사 CEO)
  - 그룹 ESG CSSO/실무협의회
- 사회적 가치 측정 모델
- 신한 ESG Vaule Index 보고서
- 스튜어드십 코드 도입/운영
- 자산운용 스튜어드십 코드
- 자산운용 의결권행사에 관한 규정
- 2022 신한자산운용 ESG 투자보고서

04 금융소비자 보호
- 금융소비자보호 디지털 플랫폼 '소보플러스+' (신한은행)
- 보이스피싱 피해 지원 및 예방사업 실시
- 그룹 통합 금융교육 플랫폼 '신한 이지'
- 그룹 소비자보호 헌장
- 신한은행 영업행위 윤리준칙
- 신한은행 금융소비자보호체계
- 신한은행 금융소비자중심헌장
- 신한은행 신한표준판매준칙
- 신한은행 민원처리&상품개발 프로세스
- 신한금융투자 상품개발프로세스
- 신한금융투자 투자권유지침
- 신한은행 보안서비스
- 고객정보 취급방침
- 개인정보 처리방침

출처: 신한금융지주 홈페이지

2) 우리금융그룹

  우리금융그룹은 ESG 비전 및 전략 체계를 수립하고 '금융을 통해 우리가 만드는 더 나은 세상'이라는 ESG 비전과 'Plan Zero 100'이라는 중장기 ESG 목표를 수립하고 2050년까지 그룹 내부 및 자산 포트폴리오 탄소배출 Zero 달성 및 2030년까지 ESG 금융 100조 원 지원을 목표로 하고 있었다.

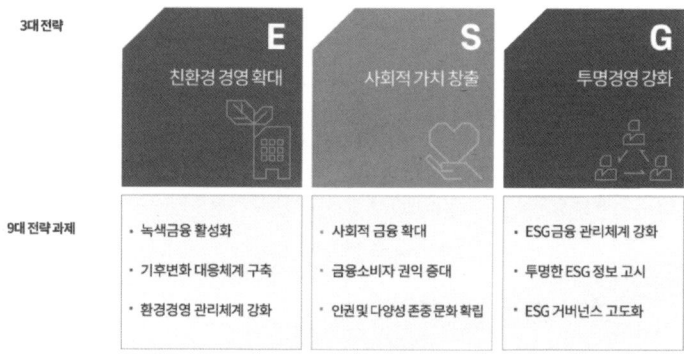

출처: 우리금융지주 홈페이지

　우리금융그룹의 ESG경영 3대 전략은 친환경 경영 확대, 사회적 가치 창출, 투명경영 강화이며, 9대 전략과제는 녹색금융 활성화, 기후변화 대응 체계 구축, 환경경영 관리 체계 강화, 사회적 금융 확대, 금융소비자 권익 증대, 인권 및 다양성 존중문화 확립, ESG 금융 관리 체계 강화, 투명한 ESG 정보 공시, ESG 거버넌스 고도화이다.

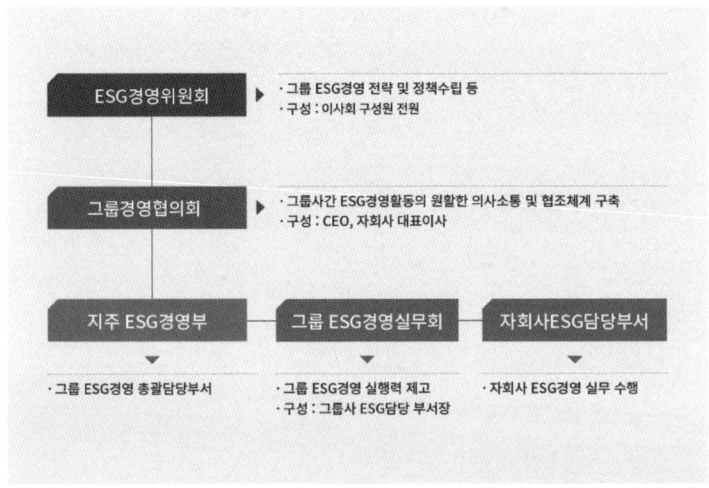

출처: 우리금융그룹 홈페이지

우리금융그룹 ESG경영에 대한 효율적 의사결정 및 실행력을 강화하기 위해 2021년 3월 ESG 거버넌스를 새롭게 구축하였다. 이를 위해 이사회 내 위원회인 'ESG경영위원회' 신설하였다.

3) KB금융그룹

KB금융그룹의 ESG경영 전략 체계도를 보면, '세상을 바꾸는 금융'을 비전으로, '환경·사회 책임 경영과 좋은 지배구조 확산을 통한 지속가능한 가치 및 고객 신뢰 제고'라는 전략목표와 전략 방향으로는 환경을 위한 기후변화 전략 고도화, 사회를 위한 책임 경영 내재화, 투명한 기업지배구조를 지향하고 있다.

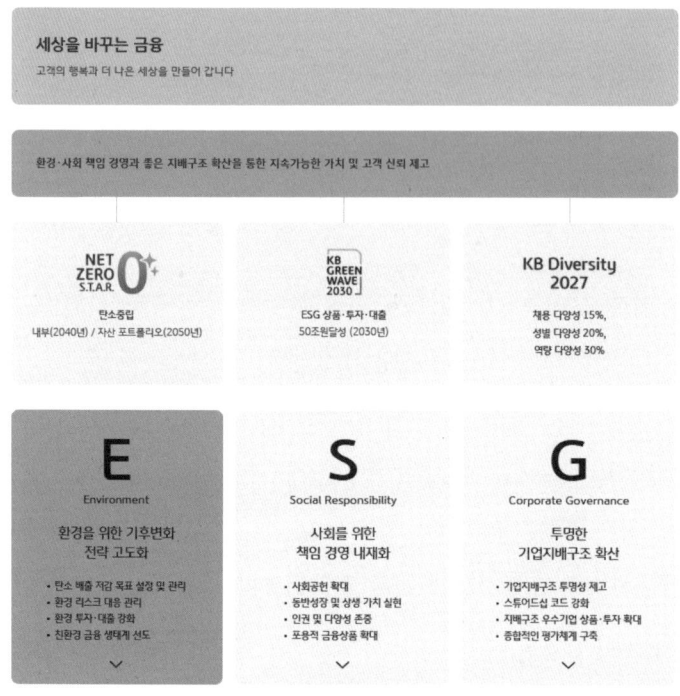

출처: KB금융그룹 홈페이지

    KB금융그룹은 ESG경영을 충실히 내재화하고 실행하기 위해 그룹 ESG 거버넌스 체계를 구축하고 KB금융지주는 2020년 금융권 최초로 이사회 산하에 ESG위원회를 구성하였으며 계열사별 ESG 회의체와의 유기적인 소통을 통해 ESG경영을 고도화하고 있다. 이 외에도 KB금융그룹은 계열사별로 ESG 담당조직을 구성하여 각사의 ESG경영을 지원하고 있다.

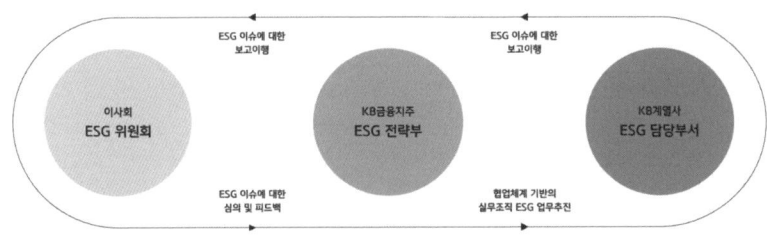

출처: KB금융그룹 홈페이지

KB금융그룹은 2030년까지 ESG 상품투자대출 규모를 50조 원으로 확대하여 환경·사회적 임팩트를 강화하고, 환경을 고려하는 금융을 통해 우리 사회에 창출하고자 했다.

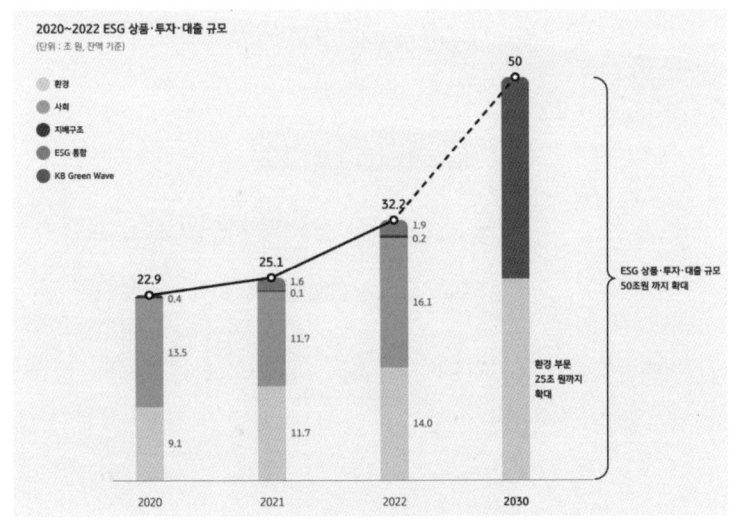

출처: KB금융그룹 홈페이지

KB금융그룹은 2030년까지 ESG 상품·투자·대출 규모를 50조 원까지 확대(환경 부문 25조 원까지 확대)하겠다는 목표인 KB Green Wave

2030을 수립하였다. KB금융그룹의 2022년 12월 말 기준 ESG 상품·투자·대출 규모는 32.2조 원이다.

4) NH금융지주

NH금융지주의 ESG경영을 살펴보면, 농협은 농업·농촌과 지역사회를 기반으로 다 함께 잘사는 사회를 만들고자 하는 협동조합 이념 아래 성장한 태생적 친환경 기업이다. 농협금융은 '농협이 곧 ESG'라는 사명감으로 전 인류가 처한 기후변화 리스크 해소에 적극 동참하며, 아시아를 대표하는 친환경그룹으로 도약하겠다고 한다.

출처: NH금융지주 홈페이지

농협금융의 ESG 전략 프레임워크는 '미래를 만드는 시작, 농협금융을 만나는 순간'을 비전 슬로건으로 E(환경) 측면에서는 ESG경영의 전략 방향성으로 2050 탄소중립 달성으로 기후변화 대응 경영 체계 구축, S(사회)는 '협동과 혁신'의 가치 확산을 통한 농업·농촌·지역사회 상생 협력, G(거버넌스)는 ESG경영 내재화를 통한 지배구조 투명성 제고에 있다.

농협금융의 ESG 추진 체계는 다음과 같다.

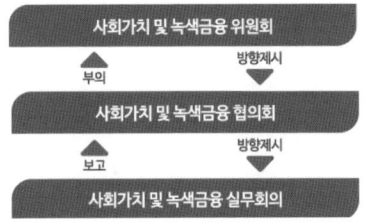

출처: NH금융지주 홈페이지

【 참 고 문 헌 】

- JOB-ALIO 웹사이트(https://job.alio.go.kr)
- 한국전력공사 웹사이트(https://home.kepco.co.kr)
- 한국도로공사 웹사이트(https://www.ex.co.kr)
- LH한국토지주택공사 웹사이트(https://www.lh.or.kr)
- 신한금융지주 홈페이지(https://www.shinhangroup.com)
- 우리금융지주 홈페이지(https://www.woorifg.com)
- KB금융그룹 홈페이지(https://www.kbfg.com)
- NH금융지주 홈페이지(https://www.nhfngroup.com)
- 기획재정부, "공기관 통합공시(Alio) 전면 개편_ESG 공시 강화를 위한 분류체계 개편 및 공시점검제도 개선", 기획재정부 보도자료, 2023.2.3.

【 저 자 소 개 】

김민규 KIM MIN KYU

학력
- 중앙대학교 경영학 학사
- Caroline University MBA
- Caroline University DBA(박사) 과정 중

경력
- (주)엑스퍼트컨설팅 평가운영실 매니저
- 브레인플랫폼(주) 채용컨설팅팀 팀장
- 강릉지역 저작권 컨설팅 참여
- 소상공인 컨설팅 보고서 작성 다수
- 서울 ○○공공기관 채용대행 참여
- 경북 ○○공공기관 채용대행 주관

자격
- 채용면접관 1급
- 창업지도사 1급

- 브레인컨설턴트 1급
- 매경TEST 우수

저서
- 《공공기관 합격 로드맵》, 렛츠북, 2019. (공저)
- 《창업경영컨설팅 방법론 및 사례》, 브레인플랫폼(주), 2023. (공저)
- 《ESG경영 사례연구》, 브레인플랫폼(주), 2024. (공저)

수상
- 대한민국청소년대상 지도자상(2020)